W9-CMB-592

Las mentiras que nos unen

Kwame Anthony Appiah

Las mentiras que nos unen
Repensar la identidad
Creencias, país, color, clase, cultura

Traducción de María Serrano Giménez

taurus

Papel certificado por el Forest Stewardship Council®

MIXTO
Papel | Apoyando la
silvicultura responsable
FSC® C117695

Penguin
Random House
Grupo Editorial

Título original: *The Lies That Bind Rethinking Identity: Creed, Country Color, Class, Culture*

Primera edición con esta encuadernación: abril de 2024

Este libro está basado en las BBC Reith Lectures de 2016,
que se emitieron por primera vez en la emisora
Radio 4 de la BBC.

© 2018, Kwame Anthony Appiah
© 2019, 2024, Penguin Random House Grupo Editorial, S. A. U.
Travessera de Gràcia, 47-49. 08021 Barcelona
© 2019, María Serrano Giménez, por la traducción

Printed in Spain – Impreso en España

ISBN: 978-84-306-2705-9
Depósito legal: B-1.708-2024

Compuesto en MT Color & Diseño, S. L.
Impreso en Liber Digital, S. L.,
Casarrubuelos (Madrid)

TA 27059

Para los nietos de mis hermanas, a su entrada al mundo.
Spes mihi quisque.

ÍNDICE

Wer bin ich? Der oder jener?
Bin ich denn heute dieser und morgen ein andrer?

(«¿Quién soy yo? ¿Este o aquel?
¿Seré hoy este, mañana otro?»)

DIETRICH BONHOEFFER, *Wer bin ich?*, 1945

INTRODUCCIÓN

Desde hace muchos años y a lo largo y ancho del mundo, los taxistas han visto su pericia puesta a prueba al hacer un dictamen sobre mí. En São Paulo, al tomarme por brasileño, se han dirigido a mí en portugués; en Ciudad del Cabo, me han tomado por una «persona de color»; en Roma, por etíope, y en Londres, un taxista se negaba a creer que yo no hablara hindi. Un parisino que pensó que yo era belga quizá me tomaba por magrebí. Y, ataviado con un caftán, me he perdido entre la multitud en Tánger. Confundidos por la mezcla que forman mi acento y mi apariencia, los taxistas de Estados Unidos y de Reino Unido suelen preguntarme durante el trayecto dónde he nacido. «En Londres», les digo, pero lo que en realidad quieren saber no es eso. Lo que de hecho están preguntando es de dónde es originaria mi familia, o, dicho sin rodeos: ¿tú qué eres?

La respuesta a la pregunta sobre mis orígenes —la cuestión del «dónde», si no del «qué»— es que provengo de dos familias que son originarias de dos lugares bastante alejados entre sí. Para cuando yo nací, mi madre llevaba viviendo en Londres, con idas y venidas, desde que era pequeña, pero su verdadero hogar estaba lejos —en términos de ambiente, si no de distancia—, sobre las colinas de Costwold, donde había crecido en una granja de una minúscula aldea situada en el límite entre Oxfordshire y Gloucestershire. Su abuelo había pedido a un genealogista que rastreara su linaje, y este se había remontado dieciocho generaciones atrás, hasta llegar a un caballero normando de principios del siglo XIII que había vivido a unos treinta kilómetros del lugar en el que nacería mi madre unos setecientos años después.

El resultado es que mi madre, si bien cuando yo nací era, en cierto sentido, una londinense, en su corazón seguía siendo una chica de campo que había acabado trabajando en la capital..., aunque hubiera pasado bastante tiempo en el extranjero durante la Segunda Guerra Mundial; en Rusia, en Irán y en Suiza. Así, quizá no resulte extraño, dada su experiencia internacional, que encontrara un empleo en una organización londinense que trabajaba por la concordia racial de Gran Bretaña y su imperio, fundamentalmente prestando ayuda a estudiantes de las colonias. Se llamaba Racial Unity. Y así es como conoció a mi padre, un estudiante de derecho de la Costa de Oro británica. Él era activista anticolonial, presidente del Sindicato de Estudiantes de África Occidental y representante en Gran Bretaña del doctor Kwame Nkrumah, que en 1957, solo unos pocos años después de que yo naciera, lideraría la independencia de Ghana. Podría decirse que mi madre predicaba con el ejemplo.

La otra rama de mi familia, pues, venía de Ghana, más concretamente de Ashanti, una región situada en el corazón de la actual república. El linaje de mi padre, según nos explicó, se remontaba a Akroma-Ampim, un general del siglo XVIII cuyos triunfos militares le habían granjeado el derecho a poseer una gran extensión de tierra en el límite del reino. Fue miembro de la aristocracia militar que creó el Imperio ashanti, el cual dominó la región durante dos siglos, y su nombre, uno de los que mis padres me pusieron. Cuando éramos niños, mi padre nos contaba historias sobre su familia. Sin embargo, en cierto sentido, en realidad no era nuestra familia. Del mismo modo que en la familia de mi madre, al ser patrilineal, se considera que uno pertenece a la familia de su padre; en la de mi padre, al ser matrilineal, se cree que la pertenencia está vinculada a la de la madre. A todos aquellos taxistas podía haberles dicho que yo no pertenecía a ninguna familia.

Este libro está lleno de historias familiares porque deseo explorar la forma en que este tipo de relatos conforman nuestra idea de quiénes somos. La idea que cada persona tiene sobre su propia identidad está indefectiblemente ligada a su entorno: empieza con su familia, pero extiende sus ramificaciones en varias direcciones, como la nacionalidad, que nos vincula con un territorio; o el género, que nos conecta a cada cual con aproximadamente la mitad de la especie; y a categorías como la clase, la sexualidad, la raza o la religión, que trascienden nuestras filiaciones locales.

En este libro me he propuesto analizar algunas de las ideas que han acompañado al auge de la identidad moderna, así como tratar de aclarar algunos de los errores que cometemos habitualmente al concebir las identidades. La contribución de los filósofos a la discusión pública de la vida política y moral no debería consistir, a mi juicio, en indicarnos lo que debemos pensar, sino en dotarnos de una serie de conceptos y teorías que podamos emplear para elegir por nosotros mismos lo que pensamos. Aquí voy a defender numerosos argumentos, pero, independientemente de lo enfático de mi lenguaje, pido que se recuerde siempre que, si los presento, es para que el lector o la lectora los someta a consideración a la luz del conocimiento y la experiencia propios. Mi voluntad es iniciar una conversación, no darla por zanjada.

Lo que no voy a explicar aquí es por qué el debate sobre la identidad ha ido adquiriendo una importancia creciente a lo largo de mi vida (sería un tema fascinante, pero de interés particular solo para intelectuales y expertos en historia social). En lugar de eso, tomaré como un hecho la prevalencia moderna de las ideas sobre las identidades, aunque cuestionando algunas de las cosas que damos por sentado sobre ellas. Mi objetivo será persuadir al lector de que gran parte del pensamiento contemporáneo sobre la identidad está conformado por imágenes que son, de diversas formas, o bien inútiles, o bien directamente erróneas. Perfilando unas imágenes más útiles y más próximas a la verdad no se va a zanjar ningún debate político, pero sí creo que puede hacerse que el debate sea más productivo, más razonable e incluso, quizá, menos enconado. Al menos, esa esperanza tengo. Si queremos vivir juntos en armonía, es fundamental que podamos mantener debates sensatos sobre aquellos asuntos que agitan profundamente nuestras pasiones.

Durante la mayor parte de mi vida adulta, tres son las características que más importaban en el momento de conocerme: soy hombre, no soy blanco y hablo lo que solía conocerse como el inglés de la reina, el estándar. Se trata de rasgos que tienen que ver con cuestiones de género, raza, clase y nación. Actualmente, la idea de que estos son rasgos del mismo tipo nos parece bastante natural. Son, como hoy decimos, cuestiones de identidad. Y todos entendemos que identidades como estas determinan no solo las reacciones que otras personas muestran frente a nosotros, sino también el modo en que pensamos en nuestra propia vida.

Cinco de los capítulos que siguen están centrados en un tipo concreto de identidad, la vinculada a las creencias; al país; al color; a la clase, y a la cultura. Puede que sea útil comentar desde el principio algo sobre la más evidente de las preguntas que esta lista dispar puede plantearnos; a saber, ¿qué tienen todas ellas en común? En resumen, ¿cómo surgen las identidades? Mi propia reflexión sobre estas cuestiones me ha llevado, con el transcurso de los años, hasta la respuesta que me ha servido de guía en las exploraciones de este libro. Es la respuesta de un filósofo a la pregunta doble de qué son las identidades y por qué importan. Esta será la labor del primer capítulo, explorar las manifestaciones, los mecanismos y las razones de los múltiples sistemas de clasificación que emplean los seres humanos.

Dado que algunas identidades colectivas son enormemente situacionales, cuando en este libro emplee el término «nosotros», significará, en general, «mis lectores y yo», que de alguna forma estamos conectados por una serie de patrones de pensamiento que son comunes a las personas de todos los continentes con cierta formación. Porque las tentaciones intelectuales contra las que aquí trato de luchar son tentaciones que yo mismo he experimentado con regularidad. Como imagino que mis lectores se encontrarán en lugares muy diversos, en ocasiones explico cosas que probablemente algunos de ellos ya sepan; qué es la «confirmación» para una persona anglicana; quién es un determinado dios hindú; qué significa la Sunna para los musulmanes... Tratándose de un libro que versa sobre una amplia gama de identidades, es natural esperar que encuentre una amplia gama de lectores, que tendrán experiencias diferentes y conocimientos distintos.

Mi mensaje principal, en lo relativo a las cinco formas de identidad que van a llevarnos del capítulo dos al seis, es que, en efecto, estamos viviendo con el legado de unas formas de pensamiento que adquirieron su forma moderna en el siglo xix, y que ya va siendo hora de someter este legado al pensamiento mejorado del siglo xxi. Los intelectuales europeos y americanos que fundaron la antropología moderna a finales del siglo xix tendían a considerar la religión como el elemento central de nuestras creencias, y esa idea ha permeado nuestra cultura general. Pero lo que voy a defender es que, en el corazón de la vida religiosa, a todo lo largo y ancho del espacio y del tiempo, se encuentran otras cuestiones que no tienen que ver con las propias creencias en sí. Y una vez que veamos que las creencias no son algo tan fundamental, tendremos que aceptar también que las escrituras —como fuente de la fe— son menos importantes de lo que la gente cree.

En lo que respecta a los estados modernos, conformados por una forma de nacionalismo que surgió también en el siglo xix, la legislación y nuestro sentido común dictan que los pueblos tienen derecho a la determinación de su propio destino. Hablaremos de autodeterminación y de autonomía, de independencia y de libertad. Pero, tal como plantearé, también hay algo errado en nuestros modelos, empezando por la respuesta que hemos dado a una pregunta fundamental: ¿qué es lo que convierte a un grupo determinado de gente en una nación?

La raza ha sido una fuente de problemas en los asuntos humanos desde que los contornos de la forma moderna de concebirla empezaron a hacerse nítidamente visibles, con el auge de unas nuevas ideas científicas sobre los seres humanos como parte del mundo natural. Estas ideas crecieron de forma exponencial en el siglo xix, como también lo hizo la autoridad cultural de la biología, la nueva ciencia de la vida. Gran parte de la elaborada superestructura científica que creció en torno a lo racial fue desmantelada el pasado siglo, a medida que los antropólogos y los biólogos iban deduciendo las implicaciones que tenían las ideas de Darwin y Mendel, y a medida que en los campos de la teoría evolutiva, la biología de las poblaciones y la genética se producía un descubrimiento detrás de otro. Pero, más allá del ámbito científico, el resto del mundo no se ha dado demasiado por aludido. Y demasiadas personas seguimos cautivas de una peligrosa cartografía del color.

Con respecto al tema de la clase, que abordaré en el capítulo cinco, la cuestión no es tanto que tengamos de ella una imagen errada, sino que operamos con un conjunto de imágenes incoherente e inconsistente. Y puede que la solución de mayor influencia que hemos concebido para abordar los problemas de clase contribuya más bien, como ocurría con aquellas sangrías que practicaban los médicos en el siglo xviii, a empeorar la enfermedad en vez de a remediarla.

No voy a intentar resumir aquí los múltiples errores que cometemos con respecto a nuestras dilatadas identidades culturales, por no hablar de la propia idea de Occidente. Permítaseme decir tan solo que en todos ellos se cae en la obvia tentación de pensar que el origen de las personas las convierte o bien en herederas de, o bien en extranjeras a la civilización occidental.

A lo largo de todo el libro veremos cómo el género —que quizá sea la forma más antigua de identidad humana— subyace a y comparte los problemas de otras identidades. Entender el género con mayor claridad, que ha sido el proyecto de la filosofía feminista durante más de una generación, nos ayuda también a pensar otras formas de identidad. Esta es la razón por la que el género ocupa un lugar central en el primer capítulo, en el que esbozo parte de la visión general de la identidad en la que me apoyo. Pero toda identidad acarrea malentendidos.

En todos y cada uno de los cinco casos tipo que propongo, solemos caer en un error que voy a describir en el primer capítulo; el de dar por hecho que en el corazón de cada identidad residen unas similitudes profundas que vinculan a todas las personas que comparten dicha identidad. Afirmo que esto no es verdad y lo repetiré una y otra vez. La medida en la que pueda llegar a resultar convincente dependerá de mis argumentos, pero también de los detalles y de las historias que ilustran estas aseveraciones. No podemos prescindir de las identidades, pero debemos entenderlas mejor si queremos tener alguna esperanza de reconfigurarlas y librarnos de los errores que residen en nuestra forma de entenderlas, no pocos de los cuales tienen hasta doscientos años de antigüedad. Gran parte del peligro relativo a las identidades tiene que ver con el modo en que estas —la religión, la nación, la raza, la clase y la cultura— nos dividen y nos enfrentan. Pueden erigirse en enemigas de la solidaridad humana o en causa de guerra, como jinetes de toda suerte de apocalipsis, desde el *apartheid* hasta el genocidio. Aun con ello, estos errores son también centrales para el modo en el que hoy nos unen las identidades. Debemos reformarlas porque, en su mejor expresión, permiten que los grupos, pequeños y grandes, colaboren. Son las mentiras que nos unen.

1
Clasificación

¿Por qué yo soy yo?

STENDHAL, *Rojo y negro*, 1830[1]

Hasta mediados del siglo xx, nadie a quien se le hubiera preguntado por la identidad de una persona habría hablado de raza, sexo, clase, nacionalidad, región o religión. Cuando George Eliot escribe en *Middlemarch* que Rosamond «casi había perdido el sentido de su identidad», se debe a que esta se enfrenta a una experiencia totalmente nueva al descubrir que Will Ladislaw, el hombre al que cree amar, está perdidamente enamorado de otra persona.[2] En este caso, la identidad tiene un carácter, en última instancia, individual y personal. Las formas de identidad que hoy concebimos son, por su parte, identidades compartidas, a menudo con millones o miles de millones de personas. Tienen un carácter social.

Buscar referencias a esta forma de identidad en el corpus de las ciencias sociales de principios del siglo xx es buscar en vano. En *Espíritu, persona y sociedad*, publicado en 1934, George Herbert Mead esbozó una influyente teoría sobre qué es lo que constituye una persona, entendida como producto de un «yo» que responde a las demandas sociales de los demás, las cuales, una vez interiorizadas, forman lo que él llama el «mí». Pero, en ese gran clásico de la teoría social de principios del siglo xx, no encontraremos ni una sola referencia a la palabra «identidad» empleada en el sentido actual. La verdadera conversación sobre la identidad arranca en la psicología del desarrollo, después la

Segunda Guerra Mundial, gracias al influyente trabajo del psicólogo Erik Erikson. En su primer libro, *Infancia y sociedad*, publicado en 1950, Erikson emplea el término en más de un sentido, pero lo fundamental es que reconoce la importancia que tanto los roles sociales como la pertenencia al grupo adquieren en la formación del sentido del «yo», lo que en lenguaje psicoanalítico llamó la «identidad del ego». Más tarde, Erikson exploró las crisis de identidad ocurridas en las vidas de Martín Lutero y Mahatma Gandhi y publicó algunos libros como *Identity and the Life Cycle* (1950), *Identidad, juventud y crisis* (1968) y *Dimensions of a New Identity* (1974).

Erikson, que creció en el suroeste de Alemania, contaba una historia sobre sus propios orígenes que da justo en el corazón de nuestro concepto contemporáneo de identidad:

> Mi padrastro era el único pariente con una carrera (y uno muy respetado, además) de una familia pequeñoburguesa profundamente judía, y yo (que en mi herencia tenía mezcla escandinava) era rubio, con ojos azules y llegué a ser notablemente alto. Por tanto, en la sinagoga de mi padrastro adquirí pronto el apodo de *goy*, mientras que, en el colegio, para mis compañeros era un «judío».

Supongo que, si bien sus cofrades sí debieron emplear el término hebreo que designa a los gentiles, seguro que aquellos chicos alemanes no siempre echaban mano de una palabra tan respetuosa como «judío» para referirse a él. Su padre biológico había sido un danés llamado Salomonsen; el nombre de su padre adoptivo era Homburger. Pero él adoptó en algún momento el nombre de Erikson, lo que, como una vez señalara su hija con frialdad, sugería que él mismo era su propio padre. En cierto sentido, entonces, Erikson se creó a sí mismo.[3] Podemos concluir, sin ninguna duda, que la identidad era para él una cuestión delicada en términos personales.

En su primer libro, Erikson nos ofrece una teoría sobre por qué, en sus propias palabras, «nosotros» —y, dado el tema que tratamos, merece la pena señalar que parece querer decir «nosotros los estadounidenses»— «empezamos a conceptualizar cuestiones de identidad». Erikson creía que, en Estados Unidos, la identidad se había convertido en un problema porque el país trataba de «construir una superidentidad a partir de todas las identidades importadas por los inmigrantes que lo han constituido», y esto, continuaba, se estaba «haciendo en un momento en el que el ritmo creciente de la mecanización supone una amenaza para estas identidades, esencialmente agrarias y patricias en sus tierras de origen».[4] Es una buena historia. Pero yo no me la creo. Tal como veremos a lo largo de este libro, la identidad, en el sentido en que nosotros la entendemos, era ya un problema mucho antes de que comenzáramos a hablar de ella en los términos actuales.

Mientras que Erikson, entretejiendo formas personales y colectivas de identidad, dio al término plena actualidad, el influyente sociólogo estadounidense Alvin W. Gouldner estuvo entre los primeros en ofrecer una definición detallada de la identidad social como tal. «Parece que lo que se quiere enunciar con "posición" es la identidad social que los miembros de su grupo han asignado a una persona», escribió en un ensayo de 1957. Y propuso una explicación de lo que esto implica, en términos prácticos, en la vida social. Primero, pensaba, la gente «observa o imputa a una persona ciertas características» que permiten contestar a la pregunta «¿Quién es esta persona?»; después, «dichas características, observadas o imputadas, se [...] interpretan como un conjunto de categorías prescritas culturalmente»:

De este modo, el individuo queda «encasillado», es decir, empieza a considerársele un «tipo» determinado de persona; un profesor, un negro, un niño, un hombre o una mujer. El proceso por el que los demás clasifican a un individuo como parte de un grupo, en términos de categorías prescritas culturalmente, puede denominarse como asignación de «identidad social». Los tipos o categorías a las que el individuo queda asignado constituyen sus identidades sociales [...]. Y a las diferentes identidades sociales le corresponden distintas expectativas y disposiciones de los derechos y las obligaciones.[5]

Tal como veremos, soy de la opinión de que Gouldner acertó en muchas cosas.

Las apelaciones a la identidad fueron creciendo a lo largo de los años sesenta y, para finales de los setenta, muchas sociedades contaban con movimientos políticos organizados en torno al género y la sexualidad, la raza, la religión y la etnicidad (al tiempo que la política que ponía en el centro las cuestiones de clase entraba en retroceso). En bastantes lugares surgieron movimientos de signo regional que, hablando en términos de identidad nacional, propugnaban la desarticulación de estados que a menudo contaban con una larga tradición. Solo en Europa, se contarían los nacionalismos escocés, galés, catalán, vasco, padano y flamenco; a finales del siglo xx, Yugoslavia se desmembró en una serie de países diferentes; hay agitación en Bretaña, Córcega y Normandía... Y esta no es, ni de lejos, una lista completa.

UN POCO DE TEORÍA

Llevo más de tres décadas escribiendo y reflexionando sobre cuestiones que tienen que ver con la identidad. Mi trabajo teórico sobre esta empezó, de hecho, al meditar sobre la raza, porque me dejaba verdaderamente perplejo ver la forma tan diferente con la que gente de sitios distintos respondía a mi apariencia. Esto no me ha ocurrido tanto en la región de Ashanti; allí, que uno de los progenitores sea originario del lugar ya es suficiente, me parece, para pertenecer a él. El padre de Jerry Rawlings, jefe de Estado de Ghana entre 1981 y 2001, era de Escocia; en un principio, no fue elegido por el pueblo —por dos veces llegó al poder a través de sendos golpes de Estado—, pero, en última instancia, sus conciudadanos lo eligieron para la presidencia en otras dos ocasiones. A diferencia de mis tres hermanas, que, igual que mi padre, nacieron en Ashanti, yo nunca he sido ciudadano ghanés. Nací en Inglaterra antes de la independencia de Ghana, mi madre es inglesa, y llegué a Ashanti con un año. Así que hubiera tenido que solicitar la ciudadanía ghanesa, y mis padres nunca lo hicieron por mí. Para cuando la decisión me correspondió, ya estaba acostumbrado a ser un ghanés con pasaporte británico. Mi padre participó una vez, como presidente del Colegio de Abogados de Ghana, en la redacción de una de nuestras muchas constituciones.

—¿Por qué no cambias las reglas para que yo pueda ser ghanés y británico a la vez? —le pregunté.

—La ciudadanía —me dijo— es unitaria.

¡Estaba claro que con él no iba a ninguna parte! Pero, a pesar de que carezco de ese vínculo legal, a veces, cuando hago algo merecedor de atención, se reivindica mi pertenencia al hogar de mis ancestros, o al menos algunas personas lo hacen.

En Inglaterra, el asunto también era complejo. En el pueblo de mi madre, Minchinhampton, en Gloucestershire, donde pasé bastante tiempo durante la infancia, nuestros conocidos nunca dieron seña de poner en duda nuestro derecho a estar allí. Mi tía y mi tío vivían también en un pintoresco pueblo del oeste de Inglaterra, en el que ella había nacido. Mi abuelo pasaba mucho tiempo, cuando era niño, en una casa que su tío tenía en el valle, en la cual había un molino en el que en tiempos se había tejido la tela de las chaquetas de los soldados británicos, así como tapetes verdes para las mesas de billar. Mi bisabuelo, Alfred Cripps, sirvió brevemente como miembro del Parlamento por Strout, que se encuentra a unos kilómetros al norte, y su bisabuelo, Joseph Cripps, fue representante de Cirencester, unos pocos kilómetros más al este, durante gran parte de la primera mitad del siglo XIX. En esa zona podían encontrarse Cripps desde el siglo XVII, algunos de ellos enterrados en el cementerio de la iglesia de Cirencester.

Pero la piel y la ascendencia africana que compartía con mis hermanas nos señalaban como diferentes, en formas de las que no siempre éramos conscientes. Me acuerdo de cuando, hace algunas décadas, asistí a una jornada deportiva en un colegio de Dorset al que había ido de niño y me encontré con un señor mayor que en mis tiempos había sido director.

—No se acordará de mí —le dije, excusándome, al presentarme.

Al escuchar mi nombre se le iluminó la cara y me dio la mano con calidez.

—Claro que me acuerdo de ti —me contestó—. Fuiste nuestro primer delegado de color.

Cuando yo era pequeño, la idea de que uno podía ser perfectamente inglés y no ser blanco era muy poco común. Incluso en la primera década del siglo XXI; recuerdo la reacción perpleja de una señora mayor de nacionalidad inglesa que acababa de escuchar una charla que había dado sobre la raza en la Sociedad Aristotélica de Londres. No le cabía en la cabeza que yo pudiera ser inglés de verdad. ¡Y no había ancestros de Oxfordshire del siglo XIII que valiesen para convencerla de lo contrario!

Cuando llegué a Estados Unidos, en un principio las cosas parecían relativamente sencillas. Mi padre era africano, así que, igual que el futuro presidente Obama, yo era negro. Pero aquí la historia también es complicada... y ha cambiado lo largo de los años, en parte a causa del auge de lo mestizo como grupo de identidad. El color y la ciudadanía, con todo, son asuntos bien distintos; tras la guerra de Secesión, no quedó ninguna persona sensata a la que se le ocurriera dudar de la posibilidad de ser estadounidense y negro, al menos en términos legales, a pesar de que hoy existe una persistente corriente subterránea de nacionalismo racial blanco. Más adelante, hablaré con mayor detalle de las ideas sobre la raza que dan pie a estas experiencias, por ahora espero haber dejado claro por qué terminaba perplejo cada vez que intentaba darles sentido.

Cuando, con los años, me dediqué a reflexionar sobre la nacionalidad, la clase, la cultura y la religión como fuentes de identidad, y añadí el género y la orientación sexual, empecé a ver tres modos en los que estas formas tan distintas de agrupar a las personas tienen cosas importantes en común.

LA IMPORTANCIA DE LAS ETIQUETAS

El primero de ellos es obvio: toda identidad tiene sus etiquetas; así que, para comprender las identidades, primero hay que tener alguna idea sobre cómo se aplican estas etiquetas. Para explicar a alguien lo que son los ewé, los jainistas o los *kothis*, se empieza dando alguna indicación acerca de qué es lo que tiene esa persona que hace que dicha etiqueta sea adecuada para ella. De ese modo, se puede buscar a una persona con esa identidad o valorar si puede aplicársele o no a alguien a quien acabas de conocer.

Así, «ewé» (que suele pronunciarse [e-vé] o [e-wé]) es una etiqueta étnica, lo que los científicos sociales denominan un «etnónimo», la cual significa que, si tus dos progenitores son ewé, tú también eres ewé. Se aplica en primer lugar a las personas que hablan alguno de los muchos dialectos de la lengua llamada «ewé», la mayoría de las cuales viven en Ghana o en Togo, aunque también hay algunas en otras partes de África occidental y, cada vez más, en el resto del mundo. Como suele ocurrir con las etiquetas étnicas, también puede haber desacuerdos acerca de si es posible aplicarla a algunas personas o no. Si solo uno de los progenitores es ewé y no se ha aprendido ninguno de los muchos dialectos de la lengua ewé, ¿se es ewé? ¿Tiene importancia (dado que los ewé son patrilineales) que dicho progenitor sea la madre y no el padre? Y, dado que el ewé pertenece a un grupo mayor de lenguas (generalmente llamado *gbe*, porque esa es la palabra que significa «lenguaje» en todas ellas) que se entremezclan, no es sencillo determinar exactamente dónde está la frontera entre el pueblo ewé y otros pueblos de lengua *gbe*. Imaginémonos intentando delimitar las fronteras del habla sureña en Estados Unidos o del acento *cockney* en Londres y podremos hacernos una idea del grado de dificultad que entraña. A pesar de todo, un gran número de personas de Ghana y Togo se definen como ewé, y gran parte de sus vecinos estará de acuerdo con dicha definición.

Esto se debe al segundo elemento de peso que comparten las identidades: son importantes para la gente. Y lo son, en primer lugar, porque una identidad puede proporcionarnos un sentido de cómo encajamos en el mundo social. Es decir, cada identidad permite hablar como un «yo» entre un grupo de «nosotros»; en resumen, pertenecer a un «todos nosotros». Otro aspecto crucial de las identidades es que proporcionan una razón para hacer las cosas. Esto es cierto, por ejemplo, en lo que respecta a ser un jainista, que significa que perteneces a una tradición religiosa india en particular. La mayoría de los jainistas son hijos de otros dos jainistas (al igual que la mayor parte de los ewés son hijos de dos ewés), pero no se trata solo de eso: cualquiera que esté dispuesto a seguir el camino marcado por los *yinas*, almas que se han liberado mediante el dominio de sus pasiones y disfrutan de la dicha eterna en la cima del universo, puede ser jainista. Los *yinas* deben observar cinco *vratas*, que son votos o formas de devoción. En concreto: la no violencia, la castidad, no mentir, no robar y no ser posesivo. Igual que los tabús, que son también centrales para muchas identidades, las *vratas* definen el propio ser a través de lo que no se es y de quién no es. Los diez mandamientos también incluyen una gran cantidad de fórmulas negativas.[6]

El contenido específico de cada uno de estos ideales depende, entre otras cosas, de que se sea un laico o una monja o un monje. En todo caso, la idea general es que hay determinadas cosas que las personas hacen o dejan de hacer porque son jainistas. Con esto, quiero decir simplemente que ellos mismos piensan de tanto en cuanto: «Debo serle fiel a mi pareja... o decir la verdad... o no hacerle daño a este animal... porque soy jainista». Y, en parte, lo hacen porque saben que viven en un mundo donde no todos somos jainistas, y que otras personas con otras religiones pueden tener ideas distintas sobre cómo hay que comportarse.

Aunque existen muchas tradiciones religiosas ewé diferentes, ser ewé no es, por el contrario, una identidad religiosa, y no acarrea la especificación de un mismo tipo de código ético. Los ewé pueden ser musulmanes, protestantes o católicos, y muchos de ellos practican los ritos tradicionales aglutinados bajo el nombre de vudú. Como en el caso de los haitianos, esta palabra, que significa «espíritu», la tomaron prestada del pueblo fon, sus vecinos. Pero, de todos modos, los ewé también se dicen a sí mismos en ocasiones: «Como ewé debería [...]», y piensan en algo específico que creen que debieran hacer o abstenerse de hacer. En resumen, hay cosas que hacen porque son ewé. Y también esto depende en parte de la conciencia de que no todo el mundo es ewé y de que es muy posible que quienes no son ewé se comporten de una forma distinta.

Quienes manejan razones de ese tipo («Como soy ewé, debo hacer tal cosa») no están tan solo aceptando el hecho de que la etiqueta se aplica a ellos; están otorgando a la pertenencia a dicho grupo lo que un filósofo llamaría «importancia normativa». Lo que están diciendo es que dicha identidad tiene importancia para la vida práctica, para sus sentimientos y sus acciones. Y una de las formas más comunes en las que importa es el hecho de sentir algún tipo de solidaridad con el resto de los miembros del grupo. Su identidad común les da una razón, piensan, para cuidarse y ayudarse mutuamente. Crea lo que podríamos llamar normas de identificación, reglas sobre cómo debería uno comportarse dada su identidad.

Pero igual que habitualmente existen disputas o conflictos acerca de los límites del grupo, sobre quién está dentro y quién está fuera, también existen casi siempre desacuerdos acerca de la significación normativa que tiene una identidad. ¿Dónde está el límite de lo que un ewé o un jainista puede pedir legítimamente a otro? ¿Significa el hecho de ser ewé que debe enseñarse a la prole la lengua ewé? La mayoría de los jainistas creen que su religión les exige ser vegetarianos, pero no todos están de acuerdo en que también haya que evitar los productos lácteos. Y un largo etcétera. Aunque cada ewé o cada jainista hará ciertas cosas a causa de su identidad, no todos harán las mismas cosas. Además, puesto que estas identidades les sirven en ocasiones para responder a la pregunta «¿Qué debo hacer?», tienen importancia en el modo en que conforman su vida cotidiana.

Hay aún otra razón más que es cierta, el tercer rasgo que todas las identidades comparten: no es solo que la identidad nos dé razones para hacer cosas; ocurre que también puede dar motivos a otras personas para hacernos cosas a nosotros. Ya he mencionado antes algo que la gente puede hacernos debido a nuestra identidad: es posible que se avengan a prestarnos ayuda por el simple hecho de que compartamos dicha identidad. Pero una de las cosas más significativas que la gente suele hacer con las identidades es emplearlas como base para crear jerarquías de estatus y respeto, así como estructuras de poder. En Asia Meridional, la existencia del sistema de castas significa que hay personas que, por nacimiento, tienen un estatus más elevado que otras, como los brahmanes. Estos son los miembros de la casta sacerdotal, y se considera que el contacto con los miembros de las castas a las que se juzga inferiores los «contamina». Hay muchos lugares en el mundo en los que existe un grupo étnico o racial que cree que sus miembros son superiores a los demás y se arroga el derecho a recibir un trato mejor. En «Ozymandias», el poeta inglés Shelley habla del «ceño y mueca en la boca, y desdén de frío dominio» que muestra el rostro pétreo de la estatua de un faraón milenario. La genealogía real de este «rey de reyes» implica que debía estar acostumbrado a que se le prestara obediencia. Las identidades dominantes pueden suponer que la gente te trate como una fuente de autoridad; las identidades subordinadas pueden suponer que te veas pisoteado e ignorado.

Y, así, se produce una importante forma de lucha identitaria cuando las personas desafían los presupuestos que producen una desigual distribución del poder. El mundo está lleno de identidades gravosas, cuyo precio es que unas personas traten a otras de forma ofensiva. Los *kothis* de la India lo saben muy bien. Los *kothis* son personas a quienes al nacer se les asigna una identidad masculina, pero que se identifican como mujeres y se sienten atraídas sexualmente por hombres más típicamente masculinos. Durante años, los *kothis* han sufrido insultos y abusos, además del rechazo de sus familias. A causa de su posición marginal, muchos de ellos se ven forzados a convertirse en trabajadores sexuales. En los últimos años, las crecientes ideas sobre el género y la sexualidad —relativas a la homosexualidad, la intersexualidad y la identidad transgénero, y a la complejidad de la relación entre el sexo biológico y el comportamiento humano— han dado origen a una serie de movimientos que tienen el objetivo de poner remedio a la exclusión social que sufren las personas cuyo género y cuya sexualidad se sitúan fuera de la norma tradicional. El Tribunal Supremo de la India ha llegado a declarar que las personas tienen derecho a que se las reconozca como sujetos masculinos, femeninos o del tercer género, tal como ellas mismas decidan.

Una vez que estas identidades existen, la gente tiende a formarse una imagen característica del miembro típico de un grupo y aparecen los estereotipos. Estos pueden tener más o menos fundamento en el mundo real, pero casi siempre yerran gravemente en algún elemento. Hay indios que piensan que los *kothis* quieren ser mujeres de verdad; mucha gente da por hecho que los *kothis* son lo que los europeos y los americanos llaman generalmente «transexuales». Pero esto no es necesariamente así. El resto de los ghaneses piensa que los ewé son particularmente proclives a usar el *yuyu* —la brujería o magia negra— contra sus enemigos; pero la brujería es algo tradicional en toda Ghana, así que, en realidad, no supone un gran hecho diferencial. En una ocasión escribí una crónica del funeral de mi padre, en la que explicaba cómo debimos lidiar con la amenaza de la brujería en nuestra familia. Como el lector ya sabe, nosotros somos ashanti, no ewé.[7] Hay quien que cree que los jainistas están tan obsesionados con la no violencia que llevan una pieza rectangular de tela blanca sobre la cara para evitar la posibilidad de tragarse un insecto y matarlo. En realidad, la mayoría de los jainistas no llevan el *muhapatti*, que es como se llama dicha prenda, y, en todo caso, su empleo responde a toda una variedad de razones que nada tienen que ver con salvar la vida a los insectos.

En resumen; en primer lugar, las identidades acarrean una serie de etiquetas e ideas sobre por qué y a quiénes deberían aplicarse; en segundo lugar, nuestra identidad moldea las propias ideas sobre cómo hay que comportarse y, en tercer lugar, afecta a la forma en la que alguien será tratado por los demás. Por último, todas estas dimensiones de la identidad pueden ponerse en cuestión, quedar siempre abiertas a disputa; quiénes están dentro, cómo son, cómo deben comportarse y ser tratados.

¿MUJER, HOMBRE, OTRO?

Esta imagen de la identidad es, de hecho, una generalización de las formas de pensar el género que las investigadoras feministas fueron las primeras en impulsar. En su lucha por la igualdad de las mujeres y por la liberación de los viejos patrones de opresión, el feminismo empleó toda una serie de conceptos teóricos. En todas las sociedades humanas hay presente algún tipo de sistema de género, una forma de pensar la importancia que entraña la diferencia entre hombres y mujeres. Las teorías feministas nos permiten ver lo que estos numerosos sistemas de género tienen en común, al tiempo que nos permiten, también, tomar conciencia de sus diferencias.

Veamos algunos detalles en la práctica. En el caso de la gran mayoría de los cuerpos humanos, es posible reconocer la adscripción a uno entre dos tipos biológicos. Un simple examen de los genitales —los órganos de reproducción sexual— nos permitirá ver si alguien es, en dichos términos, de sexo masculino (porque tiene pene, escroto y testículos) o de sexo femenino (porque tiene vagina, labios, útero y ovarios). En el caso de las personas adultas, será posible hacer esta discriminación con un solo vistazo; los pechos de las mujeres biológicas crecen en la pubertad, mientras que los varones desarrollan vello facial, su voz se hace más profunda, etcétera. Por lo general, un análisis cromosómico también nos permitirá descubrir habitualmente que los varones tienen un cromosoma X y otro Y y que las mujeres tienen dos cromosomas X. Sabiendo todo esto, tanto la gente de a pie como los expertos en medicina pueden aplicar las etiquetas «mujer» y «hombre».

Pero resulta que estas son solo dos de la gran variedad de combinaciones de cromosomas y morfologías sexuales que se dan con regularidad. En el caso estándar, los órganos sexuales de los machos y las hembras humanos empiezan desarrollándose igual en el embrión, y la estructura que terminará convirtiéndose bien en un ovario o bien en un testículo recibe, en sus primeras fases, el nombre de «gónada indiferenciada». En el feto masculino típico, los genes del cromosoma Y desencadenan una serie de cambios que dan lugar a los testículos y, con ello, a la producción de las hormonas que influyen en el desarrollo de otras estructuras relacionadas con el sexo. En ausencia de este estímulo, la gónada indiferenciada se convierte en un ovario. Es la presencia de un cromosoma Y, por tanto, lo que convierte a alguien en hombre.

Esa es la explicación básica, pero existen muchas variaciones. Está la posibilidad de que, a pesar de la presencia del cromosoma Y, se desarrollen genitales externos femeninos, lo que puede ocurrir por toda una serie de razones distintas; una de ellas el síndrome de insensibilidad a los andrógenos, por el que las células no muestran la sensibilidad normal a la presencia de hormonas sexuales masculinas. Las personas XY con SIA pueden tener genitales externos masculinos o femeninos, o algo intermedio, pero los sujetos femeninos no son fértiles, porque tienen testículos en lugar de ovarios.

Hay más formas en las que puede producirse una discordancia entre la apariencia externa y los cromosomas sexuales. Puede ocurrir que los andrógenos maternos orienten los genitales en dirección masculina y produzcan a alguien que sea XX pero externamente macho. Así que un óvulo humano fecundado que sea claramente XY puede terminar produciendo a una persona con apariencia de mujer y un óvulo XX puede producir a una persona con aspecto de hombre. Y existen más combinaciones posibles: pene y ovarios, vagina y testículos abdominales, genitales externos intermedios y otras.

Y todo esto dando por hecho que, de partida, tengamos dos cromosomas sexuales. En realidad, hay personas que son XO; tienen solo un cromosoma X. Esto se llama síndrome de Turner y quienes lo padecen tienen cuerpo de mujer, aunque a menudo no son fértiles y, habitualmente, su estatura es menor que la media. Para sobrevivir es necesario tener al menos un cromosoma X —el cromosoma Y es mucho más pequeño y carece de algunos de los genes esenciales para la vida humana que tiene el X—, esta es la razón por la que no existen varones OY. En ocasiones, las personas con síndrome de Turner tienen problemas médicos, pero entre las personas conocidas con esta afección se encuentran una campeona mundial de gimnasia, Missy Marlowe, que ha sido portavoz de la Turner Syndrome Society, y la oscarizada actriz Linda Hunt.

Por otro lado, también hay personas con un cromosoma X de más —XXY o XXX— y, en raras ocasiones, incluso alguno más. Dado que en las células femeninas normales solo uno de los cromosomas X está activo (el otro permanece en una forma contraída y en gran medida inactiva llamada corpúsculo de Barr), estos X extra no suponen una gran diferencia; si se tiene un cromosoma Y, se tendrá apariencia masculina, si no se tiene, la apariencia será femenina. Si bien todas estas variaciones se producen en raras ocasiones, sí implican que ni siquiera en el ámbito de la morfología física existe una división diáfana de los seres humanos en dos sexos.

Todas las sociedades parten de este espectro de posibilidades morfológicas. Son un integrante básico de la biología humana. Puesto que los casos intermedios son escasos en términos estadísticos, es posible que, en las comunidades pequeñas, muchas personas no lleguen nunca a interactuar con otra cosa que hombres XY y mujeres XX que muestren una morfología dentro del rango estándar. Dada esta variabilidad, no resulta sorprendente que las distintas sociedades hayan desarrollado formas diferentes de asignar un género a las personas. En muchos lugares, los cirujanos han intentado a menudo «arreglar» los genitales de los bebés que nacen con cuerpos sexuados de manera no estándar, poco después de su nacimiento. Lo que buscaban es amoldar a todo el mundo a un sistema binario, en el que todas las personas fueran hombres o mujeres de forma más o menos clara. Y no hay acuerdo acerca de que se trate de una buena idea.

En la India, a los *kothis* jamás se los ha tratado ni como hombre ni como mujer. Los *kothis* están relacionados con otra forma de identidad de género de Asia Meridional, cuya etiqueta es *hijra*.[8] Tal como lo expresó un comité indio de expertos en 2014, las *hijras* «son varones biológicos que con el tiempo rechazan su identidad "masculina" y se identifican bien como mujeres, bien como "no hombres", bien como "entre hombre y mujer"».[9] Pero las *hijras* cuentan con una larga tradición de vida en comunidad, que incluye ritos de entrada y la costumbre de vestirse con ropas de mujer y usar maquillaje femenino. Los *kothis*, por su parte, se travisten solo en privado o cuando socializan entre ellos; muchos de ellos, de hecho, no se travisten. Las *hijras* pasan en ocasiones por cirugía de reasignación de género y, antiguamente, muchas se sometían a castraciones. Hay que notar que ninguno de estos términos se corresponde con nuestros términos «transgénero» u «homosexual», puesto que, por señalar tan solo una diferencia, las categorías surasiáticas tampoco recogen lo que nosotros llamaríamos transexuales MaH ni lesbianas.

Anjum, una de las protagonistas de *El ministerio de la felicidad suprema*, la extravagante y serpenteante novela de Arundhati Roy, es lo que antiguamente se hubiera calificado como una hermafrodita; de pequeña se cría como un niño con el nombre de Aftab, porque su madre intenta esconder el hecho de que tiene órganos sexuales tanto masculinos como femeninos.[10] Pero el niño Aftab no quiere ser un niño, aunque aún no sabe lo que quiere ser. Y entonces:

> Una mañana de primavera Aftab vio a una mujer alta y de caderas estrechas que llevaba los labios pintados de un rojo brillante, sandalias doradas de tacón alto y una túnica *salwar kamiz* de raso verde satinado, que estaba comprando pulseras en el puesto de Mir, el vendedor de bisutería [...]. Aftab jamás había visto a nadie como aquella mujer alta de labios pintados [...].
> Aftab quería ser como ella.[11]

Aftab sigue a esta resplandeciente *hijra* hasta su hogar, en la Jwabgah —la casa en la que viven las *hijras* de esa parte de Delhi— y allí descubre la existencia de toda una comunidad a la que, de algún modo, sabe que pertenece. Ser *hijra* es algo más que tener un cuerpo masculino y un estilo femenino; tal como descubrimos a lo largo de la novela, las *hijras* cumplen una función en la vida india, y por tanto, identificarse como una de ellas supone algo más que simplemente travestirse. Aunque me apoyo en la historia de un personaje de ficción, según me han contado, el personaje de Anjum está basado en una persona real.

También, al otro lado del mundo, algunas tribus indias de Norteamérica reconocieron en tiempos la existencia de una variedad de géneros. Por ejemplo, los navajo, en el siglo XIX, llamaban *dilbaa* a los intersexuales masculinos y *nádleehí* a las intersexuales femeninas.[12] Y desempeñaban papeles especiales en la vida religiosa. Recientemente, muchos activistas de origen nativo americano han empezado a emplear el neologismo «dos espíritus» para referirse a quienes no encajan con facilidad en las categorías de hombre o mujer. El término refleja el hecho de que las personas que no eran ni hombre ni mujer, pero tenían algo de cada uno de ellos —un espíritu—, desempeñaban una función religiosa especial en muchas sociedades nativas americanas. Y así es como, hoy, muchos nativos americanos —a quienes otro buen número de americanos llamarían lesbianas, gais o trans— eligen identificarse a sí mismos.

Lo que las teóricas feministas nos enseñaron a ver es que, cuando hablamos de hombres, mujeres u otros géneros, no estamos hablando simplemente del cuerpo. Al llamar a una criatura niña o niño —al aplicarle esa etiqueta—, toda sociedad da por supuesto algo más que el mero hecho de que la criatura tenga una morfología determinada. Y, así, ahora distinguimos entre el sexo (la situación biológica) y el género (el conjunto de ideas sobre lo que es una mujer y lo que es un hombre, así como sobre el comportamiento que deben mostrar). Algunos investigadores han afirmado que uno de cada cien niños es intersexual en algún grado.[13] En un mundo poblado por más de siete millones de personas, un uno por ciento de la población son un montón de individuos. Y, por tanto, es muy posible que matronas, obstetras y demás personas a las que les toca presenciar numerosos nacimientos se encuentren de vez en cuando con este tipo de casos y tengan que decidir qué hacer con ellos (si es que les corresponde hacer algo). Pero incluso en un mundo que estuviera poblado exclusivamente por hembras XX y machos XY, el género vendría a imponernos una estructura más que considerable de ideas sobre lo que son o deberían ser los hombres y las mujeres.

¿Por qué? Porque, tal como hemos dicho, las identidades implican etiquetas y estereotipos. Cosa que es especialmente evidente en el caso del género. Si se etiqueta a alguien como hombre, en la mayoría de las sociedades se dará por supuesto que se siente sexualmente atraído por las mujeres, que camina y gesticula de forma «masculina», que se muestras físicamente más agresivo que las mujeres, etcétera. En el caso de las mujeres, se da por hecho que los hombres deberían atraerlas sexualmente, que caminarán y hablarán de una forma «femenina» y que serán más dulces que los hombres. Al hablar sobre las diferencias físicas del cuerpo he empleado los términos «masculino» y «femenino», pero también hacen falta términos para señalar las otras formas de diferencia que se construyen sobre esa base. Así que continuaré usando «masculino» y «femenino» para referirme a las formas de pensar, de sentir y de actuar que nuestras imágenes del género nos llevan a esperar en hombres y mujeres. Los hombres son —y se espera de ellos que lo sean—, en fin, masculinos. Los hombres deben liderar, las mujeres deben seguirlos; las mujeres obedecen, los hombres mandan. Y ese «se espera de ellos» y esos «deben» son tanto descriptivos (lo que esperamos que sean los hombres y las mujeres) como normativos (lo que creemos que es correcto). Pero, de nuevo, existen desacuerdos sobre estas afirmaciones tradicionales acerca de lo que deberían ser los hombres y las mujeres (o las personas que afirman no ser ninguna de las dos cosas). Y estas ideas han variado claramente a lo largo del tiempo y a través del espacio; muchos neoyorquinos de hoy darán por sentado que una mujer puede ser dura como una roca y que un hombre puede ser, en palabras de Shakespeare, «tibio y suave como un niño de pecho».[14]

Etiquetas, estereotipos e ideas sobre cómo hay que comportarse se encuentran inscritos, como digo, en todas las identidades. Y el género incluye también el último de los rasgos que antes mencionaba; no solo comporta una serie de ideas sobre cómo debe comportarse una persona, sino también sobre el comportamiento que deben mostrar los demás hacia ella. Antes, había un código de caballerosidad (que reflejaba una jerarquía de poder) que consistía en abrir la puerta, retirar la silla, pagar la cena y cosas así. Hoy han surgido nuevas normas de tratamiento, algunas están relacionadas con cómo interactúan las mujeres entre ellas o con cómo interactúan los hombres unos con otros, y otras tienen que ver con cómo interactúan mujeres y hombres. La próxima vez que nos encontremos en un ascensor lleno de gente en una ciudad moderna y cosmopolita, podemos fijarnos en si los hombres dejan paso a las mujeres para que salgan primero. Ahora, imaginemos cómo será la vida de una mujer que, con el objetivo de desafiar todos estos estereotipos anticuados, insiste en rechazar este tipo de gestos. En este sentido, puede decirse que las identidades tienen tanto una dimensión subjetiva como una dimensión objetiva; no se puede imponer a capricho una identidad cualquiera, pero la identidad tampoco depende enteramente de la propia elección, no es una invención a la que yo pueda dar la forma que quiera.

La forma que adquiera una identidad también puede venir perfilada por la del resto de identidades de una persona. Ser una mujer ewé no es solamente una cuestión de ser mujer y ser ewé, como si fuera un acto de simple adición. Una mujer ewé debe hacer frente a ciertas expectativas —expectativas que debe satisfacer y expectativas que debe ver satisfechas—, que son particulares de la feminidad ewé. Ser gay de ascendencia china significa cosas diferentes si uno es oriundo de San Francisco o si es nativo de Zhumadian, una ciudad en la provincia china de

Henan donde, no hace mucho, un hombre fue hospitalizado por un «trastorno de la preferencia sexual» y obligado a someterse a una terapia de conversión. La importancia social de una identidad puede variar según el nivel de renta, la edad, la discapacidad, el peso, el estado laboral y cualquier otra variante social que se nos ocurra. Sin embargo, en un contexto político, un grupo de identidad puede tener un reconocimiento global («¡Trabajadores del mundo, uníos!», «¡Mujeres del mundo, levantaos!») y, a veces, formas de identidad anteriores se funden en otras mayores, nuevas y combinadas (personas de color, LGBTQ). En este caso, la identidad se invoca con el propósito de construir solidaridad. Aunque no hay duda de que ser parte de un grupo de identidad que tiene en ciertos aspectos una situación subordinada no genera necesariamente simpatía con otros que se encuentran en situación análoga (las personas estadounidenses negras son, a menudo por razones religiosas, más propensas a estar en contra del matrimonio homosexual que las personas blancas), y, en ocasiones, entre dos grupos íntimamente cercanos puede surgir una feroz antipatía (como es el caso de las disputas entre las sectas religiosas por cuestiones de herejía).

Esta compleja interacción entre identidades —que podemos ver, por ejemplo, en el caso de los *kothis*, donde importan tanto las ideas sobre la sexualidad como sobre el género— es una de las razones por las que Kimberlé Crenshaw, una teórica del derecho feminista y activista por los derechos civiles, introdujo la idea de «interseccionalidad». Crenshaw quería reflexionar sobre las formas en que nuestras muchas identidades interactúan entre sí para producir unos efectos que no son meramente la suma de cada una de ellas. Ser lesbiana y negra no es una mera combinación de las normas de identificación afroamericana, femenina y homosexual; las normas de identificación LGBTQ pueden depender de la raza y del género de una persona. Las reacciones sociales negativas que afectan a las lesbianas negras tampoco son una simple combinación de las reacciones racistas y homófobas que afectan también a los hombres homosexuales negros y de las reacciones sexistas que afectan a las mujeres blancas de clase media.[15] El racismo puede hacer que los hombres blancos teman a los hombres negros y abusen de las mujeres negras. En Sudáfrica, la homofobia puede llevar a los hombres a violar a las lesbianas, y a los gais, sin embargo, asesinarlos. En la década de 1950, en virtud del sexismo, se mantenía a las mujeres blancas de clase media en sus casas, mientras que se enviaba a las mujeres negras de clase obrera a trabajar para ellas. Los ejemplos de interseccionalidad son abundantes.

La interseccionalidad plantea un problema para una de las formas en las que la gente pone en práctica su identidad hoy en día. Digamos que Joe, que es un hombre blanco, dice hablar «como hombre» o «como persona blanca». ¿Qué significa eso, más allá de que quien está hablando sea él y de que él es hombre o blanco? Tener una identidad no autoriza, de por sí, a nadie a hablar en nombre de todas las personas que compartan esa identidad. El privilegio de la representación de un grupo tiene que ser otorgado de algún modo. Por tanto, a falta de pruebas de que a Joe se le haya otorgado o de que se haya ganado de alguna forma esa autoridad, sus palabras no pueden significar que habla por todas las personas blancas ni por todos los hombres. Podríamos creer que, cuando menos, su experiencia lo autoriza a hablar sobre qué significa vivir como un hombre blanco. Pero ¿cualquier hombre blanco podría hablar del tema con un conocimiento especial por el mero hecho de vivir esa experiencia? No si atendemos al argumento de la interseccionalidad. Ya que, en la medida en que el trato que nos dan los demás afecta a nuestra experiencia, el hecho de la interseccionalidad hace probable que la de, por ejemplo, los hombres blancos homosexuales y la de los hombres blancos heterosexuales sea distinta, y, si Joe se hubiera criado en Irlanda del Norte como gay, blanco y católico, es muy posible que sus amigos gais, blancos y protestantes tuvieran experiencias bastante diferentes. Y, una vez que se piensa un poco, es posible ver que, aunque la identidad afecta a la experiencia, no hay ninguna garantía de que lo que se ha aprendido de ella sea igual que lo que hayan aprendido otras personas de la misma identidad.

Sin embargo, el hecho sabido de que nuestras identidades son múltiples y pueden interactuar entre sí de maneras complejas no es incompatible con poder proporcionar una explicación somera sobre en qué consiste, conceptualmente, cualquier identidad: a grandes rasgos, en ostentar una etiqueta y una idea de cómo esta se aplica, que conlleva una serie de normas sobre cómo las personas que tienen asignada dicha etiqueta deben comportarse y deben ser tratadas.

HABITUS

Por supuesto que nada de esto es una novedad. Las categorías «mujer», «ewé», «jainista», «*kothi*» o «*hijra*», ya eran así mucho antes de que los investigadores empezaran a hablar de identidades sociales. De Shakespeare a Gilbert y Sullivan, el orgullo de ser inglés cuenta con una larguísima tradición que resuena pomposamente desde la arenga de Enrique V a sus tropas en Harfleur, en la que se dirige a ellos como «bravos *yeomen*, cuyos miembros fueron fabricados en Inglaterra», hasta los tonos más cómicos de *H. M. S. Pinafore*, donde el contramaestre afirma que Ralph, el humilde grumete,

> ha dicho algo
> que lo amerita enormemente
> y esto es que es inglés.

Cuando era adolescente me gustaba mucho una grabación satírica de Michael Flanders y Donald Swan, en la que insistían en que «los ingleses son los mejores», y cantaban alegremente que no darían «dos peniques por todos los demás». Lo que sí es una novedad es pensar que esta diversidad de etiquetas —inglés, mujer, *kothi* y demás— pertenezca a una misma categoría. El auge de la identidad es el auge de esta idea.

Una vez que se entiende así, se puede interpelar por la significación social y psicológica de las identidades. Y eso es exactamente lo que se ha tratado de hacer en gran parte de la psicología y de la sociología modernas. Para completar este esbozo de una teoría de la identidad, quiero apuntar tres descubrimientos relevantes que han surgido en el curso de dichas investigaciones.

El primero tiene que ver con la centralidad que la identidad adquiere en el modo en que usamos nuestro cuerpo. El sociólogo francés Pierre Bourdieu lo planteaba de esta manera. Cada uno de nosotros tiene lo que él llamó un *habitus*, un conjunto de disposiciones para reaccionar con mayor o menor espontaneidad ante el mundo de formas particulares, sin pensarlo demasiado. Desde la infancia se nos va entrenando en dicho *habitus*. Nuestros padres nos dicen que no hablemos con la boca llena, que nos sentemos derechos o que no toquemos la comida con la mano izquierda, y así dan forma a unos modales en la mesa que, con toda probabilidad, nos van a acompañar toda la vida.[16] Una vez inculcados, estos hábitos no se asocian conscientemente a una identidad: las personas inglesas de clase media no deciden de manera consciente usar el cuchillo con la mano izquierda con la intención de comportarse como ingleses, ni los ghaneses usan tan solo la mano derecha para comer con el objetivo de mostrar que son ghaneses. No obstante, dichos hábitos sí están conformados por su identidad.

Bourdieu tenía una prestigiosa cátedra en el Collège de France de París y una carrera en el corazón de la élite académica francesa, pero había crecido en un pueblo del suroeste de Francia, era hijo de un granjero que luego se hizo cartero y mantuvo una distancia crítica respecto de los códigos sociales que lo rodeaban de adulto. Consideraba que el *habitus* estaba arraigado en la forma característica en la que las personas usan su cuerpo, lo que él llamó la «*hexis* corporal», una «manera duradera de mantenerse, hablar, de caminar y, por ello, de sentir y pensar».[17] (¡No me molestaría en incluir toda esta jerga horrible si no fuera a sernos útil más adelante!) Pero incluye también formas de habla, como lo que denominó en una ocasión «la nueva forma de hablar de los intelectuales [franceses]; ligeramente dubitativa, incluso balbuciente, interrogativa ("¿no?") y entrecortada», que había reemplazado al «antiguo uso profesoral (con sus periodos, sus imperfectos de subjuntivo, etc.)».[18]

La forma en la que se aprende a vestir como un hombre o como una mujer está modelada por las ropas que nos ponen en la infancia, elegidas asimismo en función del género. Se aprende a caminar, en parte, viendo andar a otros niños y niñas. Cuando un hombre se pone maquillaje —como el profeta Mahoma, que se ponía *kohl* en los ojos, o los hombres masái, que se pintan el rostro con ocre—, lo hará en la manera en la que lo hacen otros hombres; en muchas sociedades, mujeres y hombres tienen estilos de maquillaje distintos. Pero ninguna de estas cosas se hace de forma particularmente consciente; cuando me compro una chaqueta, no pienso conscientemente que «debo vestir como un hombre»; cuando camino, no pienso conscientemente en no caminar como una mujer. Y, sin embargo, mis ropas y mis andares reflejan mi género y los modelos de masculinidad con los que he crecido. Tal como nos recuerda Aftab/Anjum, reconocemos a nuestros modelos a través de nuestras identificaciones.

Las normas de género se imponen de mil maneras distintas. Recuerdo bien una lección que recibimos, con ocho o nueve años, de parte del indudablemente anticuado director del colegio al que entonces asistía, el reverendo Hankey (puede imaginarse lo que un grupo de prepúberes hacía con ese nombre).[*] Un día, nos sermoneó severamente por estar armando follón («algarada» lo llamó él, en la jerga de aquella época) en la sala común en la que nos juntábamos entre las clases. Pocos días después, entró en la sala y me encontró sentado sobre el pecho de un compañero al que, si la memoria no me falla, llamábamos Piggy, porque su apellido era Hogsflesh.[**] Yo estaba haciéndole cosquillas a Piggy y él intentaba zafarse de mí. Se nos llamó al

---

[*] En inglés, existe una expresión a la que recuerda el nombre del reverendo, *hanky–panky*, que refiere de forma eufemística y algo infantil a la práctica sexual. *(N. de la T.)*

[**] Literalmente, «carne de cerdo». *(N. de la T.)*

despacho del director, y mi compañero de algaradas entró primero. Oí el sonido de cuatro azotes descargados sobre sus posaderas con una vara de bambú, y me preparé para recibir el mismo tratamiento. Pero al tercer azote, el reverendo Hankey se detuvo.

—Te voy a dar un azote menos que a Hoghflesh —me dijo con solemnidad—. Dije que nada de algaradas. Pero si vas a hacerlo es mejor estar encima.

(El colegio, ya que no las ideas del reverendo Hankey sobre la masculinidad, cerró pocos años después.)

En Japón, las chicas ven a otras chicas cubrirse la boca al reír y hacen lo mismo. Y si no lo hacen, se las corrige. Pero a causa de esto, algunos gais japoneses también se cubren la boca al reírse, y esto refleja el hecho de que, en cierto grado, se identifican con las mujeres. Dado que la forma de vestir y de hablar de los hombres y las mujeres de distintos grupos sociales son diferentes, cada cual termina caminando y vistiéndose de formas que reflejan su identidad, no solo el género sino también la clase y la pertenencia étnica. El contoneo de los andares de algunos varones afroamericanos de los barrios desfavorecidos es una marca tanto de clase como de raza y de género. La *Encyclopedia of African American Popular Culture* describe meticulosamente este estilo de «andares chulescos» como una «demostración de masculinidad *cool* [...], una arrogante combinación de pavoneo perezoso, estética negra y exhibición pública».[19] Si una mujer caminara de esa forma, a los demás les parecería raro, y si lo hiciera un médico, la mayoría de los pacientes se mostrarían recelosos, indistintamente de la raza o del origen social.

Bordieu pensaba que, entre los elementos más significativos de la *hexis* corporal, están los hábitos de uso de la boca; las personas adquieren un acento distintivo, una forma reconocible de hablar, que refleja determinadas dimensiones de su identidad social.[20] El acento puede distinguir a una clase e incluso a una profesión. Así sucede con el discurso del ridículo oficial de caballería Wellesley Ponto en *El libro de los snobs* (1848), de William Thackeray. El autor lo describe como un «joven escuálido y demacrado» que explica con franqueza por qué necesita que su padre abone las deudas que ha adquirido viviendo al estilo de sus compañeros oficiales, más prósperos.

Gad!» says he, «our wedgment's so doothid exthpenthif. Must hunt, you know. A man couldn't live in the wedgment if he didn't. Mess expenses enawmuth.*

Thackeray pretendía hacer una sátira de ese tipo de gente, pero el acento era real. La forma de arrastrar las palabras y el sigmatismo eran la expresión de una aristocrática indiferencia ante la prisa y un lánguido rechazo a gastar energía en la conversación. La flema, en este caso, no es solo un recurso literario. En sus trabajos, Bourdieu dejó otro ejemplo de conexión entre el *habitus* de una clase y de otra, en una fascinante exposición sobre la diferencia entre dos palabras que en francés hacen referencia a la boca, *bouche* y *gueule*. El sociólogo John Thompson resume muy bien el análisis:

> En francés, hay una diferencia entre la boca cerrada y comprimida (*la bouche*) y la boca grande y abierta (*la gueule*). Los individuos de extracción obrera tienden a dibujar una oposición social y sexual sobredeterminada entre ambos términos; *la bouche* se asocia a lo burgués y lo femenino (por ejemplo, alguien reservado), mientras que *la gueule* se asocia con lo popular y lo masculino (por ejemplo, alguien bocazas o vocinglero).

Como resultado, para los hombres franceses de clase obrera hablar como un burgués puede aparecer como una traición a su masculinidad.[21]

La mayoría no creemos haber elegido conscientemente nuestro acento, tampoco solemos reflexionar sobre el hecho de que

---

*   La gracia de la cita está en la (intraducible) imitación del acento. Viene a decir algo así: «¡Cielos! —dice—. Nuestro alojamiento es en tal medida costoso. Es obligado cazar, ya sabe. Un hombre no podría vivir allí si no lo hace. Los gastos son enormes.» (*N. de la T.*)

las razones por las que hablamos como hablamos reflejan muchas dimensiones de nuestra identidad, más allá de la región y de clase de las que procedemos. Nuestro acento es parte de nuestro *habitus*, una de las formas rutinarias en las que usamos nuestro cuerpo. En la introducción, he mencionado que mi acento inglés, en ocasiones, ha dejado desconcertados a algunos taxistas, en parte porque no están acostumbrados a toparse con gente de piel oscura que hable como un miembro de la clase media alta inglesa; pero, como la mayoría de la gente, yo hablo igual que lo hacían mis amigos del colegio durante mis años de infancia. No es habitual adquirir la fluidez de un nativo en una lengua cuando se es adulto. Pero un ghanés que conozco, y que ha vivido en Japón durante muchísimo tiempo, me contó que, una vez, vio a una mujer japonesa a la que se le había pinchado la rueda de la bicicleta y se acercó a ella. Cuando empezó a hablarle, ella no levantó la vista; su acento japonés le sonaba de lo más normal. En el momento en que por fin lo miró, mi amigo pudo ver cómo le asomaba al rostro una expresión de sorpresa. La mujer no esperaba encontrarse a un extranjero de piel oscura. (Por contarlo todo, la historia acaba bien, ahora ella es su esposa.)

El *habitus* y la identidad están conectados por el hecho de que seamos capaces de reconocer determinados comportamientos —los acentos, pero también las formas de caminar, los estilos de vestir— como signos de formas de identidad determinadas, así como por el hecho de que nuestras identidades conformen inconscientemente nuestro *habitus*. He dicho antes que nuestras identidades importan porque nos dan razones para hacer cosas, razones en las que pensamos conscientemente. Pero esta conexión entre identidad y *habitus* significa que las identidades también pesan en formas no reflexivas. El distinguido psicólogo social estadounidense Claude Steele cuenta cómo un joven estudiante negro de la Universidad de Chicago, preocupado por las reacciones temerosas de las personas blancas ante su presencia, se ponía a silbar composiciones de Vivaldi cuando iba caminando por la calle. El estudiante mostraba, así, que tenía conocimientos de alta cultura, y las personas blancas (que de hecho podían no reconocer a Vivaldi) advertían que se trataba de música clásica. «Sin apenas darse cuenta —dice Steele—, [abandonaban] el estereotipo de la propensión a la violencia [...]. El miedo quedaba de lado en el modo en que se comportaban».[22] Los sociolingüistas han clasificado las muchas formas en las que las personas modulan su estilo verbal según la identidad social de su interlocutor, de nuevo, sin ser apenas conscientes de ello. A mí me han dicho que cuando estoy en Nueva York pongo acento americano al indicar a los taxistas la dirección a donde quiero ir. No importa que, por lo visto, tenga un acento americano terrible. Lo que intento —sin hacerlo conscientemente— es hacerme entender más fácilmente por gente que a menudo es, como yo, inmigrante, que hace un esfuerzo por entender el dialecto inglés local.

ESENCIALISMO

La segunda verdad psicológica importante tiene también un nombre sofisticado: esencialismo. Los estudios psicológicos han revelado que, mucho antes de que nadie enseñe a los niños a agrupar a la gente en categorías, estos ya están programados para hacerlo. Cuando llegan a la edad de dos años, distinguen entre sujetos femeninos y masculinos y esperan de ellos comportamientos distintos. Y, una vez han clasificado a las personas, actúan como si cada uno de los miembros del grupo compartiera con el resto algo interno —una esencia— que explica que tengan tantas cosas en común. «El esencialismo es la creencia de que determinadas categorías poseen una realidad subyacente o una naturaleza verdadera que no es posible observar directamente —afirma la psicóloga del desarrollo Susan Gelman—, pero que dota a un objeto de su identidad y es responsable de otras similitudes que comparten los miembros de esa categoría».[23] Para cuando cumplen cuatro o cinco años, los niños de todo el mundo son unos completos esencialistas.

No es que no se perciban las características superficiales visibles de las personas; nada más lejos. El color del pelo y de la piel y otros aspectos de la apariencia física cumplen una función en la determinación del tipo de gente que acaba metida en el mismo grupo. Sé de una distinguida agente literaria negra de Nueva York que, en el ascensor de su edificio, suele encontrarse con niños que le lanzan los brazos en busca de un abrazo; en el mundo de estos niños, las mujeres negras son niñeras, y las niñeras dan abrazos. Lo que significa el esencialismo es que los niños asumen que estas diferencias superficiales —las que les llevan a aplicar la etiqueta— reflejan otras diferencias internas más profundas que explican en gran medida el comportamiento de las personas.

Los estudios realizados con niños pequeños indican que una de nuestras estrategias más básicas para dar sentido al mundo consiste en realizar el tipo de generalizaciones que los lingüistas llaman «genéricos» (generalizaciones del tipo «Los tigres comen personas» o «Las mujeres son dulces»). Además, resulta que es muy difícil decir qué es lo que otorga su carga de verdad a estos genéricos. No son equivalentes a afirmaciones universales como «Todos los tigres comen personas». Después de todo, la mayor parte de los tigres no se han comido nunca a una persona, es más, muy pocos tigres lo han hecho. Respecto a que las mujeres sean dulces; bueno, ¿qué mujeres? Sin duda, no era el caso del fiero regimiento de amazonas (a quienes los fon daban el delicioso apelativo de «nuestras madres»), que sirvió a los reyes de Dahomey en el siglo XIX. Así que la afirmación genérica «Las mujeres son dulces» no significa que todas las mujeres lo sean; y «Los tigres comen personas» no significa que la mayoría de los tigres se las coman. De hecho, tal como ha señalado mi amiga la filósofa Sarah-Jane Leslie, un experto en epidemiología puede declarar con toda franqueza que «los mosquitos portan el virus del Nilo occidental» sabiendo que el 99 por ciento de ellos no son portadores.

Estas interpretaciones genéricas funcionan a través de un tipo básico de asociación de ideas. Así que, pensar que «los tigres comen personas» significa que, si nos encontramos con un tigre, la respuesta por defecto será imaginárnoslo comiéndose a alguien, quizá a nosotros mismos. «Los mosquitos portan el virus del Nilo occidental» llevará al médico a tomarnos la temperatura si ve picaduras.[24] Tal como sugieren estos ejemplos, una de las cosas que aumenta las probabilidades de que asumamos un genérico es que aquello de lo que hable nos dé razones para preocuparnos, como el riesgo de ser devorados o el contagio por patógenos.

Pero también contribuye el que pensemos en la categoría (los tigres, las mujeres, los mosquitos) como en una tipología, un grupo de organismos que comparten una esencia. Y conseguir que los niños lleguen a pensar en un grupo de personas como en una tipología es muy sencillo. La psicóloga Marjorie Rhodes y su equipo llevaron a cabo un experimento muy sencillo. Mostraron a niños y niñas de cuatro años imágenes de un tipo ficticio de persona y les dijeron que era un «zarpie». Había imágenes de mujeres y de hombres, de personas negras, blancas, latinas y asiáticas, jóvenes y ancianas. A uno de los grupos de niños, los investigadores le hicieron un gran número de comentarios genéricos sobre este grupo de gente imaginario, como «A los zarpies les dan miedo las mariquitas» y cosas así. En el otro grupo, evitaron los genéricos, con construcciones como: «¡Fijaos en este zarpie! ¡Le dan miedo las mariquitas!». Un par de días después, enseñaron un zarpie a los niños y les dijeron que emitía un zumbido. Resultó que los niños que habían escuchado antes un montón de genéricos sobre los zarpies fueron mucho más proclives a creer que todos los zarpies zumbaban. Los comentarios genéricos habían fomentado su disposición a pensar en los zarpies como en una tipología de personas. Y una vez que los niños piensan de este modo en los zarpies, es más probable que infieran que el comportamiento de un zarpie refleja la naturaleza de todos los demás, que el zumbido tiene que ver con una esencia zarpie.[25]

Ahora, vamos a asociar las lecciones de los dos últimos párrafos. Se puede hacer que se piense en determinadas personas

—incluso en un grupo diverso formado por personas de ambos sexos y de todas las edades— como en una tipología, nada más que haciendo comentarios genéricos sobre ellas. Y, además, hay más probabilidades de que se esté dispuesto a aceptar una afirmación genérica sobre un grupo si lo que se afirma es algo negativo o preocupante. Así que es mucho más probable que los humanos lleguemos a esencializar a los grupos sobre los que tenemos pensamientos negativos y, a la vez, es más probable que alberguemos pensamientos negativos sobre grupos que ya hemos esencializado previamente. He ahí un lamentable círculo vicioso. Acordémonos de esto la próxima vez que alguien te diga que «todos los musulmanes son terroristas».

La verdad pura y simple es que se nos da muy bien conjurar zarpies y mirarlos con suspicacia. Pensemos en los agotes de los Pirineos franceses y españoles. Aunque se disgregaron durante el siglo XIX debido a las migraciones y a la asimilación cultural, durante todo un milenio fueron tratados como parias, estuvieron relegados a los distritos depauperados e incluso se los obligaba a emplear una puerta distinta para entrar a las iglesias, donde se les daba la comunión con un palo. Dado que el contacto con los agotes se consideraba contaminante, se los castigaba severamente si bebían del mismo tazón de agua que los demás, si hacían trabajo agrícola o incluso si caminaban descalzos por las calles. Las canciones que se cantaban sobre ellos dejaban muy claro cómo debía considerárselos, pero no decían por qué. Una de ellas, grabada a mediados del siglo XIX, dice:

> Abajo los agotes
> ¡Acabemos con todos ellos!
> Acabemos con los agotes
> ¡Abajo con todos ellos!

¿Qué los diferenciaba de sus vecinos? No era su apariencia; por eso estaban obligados a identificarse mediante distintivos enganchados en la ropa, a menudo patas de ganso o de oca o imitaciones en tela. No eran sus apellidos. No era su lengua. No era su religión. El verdadero misterio de los agotes, concluye Graham Robb en su historia de Francia, «era el hecho de que no tenían ninguna característica distintiva».[26]

Tanto en detalles como en cuestiones de mayor envergadura, el esencialismo conforma la historia pública y conforma también las historias personales. Está presente en la reacción que mostraban algunas personas blancas ante el estudiante negro de Claude Steele en los alrededores de la Universidad de Chicago. También se manifiesta claramente en el modo en que, en el ámbito del género, tendemos a dar por hecho que «los chicos son así» y lo mismo los hombres. Damos por hecho todo tipo de comportamientos diferenciados en términos de género, de un modo que sugiere la existencia de algo interno que no solo explica por qué, como podemos imaginar, los hombres se parecen unos a otros, sino además por qué se comportan de formas similares. Y la primera vez que nos encontramos con alguien que no lo hace —por ejemplo, un hombre que no se sienta atraído por las mujeres— puede sorprendernos. Por lo habitual, el paso siguiente no es abandonar la idea de que los hombres desean a las mujeres, sino tomar nota de una excepción al tiempo que mantenemos la anterior generalización. Solo más tarde, es probable que lleguemos a asumir una categoría nueva, la de hombres gay, la cual nos permitirá retomar la vieja generalización, en referencia ahora a un nuevo grupo, los hombres heterosexuales. Así que también es probable que nuestro segundo paso sea dar por hecho que todo el mundo es o bien gay o bien heterosexual, cosa que resulta que tampoco es exactamente cierta.

A lo largo de este libro, vamos a volver a este hábito cognitivo, el más básico de todos, una y otra vez. Así que merece la pena insistir desde el principio en que, por lo que refiere a las identidades, todo esencialismo es, por lo común, erróneo; en general no existe ninguna esencia interior que explique por qué las personas que tienen una determinada identidad social son como son. Ya hemos visto que hay más de una forma de llegar a ser hombre o mujer. La historia de por qué los ewé hablan ewé o por qué los jainistas practican su religión no comienza con algo interior que todos comparten y que explica por qué lo hacen. Y gran parte de las acciones de la mayoría de la gente no vienen definidas porque sean mujeres u hombres, de esta o aquella pertenencia étnica, raza o religión. Igual que los imaginarios zarpies, la mayoría de los grupos integrados por personas reales y definidos por las identidades a gran escala que conforman nuestro mundo social albergan una diversidad enorme.

LA TRIBU DE LOS CUATRO DÍAS

Querría hablar sobre una última lección de psicología de la identidad, la cual se demostró en un experimento que tuvo lugar a lo largo de varios días en las bellas colinas boscosas de las montañas de Sans Bois, en Oklahoma, en 1953. Aquel verano, un equipo de investigadores reunió a dos grupos de chicos de once años en campamentos anejos pero separados, en un lugar llamado Robbers Cave State Park. Los chicos vivían en el área metropolitana de Oklahoma City. No se conocían, pero provenían de entornos muy similares; protestantes, blancos y de clase media. Todo esto fue cuidadosamente diseñado. Los investigadores estaban estudiando la formación de lo que los psicólogos sociales llaman endogrupos y exogrupos, la forma en la que se desarrollan las tensiones entre ellos y la forma en la que estas pueden rebajarse. El experimento Robbers Cave es un clásico de las ciencias sociales.

La zona de los campamentos se encontraba en un lugar remoto en medio de un denso bosque; los chavales llevaban allí una semana cuando se les dio a conocer la existencia de otro campamento de chicos en las proximidades. Ambos grupos empezaron a desafiarse a juegos de competición, como partidos de béisbol o el juego de la soga. En los cuatro días siguientes ocurrieron un par de cosas. Los grupos se dieron un nombre a sí mismos —los Serpientes de Cascabel y los Águilas— y desarrollaron entre ellos un fiero antagonismo. Se quemaron banderas, se saquearon cabañas y se recolectaron piedras como armas en preparación para un ataque.[27]

Es importante señalar que los chicos no sintieron la necesidad de darse un nombre colectivo hasta que descubrieron la presencia de otros chicos en la zona. Pero, tal como indica nuestra teoría, para formar identidades necesitaban etiquetas. Entre los Serpientes de Cascabel se desarrolló un *ethos* de «dureza» cuando descubrieron que uno de los chicos de mayor estatus del grupo se había hecho una pequeña herida sin decírselo a nadie; puesto que eran tipos duros, empezaron también a decir palabrotas. Los Águilas, que habían derrotado a las malhabladas Serpientes en un partido de béisbol, decidieron distinguirse por no usar palabrotas. Estas diferencias cuasiculturales podían verse en la forma en que cada grupo hablaba tanto de sí mismo como del otro; los Serpientes de Cascabel, con su identidad de macho pendenciero, consideraban a los Águilas como «mariquitas» y «nenazas»; los Águilas, de recta moral y vidas disciplinadas, consideraban a los Serpientes unos «zánganos».[28] Así que las etiquetas fueron primero, pero las esencias llegaron con rapidez. Los chicos no desarrollaron identidades distintas porque tuvieran normas distintas; desarrollaron normas distintas porque tenían identidades opuestas. Parece que, en lo que respecta a las identidades, en cuatro días pueden pasar muchas cosas.

Nuestra tercera verdad psicológica, pues, es tan solo que los humanos damos una gran importancia a la distinción entre aquellos que comparten nuestra identidad y aquellos que no lo hacen, quienes están dentro y quienes están fuera del grupo, y que actuamos en consecuencia tanto en lo relativo a las identidades nuevas (como los Serpientes de Cascabel y los Águilas) como a las largamente establecidas, a las pequeñas y a las grandes, a las superficiales y a las profundas.

Existe toda una lista de tendencias psicológicas que acompañan a esta distinción entre endogrupos y exogrupos. Por ejemplo, puede parecernos natural que las personas tiendan a favorecer a quienes comparten su identidad y a menospreciar a los miembros de los exogrupos. Pero, dada la escala de muchos grupos, debería resultarnos más sorprendente de lo que habitualmente ocurre. ¿Por qué razón daría un hindú preferencia a otro hindú que no conoce antes que a su vecino musulmán? Hindúes hay billones, pero solo se tienen unos pocos cientos de vecinos. Aun así, en todo el mundo esta parcialidad se entiende como algo natural.

Hay una forma racional de explicar todo esto: somos unas criaturas con un fuerte sentimiento de tribu. No es solo que pertenezcamos a un tipo humano, sino que preferimos a los de nuestro propio tipo y se nos persuade fácilmente de que estamos enfrentados a los otros. Los psicólogos evolutivos creen que esta tendencia tuvo en tiempos un sentido adaptativo; ayudaba a la gente a sobrevivir mediante la articulación de grupos de los que podían depender para enfrentarse a los peligros de la vida prehistórica, entre ellos la existencia de otros grupos en competencia por los mismos recursos. Es probable que algo así sea cierto. Pero sea cual sea la explicación, parece bastante claro que no solo tenemos tendencia al esencialismo, tenemos también esta tendencia al comportamiento tribal y todos nosotros poseemos un *habitus* conformado por nuestras diversas identidades.

La pequeña teoría de la identidad que acabo de esbozar y estas tres observaciones psicológicas me han ayudado a reflexionar sobre las formas concretas de identidad que son el tema principal de este libro. Tener a mano estas ideas nos ayudará a orientarnos en el camino a través de la religión, la nación, la raza, la clase y la cultura como fuentes de identidad. Voy a empezar por la religión, porque muchas identidades religiosas actuales nos conectan con algunas de las historias humanas más antiguas. Podría debatirse si, en ese sentido, las identidades religiosas son más antiguas que las nacionales, las raciales y las culturales; lo que sí es cierto es que todas estas formas de identidad están vinculadas con la religión.

En los capítulos siguientes, exploraré una diversidad de formas en las que las identidades pueden ser erróneas, y también emplearse de forma errónea. Así que permítaseme hacer esta advertencia antes de empezar: por mucho que la identidad nos importune, no podemos prescindir de ella. Me viene a la mente aquel chiste. Un hombre va al psiquiatra y dice: «Doctor, mi hermano está loco, cree que es una gallina». El psiquiatra le dice: «Bueno, ¿y por qué no lo ha traído con usted?». Y el tipo contesta: «Oh, lo habría hecho, pero necesitamos que siga poniendo huevos». Puede que las identidades sociales estén fundadas en el error, pero nos otorgan unos contornos, un sentido de la reciprocidad, valores, y sentido y significado a nuestras acciones: necesitamos esos huevos.

2
Creencias

*¿Encontró cuatro fuerzas disgregantes entre su
invitado temporal y él?*

El nombre, la edad, la raza, el credo.

*¿Cuáles eran, reducidos a su forma recíproca
más simple, los pensamientos de Bloom respecto a
los pensamientos de Stephen respecto a Bloom y los
pensamientos de Bloom respecto a los pensamientos de Stephen respecto a los pensamientos de
Bloom respecto a Stephen?*

*Él pensaba que él pensaba que él era judío
mientras que él sabía que él sabía que no lo era.*

JAMES JOYCE, *Ulises*, 1922[1]

Cuando mis padres, que habían nacido a miles de kilómetros de distancia, se casaron en la década de 1950, mucha gente les advirtió de que aquel «matrimonio mixto» entrañaría dificultades. Ellos estaban de acuerdo. Pero no porque, como pensaban los demás, mi madre fuera blanca y mi padre negro. La cuestión residía en que mi padre era metodista y mi madre anglicana. Y desde mediados del siglo xviii esa diferencia ha supuesto una serie de verdaderos retos. John Wesley, el clérigo anglicano que fundó la Iglesia metodista junto con su hermano Charles, dijo una vez con bastante severidad: «Temo que cuando los metodistas abandonen a la Iglesia, Dios los abandone a ellos».[2] Puedo asegurar que esta cita no sale con demasiada frecuencia en las conversaciones de los metodistas ghaneses, ya que los metodistas se salieron de la Iglesia de Inglaterra de todas formas.

Durante toda su vida, mis padres fueron miembros de dos iglesias cristianas distintas. Pero vivieron juntos en Kumasi, la ciudad de Ghana en la que crecí hasta la muerte de mi padre, y, una década y media más tarde, mi madre fue enterrada junto a él. Creo que una de las razones por las que su matrimonio funcionó es que a ambos les sustentaban sus variantes levemente distintas de la fe cristiana. Lo que a otros les parecía una carga, ellos lo consideraban una bendición. Porque el cristianismo no era algo que practicaran solo los domingos, sino que impregnaba toda su vida. Y, en ese sentido, era igual que muchísimas otras tradiciones religiosas que han existido a lo largo de los siglos.

Pensemos en el judaísmo, el más antiguo de los credos abrahámicos. Durante miles de años, la oración, los rituales, los textos sagrados, los preceptos alimentarios y demás regulaciones han desempeñado un papel central en la definición de la comunidad judía y en su diferenciación del resto de personas entre las que han vivido. Eran un pueblo —un grupo definido por su ascendencia común, real o imaginada— que compartía lo que llamaríamos una religión. Los judíos que vivían en Alejandría en el siglo I antes de la era común se diferenciaban de sus vecinos en la apariencia (por la forma en que se arreglaban la barba y el cabello y por las ropas que vestían), así como en su forma de orar. Tenían su propio *habitus* y su propia *hexis* corporal. También comían cosas diferentes y les servían de guía unas escrituras distintas. Ni ellos ni sus vecinos habrían sido capaces de dibujar una línea diáfana entre costumbres judías y religión judía. El judaísmo, tal como reiteraba Mordecai Kaplan (el fundador del reconstruccionismo judío contemporáneo), es la religión tradicional del pueblo judío. Y, aquí, la mera idea de que la identidad pueda ser anterior a la doctrina resulta, de hecho, sorprendente. Existe una razón por la que usamos palabras como «fe», «confesión» o, claro está, «credo» (que en latín significaría «yo creo») para referirnos a las identidades religiosas. Se debe a que se nos ha enseñado a pensar en la religión principalmente como una cuestión de creencias.

Me gustaría defender aquí que esta simple idea es profundamente engañosa, y puede provocar que el respeto intersecular parezca más difícil o más fácil de lo que en realidad es. Quisiera convencer al lector de que la religión no es, en primera instancia, una cuestión de creencias.

De todas las religiones puede decirse que tienen tres dimensiones. Sin duda existe un cuerpo doctrinal. Pero también está aquello que uno hace, llamémoslo la práctica. Y luego está la cuestión de con quién se hacen esas cosas, llamémoslo la comunidad o la hermandad. El problema está en que hemos tendido a prestar atención a los detalles de las creencias más que a las prácticas compartidas y a las comunidades morales que son el sustento de la vida religiosa. La conocida palabra «ortodoxia» proviene de un término griego que significa «opinión recta». Pero existe otra palabra menos conocida, «ortopraxis», que viene de otra palabra griega, πρᾶξις (o *praxis*), que significa «acción». La ortopraxis tiene que ver no con las creencias rectas sino con las acciones rectas.

Pensemos en aquellos judíos de Alejandría. Ya hace más de dos mil años era posible pertenecer a esta comunidad sin creer en Dios; Filón de Alejandría, filósofo judío que vivió en el siglo I antes de la era común, habló sobre el ateísmo. Es cierto que estaba en contra de él, pero refutaba una posición que entonces tentaba a algunos de los miembros de su comunidad.[3] Hoy está claro que hay personas que se consideran a sí mismas judías sin necesidad de creer en el dios judío. Amartya Sen, el gran filósofo y economista indio, me contó una vez que de niño le había preguntado a su abuelo por el hinduismo. «Eres demasiado joven —le dijo el abuelo—, vuelve cuando seas mayor.» Así que, de adolescente, volvió a probar. Pero tuvo que advertir a su abuelo que en ese tiempo había decidido que no creía en los dioses. «Pues entonces —le contestó su abuelo—, perteneces a la rama atea de la tradición hindú.»

También podemos mirar el asunto desde el otro lado. En el siglo XII, Maimónides, el mayor erudito medieval de la Torá, destiló la esencia del judaísmo en trece principios, dogmas como la unidad divina, la existencia de la profecía o el origen divino de la Torá. Imaginemos que nos encontramos a solas en un estudio y nos convencemos de estos principios. No por ello nos convertiríamos en judíos. Estas creencias abstractas significan muy poco si se carece de una relación directa con las tradiciones de la práctica, las convenciones de la interpretación y las comunidades de fe.

Lo que puede escapársenos fácilmente es el hecho de que una declaración de fe es tanto un acto como una proposición.

El símbolo quicumbe habla de «un Dios en la Trinidad y la Trinidad en unidad». ¿Quién sabe lo que esto ha podido significar para cada creyente particular por todo el mundo? Se trata de un juramento de lealtad, el acto de afirmación importa con independencia de cómo califiquen los filósofos su contenido proposicional. ¿Acaso podrían explicar la mayoría de los cristianos lo que significa exactamente que el Espíritu Santo «procede del Padre y del Hijo», como afirma el Credo niceno?

En parte, las escrituras sobreviven porque, precisamente, no son tan solo listas de creencias o de instrucciones sobre cómo vivir. Pero, tal como aprendí de mi madre anglicana, hasta los documentos religiosos que tienen el objetivo de definir las creencias que diferencian a una secta de otra exigen una cierta interpretación. Mi madre me contó una vez que, cuando se preparaba para la confirmación, la ceremonia de transición para convertirse en un miembro adulto de la comunidad en la Iglesia anglicana, le comentó a su padre que tenía dificultades con los treinta y nueve artículos de fe que, desde el reinado de Isabel I, han definido las distintas tradiciones de la Iglesia anglicana. «Bueno —le dijo mi abuelo—, tengo un amigo que puede ayudarte.» El amigo en cuestión era William Temple, entonces arzobispo de York y después de Canterbury y guía espiritual de la Iglesia anglicana. Así que mi madre fue a verlo. Cuando se pusieron a estudiar los artículos, cada vez que ella consideraba algo difícil de creer, el arzobispo le daba la razón. «Sí, es verdad que es difícil creérselo», decía. De vuelta en casa, mi madre le dijo a su padre que, si se podía ser arzobispo teniendo dudas, también se podía ser una creyente anglicana normal.

La afirmación que estaba haciendo al confirmar los treinta y nueve artículos era importante para ella; pero lo que importaba a la Iglesia, sobre todo y ante todo, era el hecho de que los afirmara. En el mundo de las identidades, el acto de pronunciar una serie de palabras cumple una función independiente en sí mismo, distinta del significado que tengan las propias palabras. La frase «Las ideas verdes incoloras duermen furiosamente», que el lingüista Noam Chomsky puso como ejemplo de algo que es correcto gramaticalmente pero carente de sentido, podría funcionar como credo para alguna secta: es incomprensible para el novicio, pero acerca al grupo de adeptos a una revelación inefable. Algunas tradiciones de práctica contemplativa recurren como camino de revelación a los *kōan* («¿Cuál es el sonido de una sola mano?») o a otras formas de conocimiento esotérico que solo pueden llegar a comprenderse por completo cuando se alcanza un estado de iluminación superior y se ha avanzado hasta un círculo más privilegiado. Los drusos abrigan ciertas doctrinas sobre la naturaleza última de Dios y de la realidad que la mayoría de ellos no alcanzan a comprender. Originalmente, la palabra «esotérico» significaba «reservado a un círculo interno». Así, puede que haya creencias que uno personalmente no mantenga —no porque las rechace, sino porque ni siquiera están a su alcance— pero que sean centrales para su religión.

Gore Vidal tomó nota de esta tendencia en *Juliano el Apóstata*, una maravillosa novela sobre el último de los emperadores paganos, que vivió a mediados del siglo IV de la era común. En ella se nos habla de «esos templos de Roma donde determinados versos son aprendidos de memoria y cantados año tras año, sin que nadie, ni siquiera los sacerdotes, conozcan su significado, puesto que están escritos en el antiguo idioma de los etruscos, hace mucho tiempo olvidado».[4] Pero esto no hace que los ritos pierdan su sentido, como parece pensar el personaje de Vidal; muchos hemos sido testigo de la fuerza que pueden transmitirnos ceremonias que se celebran en lenguas que no conocemos. Durante el luto, los judíos emplean una versión aramea de una oración llamada el *kadish*, en comunidades que no han usado el arameo en más de un milenio. Escuchar su recitación en un funeral es una experiencia enormemente conmovedora, aunque no se tenga ni idea de lo que significa. Muchos de los católicos de mayor edad, entre ellos un gran número que no saben latín, echan de menos la gloria de la antigua misa tridentina, cuyo uso desaconsejó el Concilio Vaticano Segundo a principios de la década de los sesenta. No sé con qué tiene que ver todo esto, pero sin duda no es con lo doctrinario, pues la doctrina, por definición, sobrevive a su traducción de una lengua a otra. Lo que también significa que si, tal como muchos musulmanes creen, el Corán es intraducible, su valor debe de residir en algo más que en la doctrina que contiene.

He hecho una distinción entre creencia, práctica y comunidad, pero cada una de ellas está imbricada con las demás de manera evidente. La declaración de fe es, como hemos dicho, una forma de práctica. Algunas creencias (los preceptos éticos en particular) imponen unas prácticas determinadas, mientras que el sentido de una práctica puede estar definido por las creencias que esta encierra. Si alguien se acerca a ti con un cuchillo, sus creencias te ayudarán a determinar si se trata de una agresión o de una cirugía. Y está claro que las comunidades se definen a sí mismas a través de creencias y prácticas. Esta es una de las razones por las que las diferencias de creencia definen a las sectas, pero no las producen de manera directa. Al hablar con cristianos, musulmanes, budistas o judíos concretos, nos encontraremos con diferencias incluso en el seno de las propias sectas, del mismo modo que mi madre estaba en desacuerdo con algunos de los miembros de su pequeña congregación de Kumasi. Las personas pueden formar parte de iglesias, templos y mezquitas y afirmar identidades sectarias, pero en lo tocante a las cuestiones delicadas de la fe, a veces puede llegar a parecer que cada cual pertenecemos a una secta unipersonal. Así, todas las iglesias mantienen espacios donde estas diferencias están permitidas. A veces, pueden expresarse como diferencias de énfasis y, cuando atañen a toda una feligresía, pueden acogerse en el seno de una religión, de la misma forma que, en el seno de la Iglesia católica, se acogen diferentes órdenes religiosas, como franciscanos, benedictinos, dominicos, jesuitas, etcétera. Las diferencias que granjean a sus seguidores el exilio del endogrupo son, en un sentido real, una cuestión política, no simplemente teológica. A los herejes no se los mata porque difieran en algún detalle teológico arcano, sino porque rechazan, y así amenazan, la autoridad de los dirigentes teocráticos.

Al mismo tiempo, estas pequeñas diferencias de práctica pueden permitirnos reconocer a otras personas como miembros de nuestra particular denominación o forma de culto o como miembros de otro que tiene solapamientos con el nuestro. Consideremos lo que hacen los musulmanes con el dedo índice durante el *tashahhud*. Los musulmanes practicantes rezan cinco veces al día y el *tashahhud* es la parte de la oración en la que se arrodillan mirando hacia La Meca. Cuando se arrodillan para el *tashahhud*, elevan sus alabanzas a Dios, piden paz para el Profeta y atestiguan que no hay más dios que Alá, cuyo servidor y mensajero es Mahoma. Los suníes acostumbran a alzar el dedo índice durante el *tashahhud*; los clérigos sunitas incluyen este gesto en las acciones que son recomendables, pero no obligatorias (*mustahabb*). En general, se entiende que este dedo alzado señala la grandeza de aquel al que se dirige. Sin embargo, el modo y el momento en los que hay que alzarlo difieren entre una escuela y otra, incluso entre una congregación y otra.

Algunos musulmanes, con base en la escuela Hanafi de jurisprudencia islámica, opinan que cuando se pronuncia en árabe la fórmula «No hay más Dios que Alá», uno debe alzar el dedo índice al decir «no» y bajarlo al decir «que Alá»; otros, siguiendo a la escuela Shafi'i, levantan el índice al decir «que Alá»; otros lo mantienen alzado durante toda la oración. Pero ¿qué debe hacerse exactamente con el dedo índice alzado? Hay quienes lo desplazan a izquierda y derecha, o que lo mantienen derecho, o que lo mueven arriba y abajo. Y entre quienes lo mueven arriba y abajo, también está la cuestión de la amplitud adecuada del movimiento. Algunos clérigos desaprueban los ángulos amplios y piensan que el dedo debería moverse con un bamboleo sutil y consistente, con una inclinación general hacia arriba. Para ordenar estas variaciones, hay diversos textos sagrados que pueden consultarse, interpretarse y sopesarse, pero también existe una continuidad de la práctica en el seno de las comunidades. Un dictamen actual del Comité Permanente para Investigaciones Académicas y Emisoras de Fatwas saudí, advierte que este asunto «no debe conducir a disputas ni divisiones», lo que sugiere que sí puede hacerlo, y que lo ha hecho.[5] Estas sutilezas de la *hexis* corporal ayudan a señalar la comunidad de culto de pertenencia. Contribuyen a establecer subdivisiones, gradientes de identidad religiosa, de ese tipo de las que no tienen demasiada importancia hasta que la tienen.

Esta clase de diferencias de práctica no es, de ninguna manera, algo exclusivo del mundo musulmán; en wikiHow hay instrucciones dirigidas a los cristianos acerca de cómo deben santiguarse, hacer la señal de la cruz, según las tradiciones occidental y oriental de la iglesia. Pero tendremos que consultar más de un sitio web para averiguar cuándo debemos santiguarnos según las diversas prácticas que lo permiten o lo exigen. Los protestantes, por su parte, además de algunos anglicanos, metodistas y luteranos, tienden a no hacerlo en absoluto.

Los seres humanos somos tan propensos a crear nuevas comunidades religiosas como a definirlas en oposición a otras. «No lo estás haciendo bien» es un sentimiento muy poderoso. Hay un viejo chiste sobre un náufrago judío que está en una isla desierta. Durante décadas, construye tres edificios. Cuando lo encuentran, sus rescatadores le preguntan qué son. «Esta es mi casa; esta es la sinagoga a la que voy; y esta —dice por último—, esta es la sinagoga a la que no voy.»

EL UNO Y LOS MUCHOS

Si por religión entendemos un único conjunto coherente de doctrinas, preceptos y prácticas, ninguna de las religiones más extendidas lo sería; ni ninguna de las religiones locales tradicionales de unas mil sociedades de todo el globo. Consistirían, como mucho, en una plétora de religiones a cada momento, al eclosionar nuevas variantes cada día. Juntos, budistas, cristianos, judíos, hindúes, musulmanes y taoístas suman aproximadamente dos tercios de la población mundial; pero están divididos en un gran número de sectas.

De hecho, es posible que no seamos conscientes de la medida en la que la religión que hoy profesamos se ha desviado de la religión que practicaban aquellos a quienes vemos como los padres de nuestra congregación. Con el tiempo, las prácticas religiosas pasan a ser, como ocurre con todas las tradiciones, un barullo de continuidades y discontinuidades. Las religiones tienen una tendencia cismática que implica que siempre haya desacuerdos sobre quién pertenece a ellas y quién no. Es fácil encontrar sectas que se identifican como judías o cristianas y que son tan heterodoxas que su identificación podría plantear algunas dudas. Así que, por ejemplo, a pesar de que los mormones se llaman a sí mismos la Iglesia de Jesucristo de los Santos de los Últimos Días, en el pasado no se los consideraba cristianos, en términos generales, en parte porque no creían en la Trinidad y sí creían que Dios tiene un cuerpo físico, si bien eterno y perfecto. Del mismo modo, podemos estar seguros de que muchos judíos ultraortodoxos consideran que gran parte del judaísmo moderno, directamente, no es judío.

Algunas veces sería mejor que los demás considerasen que no perteneces a su fe. Los clérigos musulmanes ven a los miembros de la fe bahaí —surgida en Irán en el siglo XIX y considerada, al principio, como una secta islámica— como apóstatas o herejes, pero los bahaíes se consideran miembros de una religión distinta. La persecución que hoy sufren en Irán tiene que ver con que se los considere, en cierto sentido, malos musulmanes. En casos como este, en los que el Estado persigue a aquellos a quienes tacha de miembros disidentes de la religión oficial, a menudo resulta más seguro estar completamente fuera de ella que entremedias. Los ahmadíes de Pakistán, que sí se consideran musulmanes, tienen prohibido por ley denominarse de esta forma a sí mismos; a los cristianos, por otro lado, se les permite celebrar el culto en gran medida sin ser importunados. En Lahore, en 1953, cientos, quizá miles, de ahmadíes fueron asesinados durante una revuelta; en 2010, también en Lahore, cerca de otro centenar corrió esa misma suerte a manos de los talibanes del Punyab; en 2016 una mezquita ahmadí fue atacada el día del aniversario del nacimiento del profeta Mahoma. Unos meses antes, algunos grupos escindidos de los talibanes habían atacado a grupos cristianos, pero estos recibieron la solidaridad y la ayuda de muchos miembros de la mayoría suní. Estas disputas tampoco son privativas de los movimientos religiosos más pequeños. En el seno del hinduismo, la tercera religión más grande del mundo, existen profundos desacuerdos sobre la coherencia de la identidad religiosa.

La palabra «hinduismo» surgió en el siglo xix, y algunos investigadores aseveran que también lo hizo la propia religión. Se afirma que los colonos británicos, desconcertados por la plétora pagana de cultos y dioses que encontraron, intentaron compactar toda esa diversidad religiosa en una única entidad que las subsumiera a todas. Siguiendo su costumbre textual cristiana, buscaron unos textos sagrados que pudieran atribuir como subyacentes a esta tradición y para ello reclutaron la ayuda de los brahmanes, que sabían leer el sánscrito. A partir de ahí extrajeron un canon, una ideología concomitante y, con ello, el hinduismo. Otros investigadores cuestionan este relato e insisten en que esa época estuvo precedida por un sentido de la identidad hindú autoconsciente, que se definía en gran parte por contraste con el islam.[6] Historias similares pueden contarse acerca de otras religiones del mundo. No deberíamos esperar ser capaces de resolver esta disputa, que tiene que ver con cómo ponderamos las similitudes y las diferencias. Y los académicos que sostienen posturas a ambos lados de esta división reconocen el vasto pluralismo que caracterizó, y aún caracteriza, las creencias, los rituales y las formas de culto de las personas de Asia Meridional que han llegado a identificarse como hindúes.

Si consideramos la escala y lo variopinto de los textos religiosos en sánscrito que hoy pueden considerarse como los textos sagrados del hinduismo, podremos hacernos cargo de la dificultad que entraña dar sentido a la idea de que el hinduismo es un todo único y coherente. El más largo de ellos es el *Mahābhārata*, texto épico de carácter religioso de aproximadamente un millón ochocientas mil palabras (diez veces la extensión de la *Ilíada* y la *Odisea* juntas). Luego está el *Ramayana*, que relata los heroicos empeños del príncipe Rama por rescatar a su esposa de un rey demoníaco. Tiene unos veinticuatro versos, tantos, aproximadamente, como la Biblia hebrea. Los Vedas, que son las escrituras más antiguas en sánscrito, incluyen himnos y otros textos mágicos y litúrgicos; el Rigveda, el más antiguo de ellos, consta de casi once mil líneas de himnos en alabanza a los dioses. ¿Cuántos dioses? Bueno, está Brahma, el creador; Vishnu, el preservador, y Shiva, el destructor. A continuación, entre los más populares, podemos señalar al hijo mayor de Shiva, Ganesha, a quien se representa con cabeza de elefante; Rama, que es una encarnación de Vishnu; Krishna, a quien se asocia con las enseñanzas del *Mahābhārata*, y Saraswati, la esposa de Brahma, diosa del aprendizaje. Y eso solo para empezar, hay un dicho popular indio que afirma que hay treinta y tres crores (¡eso son trescientos treinta millones!) de dioses. Y ni siquiera he mencionado los cientos de festivales y los miles de rituales que tienen lugar en los cientos de miles de templos que se encuentran diseminados por todo el subcontinente indio.

La historia del hinduismo refleja, en aspectos cruciales, un modelo de mayor amplitud. A pesar de la antigüedad de la palabra *religio* (que Lucrecio condenó célebremente en el *De rerum natura* hace más de dos mil años), el concepto moderno de religión —como una clase que incluye, pongamos, el islam, el cristianismo, el taoísmo y el budismo— no se popularizó hasta el siglo XIX.[7]

DETERMINISMO ESCRITURAL

Dada la naturaleza diversa de las religiones tal como hoy se practican, los intentos por determinar una unidad esencial de estas a partir de una raíz primaria común, la cual esté al margen de las prácticas, ha sido una tentación habitual. Y, en las religiones de los pueblos con escritura, los candidatos con más probabilidades de convertirse en esa raíz primaria han sido los corpus textuales que nuestros religiosos consideran sagrados. Antes, he sugerido que, al mantener una estrecha fijación con la fe, distorsionamos la naturaleza de la identidad religiosa. Esta falacia está imbricada con otra, la del determinismo de las escrituras, que, en su versión más simple, consiste en afirmar que nuestras creencias religiosas se apoyan en nuestros textos sagrados, que ser creyente es creer lo que está en las escrituras, como si uno pudiera decantar de estas, como el vino de un cántaro, la naturaleza inmutable de una religión y de sus adeptos.[8]

Hoy, hay muchas personas, al menos en los círculos en los que yo me muevo, que no saben gran cosa sobre las escrituras de ninguna tradición. En Inglaterra, Canadá o Australia, se puede ser anglicano en bodas y funerales y no mucho más. En aquella película tan inglesa, *Cuatro bodas y un funeral*, la lectura más larga que se hace en cualquiera de las cinco ceremonias, con mucha diferencia, es una elegía del poeta W. H. Auden. Hubo un tiempo en que los varones judíos hubieran estudiado regularmente la Torá; hoy en día, muchos ni siquiera se estudian de verdad la parte que se interpreta cuando hacen su *bar mitzvah* y son llamados al texto sagrado en el paso de niño a hombre. A finales del siglo xx, la celebración no ortodoxa de llegada a la madurez de las niñas, el *bat mitzvah*, se fue aproximando a la forma destinada a los niños, pero esto no se ha traducido en que la mayoría de las mujeres judías de hoy tengan un conocimiento profundo de la Torá. En el caso de los hindúes británicos o estadounidenses, como en el de muchos hindúes del sur de Asia, no es demasiado probable que sepan sánscrito, ni que sean capaces de contar más que unas pocas de las miles de historias del rico corpus de sus antiguas escrituras religiosas. Los musulmanes estudian el Corán, pero la mayoría de ellos no están instruidos en la interpretación de las tradiciones orales transcritas, los hadices, que cuentan los hechos y las palabras del Profeta y que definen la Sunna, el ejemplo dado por este y por sus compañeros en vida. Por tanto, es posible que merezca la pena señalar algunas de las características comunes a estas escrituras, pues el argumento determinista requiere que seamos capaces de evaluar las afirmaciones sobre su interpretación.

Tomaré, más o menos al azar, el pasaje inicial de Isaías, un libro que muchos cristianos conocen, aunque sea vagamente, por muy poco tiempo que pasen en la iglesia, debido a los resonantes pasajes que se leen en los servicios en Navidad. «El pueblo que andaba en tinieblas vio gran luz.» «Admirable Consejero, Dios Fuerte, Padre Eterno, Príncipe de Paz.» (Es posible que se reconozcan también estas líneas de *El Mesías* de Händel: «Saldrá una vara del tronco de Isaí».) Estas frases resuenan en mi memoria como una partitura de aquellas noches de mi infancia a la luz de las velas, a la escucha, totalmente cautivado por el misterio de la encarnación... y emocionado ante la perspectiva de descubrir los regalos de Papá Noel por la mañana.

Así es como comienza ese libro:

Visión de Isaías hijo de Amoz, la cual vio acerca de Judá y Jerusalén, en días de Uzías, Jotam, Acaz y Ezequías, reyes de Judá. Oíd, cielos, y escucha tú, tierra; porque habla Jehová: «Crie hijos, y los engrandecí, pero ellos se rebelaron contra mí. El buey conoce a su dueño, y el asno el pesebre de su señor; pero Israel entiende, mi pueblo no tiene conocimiento».

Gran parte de las escrituras muestran un lenguaje arcano como este, de un tipo, sin duda, poético y metafórico y, al mismo tiempo, oscuro sin más. Muchas de ellas son relatos, algunos históricos, en apariencia; otros, como las parábolas contadas por Jesús en el Nuevo Testamento, claramente ficción. Y, si bien quienes las estudian, dedican mucho tiempo a sacar conclusiones de dichos relatos, estos no encierran en sí mismos, como hacen las fábulas de Esopo, su moraleja al final. En la parábola del buen samaritano que aparece en el Nuevo Testamento, por ejemplo, hay un hombre al que roban y abandonan, dándolo por muerto, tirado a un lado del camino. Por allí pasan, sin detenerse, un sacerdote y un levita (miembro de una tribu judía dedicada a la asistencia en la adoración en el templo). Un samaritano, miembro de un grupo despreciado por el común de los judíos, se detiene a ayudarle. Jesús cuenta esta historia en respuesta a la pregunta que le hace un fariseo sobre quién es el prójimo al que debe dar buen trato. Pero no nos dice por qué el samaritano es un modelo de buen trato al prójimo. Al hombre con el que está hablando le dice, simplemente: «Ve y haz tú lo mismo». ¿Cómo podemos aplicar esa idea a nuestras ajetreadas vidas del siglo XXI? ¿Significa que todos deberíamos dedicarnos a cuidar a una familia de refugiados sirios?

No siempre las escrituras se muestran así de elípticas. Teniendo a nuestros judíos de Alejandría en mente, podríamos aludir a algo que parece claro y meridiano; el *kashrut*, el código dietético que detalla lo que es *kosher* y lo que es impuro. Parece un caso palmario del popular acrónimo de internet, RTMS (siglas de «read the manual stupid», en castellano «lee el manual, estúpido»). Los pasajes relevantes de la Torá consisten o bien en reglas específicas o bien en listas aún más específicas de alimentos. Por ejemplo, todo el pescado que se coma debe tener escamas; vale, pero ¿y los peces que tienen escamas raras? Las escamas del pez espada cambian a medida que envejece; el esturión tiene escamas ganoides, que no pueden eliminarse sin rasgar la piel, y no las escamas citoides y cicloides más comunes. Entre las autoridades rabínicas no hay un acuerdo sobre el estatus de estos peces. La versión masorética oficial de la Torá hebrea enumera convenientemente las aves concretas que están prohibidas. Pero no son precisamente nombres que se vayan a encontrar en cualquier guía de aves común y corriente. Aparece el de un pájaro cuya traducción literal sería «vómito». ¿Se tratará de un pelícano? Es una posibilidad, pero no estamos seguros. Otro de los nombres significa «morado». ¿Será un flamenco? ¿Un calamón común? Nadie lo sabe. Más allá de las aves, hay una prohibición sobre el *anaqah*, que significa «gimiente». Hay quienes piensan que se refiere al geco. Otros creen que al hurón. Esta es la parte más clara del Pentateuco y aun así es toda una tormenta de incertidumbres. Algunos buscan en él instrucciones claras, «Come esto, no comas aquello». Sin embargo, igualmente podríamos estar interpretando un poema de Mallarmé.[9]

A menudo, lo que está en juego es algo más importante que poner o no esturión en el menú. ¿Qué hacemos con el hecho de que, aunque el judaísmo sea monoteísta, la Torá esté llena de referencias a otros dioses, por lo general, en forma de exaltaciones a Yahvé por encima de ellos? Algunos cristianos piensan que, en cierto sentido, Jesucristo fue realmente Dios, el creador del universo que había hablado a Moisés en forma de zarza ardiente. Otros piensan que se trataba solo un ser humano muy especial. Ambos pueden citar la Escritura para sostener sus argumentos. En el Evangelio según san Juan, el Cristo resucitado le dice a su madre: «Subo a mi Padre y a vuestro Padre; a mi Dios y a vuestro Dios». Parece que está diciendo que él no es Dios. Pero unos capítulos antes, en la última cena, dice a sus discípulos: «El que me ha visto a mí ha visto al Padre». Parece como si él fuera el Padre.

Otra antigua disputa cristiana tiene que ver con la pregunta sobre aquello que justificará nuestra salvación; ¿serán nuestras buenas obras o será solo nuestra fe? Efesios nos dice: «Porque por gracia sois salvos por medio de la fe; y esto no de vosotros; pues es don de Dios. No por obras, para que nadie se gloríe». Pero Santiago nos dice: «La fe, si no tiene obras, está completamente muerta», y san Pablo, en Romanos, dice que Dios «pagará a cada uno conforme a sus obras». Es posible hacer un alegato en cualquier sentido, o también es posible argumentar, por ejemplo, que si se tiene fe, esta se manifestará en forma de obras que conduzcan a la salvación. Lo que no es posible es buscar orientación en la Escritura simplemente agitándola y vertiendo su contenido.

La exégesis de los eruditos puede ser también contraria a las interpretaciones eclesiásticas más antiguas. En el Nuevo Testamento, san Pablo emplea dos veces la palabra ἀρσενοκοῖται (*arsenokoitai*) en una lista de impíos; una en Corintios 1 y otra vez en Timoteo 1.[10] Los estudiosos serios concuerdan en que esta palabra señala a personas que participan en algún tipo de acto sexual. Si se vive en un mundo donde se da por hecho que el cristianismo es hostil a la homosexualidad, es probable que se vea en este pasaje una demostración convincente de que san Pablo respalda este punto de vista; y las traducciones modernas tienden a tratar el término ἀρσενοκοῖται —derivado de dos raíces que significan «varón» (ἄρσην) y «cama» (κοίτη)— como una palabra que designa la homosexualidad. Sin embargo, como es habitual en lo tocante a la Escritura, la tradición erudita está dividida, por razones con las que la mayoría de los cristianos comunes no están familiarizados, entre ellas el hecho de que no se conoce la existencia de esta palabra en griego con anterioridad a san Pablo y de que estos dos pasajes ninguno de los primeros padres de la Iglesia citan estos dos pasajes en las raras ocasiones en las que hablan del sexo entre hombres.

La palabra ἀρσενοκοῖται se hace eco del término que se emplea en ciertos pasajes de la antigua versión en griego *koiné* del Levítico, que expresan una condena hacia «un hombre acostado con un hombre como con una mujer». Un pasaje, en concreto, traducido cruda pero literalmente, habla de «los que se meten con un hombre [en] la cama de una mujer»; «un hombre en la cama de» es la traducción de ἄρσενος κοίτην, *arsenos koiten*. Pero este es solo uno de los muchos detalles que los estudiosos deben tener en cuenta cuando buscan dar una interpretación moderna a esta palabra. Hay razones para dudar de que «homosexual» sea una buena traducción, entre ellas se encuentra el hecho de que la idea de homosexualidad —la idea de que existe un tipo de persona que por constitución está destinada a sentir atracción sexual solo, o principalmente, por las personas de su propio género— simplemente no existía en el mundo de lengua griega que habitaba san Pablo. No hay duda de que los antiguos griegos entendían que un hombre mayor podría establecer una relación erótica con un hombre más joven; es conocido que, en las discusiones de *El banquete* de Platón, Sócrates asume esta idea. De hecho, en el periodo clásico, tanto griegos como romanos parecen haber dado por hecho que los hombres podían sentir interés sexual por personas atractivas de ambos sexos. La distinción importante radicaba en cuál de ellos adoptaba el papel «pasivo» y cuál el «activo» en la relación sexual. Mi objetivo no es resolver esta disputa.[11] Lo que quiero demostrar es únicamente que hay puntos de vista razonables de ambas partes. El hecho de que, entre algunos sectores, las palabras de san Pablo susciten una simple condena de la homosexualidad refleja, por tanto, el poder que ejercen las tradiciones cotidianas de lo sentido. No está únicamente determinado por el texto.

Actualmente, el concepto de homosexualidad está tan firmemente arraigado en nuestras mentes, que a algunas personas les resultará extraña la afirmación de que una vez existieron sociedades en las que esta idea, directamente, no existía. Para que los más escépticos sean capaces de asumir este hecho, puede sernos útil recordar que una mujer, por ejemplo, puede desear mantener una relación sexual con otra mujer por una gran variedad de razones. Es posible que piense en el objeto de su deseo como una mujer o que no lo haga en absoluto, por ejemplo porque dicha persona esté desempeñando el papel sexual de un hombre. Quizá desee a alguien con indiferencia de su género o que esto la excite, o que, simplemente, tenga curiosidad. También podría estar interesada en tener relaciones sexuales sin correr el riesgo de tener un hijo. Y, por supuesto, lo mismo ocurre, *mutatis mutandis*, en el caso de los hombres. Nuestro concepto de la homosexualidad señala solo una razón para tener relaciones sexuales con otras personas de nuestro mismo sexo, la de que el deseo erótico está orientado hacia las personas del propio género. Esta idea supone, además, que las personas con tales intereses sexuales tienen algo muy importante en común, lo que hace que un homosexual sea un tipo concreto de persona. No se trata de pensamientos inevitables. En Ghana, el deseo sexual entre hombres se entiende a menudo en base a términos negativos, por ejemplo, a no querer tener relaciones sexuales con mujeres. Esa forma de pensar hace de los bisexuales algo sin interés y de los asexuales algo tan desconcertante como las personas gais. La historia de la sexualidad muestra que las ideas sobre la identidad y las relaciones sexuales pueden combinarse de muchas maneras.

LA DETERMINACIÓN DE LAS ESCRITURAS

Con las tradiciones escriturales surge otro problema; para empezar, puede que no consigamos ponernos de acuerdo sobre qué escritos pertenecen al conjunto de los textos sagrados. La Biblia cristiana también puede servirnos aquí como caso de estudio.[12] No está de más tener una idea de cómo llegó a componerse la Biblia canónica a partir del enorme conjunto de tradiciones escritas y orales de las que deriva.

Comencemos con el hecho de que, a pesar de que las Escritura ha sido central para el cristianismo durante un par de miles de años, nunca se ha considerado que fuera el único texto que mereciera la atención de los creyentes. Existen otros escritos de consulta que pueden tener una autoridad inferior, incluidos algunos que en tiempos se consideraron parte de la Escritura. Es más, la idea de contar con una lista final de los libros incluidos en la Biblia —βιβλίος (*biblios*) en griego significa «libro»— y de establecer una versión definitiva del texto de cada uno de ellos no estaban presentes en el judaísmo en la época de Cristo.

La traducción más antigua que se conserva de los textos sagrados judíos al griego *koiné*, a partir del hebreo y del arameo, es la Septuaginta, que se realizó, muy probablemente, para la biblioteca de Ptolomeo II en Alejandría, en el siglo III antes de la era común. Es la fuente del texto de Levítico que acabo de citar y se trata de la forma que tenía la Escritura que conocían los judíos helenísticos de la Palestina del siglo I, la fuente principal de las citas bíblicas del Nuevo Testamento. Contiene los Cinco Libros de Moisés o Pentateuco y muchos otros más, y es la base de la Biblia católica. Pero lo que hoy llamamos Biblia hebrea tomó su forma actual solo en los siglos II y III de la era común, y excluye un cierto número de libros que sí se encuentran en la Septuaginta; Tobías, Judit, los dos libros de Macabeos, Sabiduría, Eclesiásticos y Baruc, junto con algunos pasajes de otros libros, que se consideran adiciones posteriores. Cuando, después de la Reforma, los protestantes eliminaron estos libros de su Antiguo Testamento, fue porque el judaísmo rabínico no los había aceptado como textos canónicos. Pero no hay razón para dudar de que todos los libros de la Septuaginta fueran ampliamente considerados textos bíblicos en época de Cristo.

Significativamente, esto quiere decir que el propio Cristo fue un maestro judío en un momento en que la idea de que pudieran existir unos textos que ostentan una autoridad religiosa especial —a lo que él mismo supuestamente se refirió al hablar de «la Ley y los Profetas», por ejemplo, en Mateo, o de «la Ley de Moisés, los Profetas y los Salmos», en Lucas— era sin duda central en la vida y la práctica judías, pero estos no habían tomado una forma consensuada y definitiva. Podríamos decir que los contemporáneos de Cristo conocían la Escritura, la Torá (los Cinco Libros de Moisés) y los libros proféticos, pero aún no concebían un único libro sagrado. Y los primeros cristianos no contaban en absoluto con nuestra idea cristiana de la Biblia, que incluye el llamado Nuevo Testamento, compuesto a partir de la vida de Cristo. Hay muchos textos que se escribieron en el siglo posterior a la muerte de Cristo y que estaban en circulación en la comunidad cristiana primitiva en el momento de su separación de otras formas de judaísmo. A la Iglesia le llevó varios siglos establecer cuáles quedarían canonizados en un Nuevo Testamento como exposición de las promesas de Cristo a toda la humanidad, el registro de un nuevo pacto con respecto a la Biblia hebrea, que registraba a su vez los pactos entre Yahvé e Israel.

El Nuevo Testamento contiene muchas referencias a las escrituras judías, tanto en su conjunto («la Ley y los Profetas») como en forma de citas de pasajes concretos, que a menudo comienzan, tal como era la costumbre de aquel momento, con la fórmula «Está escrito». Pero dado que el judaísmo del Segundo Templo, del siglo i, carecía, evidentemente, de un canon fijo de escrituras, no podemos entender dichos pasajes como referencias a lo que nosotros llamaríamos el Antiguo Testamento o la Biblia hebrea. Sabemos, por el comentario de Jesús en Lucas 24:44 y por muchas otras fuentes, que en «la Ley y los Profetas» se incluían los Salmos, por lo que tampoco podemos dar por supuesto que la referencia atañe solo a lo que más tarde se llamaría Torá (Ley) y Nevi'im (Profetas). El propio Cristo, en los evangelios que hoy aceptamos, no cita nada que no pertenezca a la Biblia hebrea; muestra una preferencia especial por los Salmos, el Deuteronomio e Isaías, pero no cita el Cantar de los Cantares, Rut, las Lamentaciones, el Eclesiastés, Ester, Esdras, Nehemías, Abdías, Nahúm, Habacuc ni Hageo. Sin embargo, tal como nos cuenta el Evangelio de Juan: «Hizo además Jesús muchas otras señales en presencia de sus discípulos, las cuales no están escritas en este libro». Por tanto, ¿qué debemos tomar como el canon preferido por la figura fundacional de la tradición cristiana? En el conjunto del Nuevo Testamento, hay referencias a casi todos los libros de la Biblia hebrea; pero no a Jueces, Rut ni Ester. ¿Deberíamos sacar esos tres libros del canon cristiano?

San Pablo cita como escritura, al menos una vez —en Corintios 1—, un texto que parece que ya no existe. «Antes bien, como está escrito: Cosas que ojo no vio, ni oído oyó, ni han subido al corazón del hombre, son las que Dios ha preparado para los que le aman».[13] Parece que San Pablo, que quizá sea el primer cristiano, podría haber tenido en mente un conjunto de escrituras distinto al que hoy conocemos.

Podríamos comprobar cuáles son las escrituras judías que cita la siguiente generación de padres; Clemente de Roma, Ignacio de Antioquía, Policarpo de Esmirna y los autores de la *Didaché* y del *Pastor de Hermas*, los llamados cinco padres apostólicos, de quienes se creía que habían mantenido una comunicación directa con algunos de los apóstoles de Cristo. Los estudiosos han señalado que, en ocasiones, citan libros de la Septuaginta que no están en la última Biblia hebrea y que, por el contrario, dejan de citar algunos que sí están (Rut, Esdras, Nehemías, Lamentaciones, Abdías, Miqueas o Hageo). San Jerónimo, en el siglo IV, fue probablemente el primero de los Padres de la Iglesia que mostró su preferencia por el ya entonces bien establecido canon hebreo. Pero si pensaba que Cristo había conocido o autorizado este canon, estaba equivocado.

Los Padres de la Iglesia tuvieron que decidir cuáles de los evangelios —el relato de la «buena nueva» de la vida de Cristo— y cuáles de las cartas de los Apóstoles (la primera generación de seguidores de Cristo y líderes de la iglesia primitiva) merecían autorización. Tuvieron que tomar la decisión de incluir o no el Apocalipsis, que hoy sabemos, aunque ellos quizá no, que, casi con seguridad, no fue escrito por ningún apóstol. Obviamente, debieron de guiarse por algún criterio, ya fuera implícito o explícito.

Todos los textos que tenemos se pusieron por escrito después de la crucifixión. Los estudiosos de la Biblia hablan hoy de la existencia de tres fases en el desarrollo de la versión canónica de los textos del Nuevo Testamento. Primero, su reconocimiento como Escrituras; textos de inspiración divina que desempeñan un papel central de guía en la vida y la práctica de los seguidores de Cristo. Después, su organización en categorías —evangelios, epístolas— y, por último, la determinación de un repertorio fijo. Pero este proceso de formación de un canon bíblico se inició en una comunidad de creyentes a quienes enseñaban los propios apóstoles y que tenían a mano un corpus significativo de relatos de tradición oral sobre la vida y las palabras de Jesús. Muchos miembros de la iglesia primitiva creían que estaban viviendo los «últimos días» y que Cristo regresaría pronto, lo que hacía que el tema de la transmisión a largo plazo de la historia de su vida fuera menos urgente. Cuando los evangelios y las epístolas se pusieron por escrito, no fue en calidad de textos sagrados; su autoridad provenía de la vida y las palabras de Cristo, de las que informaban, no del hecho de que fueran escritos bajo inspiración divina. Las cartas de san Pablo muestran familiaridad con la tradición oral en la que los evangelios sinópticos, Mateo, Marcos y Lucas, así como los Hechos de los Apóstoles, están claramente inspirados. Y los evangelios canónicos se originaron —solo en la segunda mitad del siglo ii— casi con certeza, como textos anónimos, vinculados a los nombres de los apóstoles (Mateo y Juan) y de quienes los ayudaron (Marcos y Lucas). Es Ireneo, en el siglo iii, el primero de los padres de la Iglesia que emplea los nombres actuales para referirse a los evangelios.

Todo esto sucedió hace mucho tiempo. Pero ¿deberían creer los cristianos que la pregunta de qué queda dentro y qué queda fuera quedó resuelta en algún momento concreto? Los estudiosos modernos dudan por varias razones de que san Pablo escribiera Timoteo 1, uno de los dos pasajes en los que aparece la palabra ἀρσενοκοῖται. ¿Significa esto que su inclusión en el canon bíblico está fundamentada en un malentendido? ¿Qué conclusión debería sacar un cristiano de hoy en base a este consenso académico?

En resumen, en toda esta historia hay gran cantidad de razones para guardar algunas reservas sobre qué libros pueden considerarse parte de la Biblia, el libro que muchos cristianos toman como la Sagrada Escritura. No es de extrañar, entonces, que las diferentes denominaciones hayan incluido listas ligeramente distintas de textos. Los libros del canon católico romano que excluyeron los protestantes, empezando por Martín Lutero, se publican a menudo en sus biblias en una sección llamada «Apócrifos». Aunque no estuvieran autorizados en tanto que parte de la Escritura, Lutero dijo que eran «de lectura buena y útil». Los anglicanos, en el sexto de sus treinta y nueve artículos, afirman que estos libros se pueden usar «como ejemplo de vida e instrucción de modales, sin establecer ninguna doctrina». Por el contrario, en el siglo XVI, en el contexto de la Contrarreforma, el Concilio de Trento afirmó que para la Iglesia católica romana eran textos «sagrados y canónicos», y estos libros llamados deuterocanónicos mantienen hoy ese estatus para sus fieles. Los detalles de estas disputas son complejos y fascinantes.

INTERPOLACIÓN E INTERPRETACIÓN

Los cristianos no solo están en desacuerdo sobre qué libros son realmente parte del canon bíblico; también pueden estar en desacuerdo acerca del contenido de los libros. Estos fueron compilados a partir de una variedad de manuscritos, copias de copias de los textos que los primeros padres de la Iglesia, como san Jerónimo y san Agustín, incorporaron a la lista oficial de libros del Antiguo y del Nuevo Testamento. Y, como en todas las tradiciones manuscritas, hay variaciones. Los copistas cometen errores; la gente agrega cosas que cree que deberían estar y elimina otras que cree que no deberían aparecer. Los eruditos bíblicos dudan, por ejemplo, de que todo lo que está en Corintios 1 estuviera en la versión que san Pablo envió a Corinto. En St. George, la iglesia ecuménica de Kumasi a la que yo asistía de niño, a veces se discutía sobre en qué momentos podían hablar las mujeres en la iglesia, citando, en particular, el Capítulo 14:

> Vuestras mujeres callen en las congregaciones, porque no les es permitido hablar, sino que estén sujetas, como también la ley lo dice. Y si quieren aprender algo, pregunten en casa a sus maridos, porque es indecoroso que una mujer hable en la congregación.

Podríamos habernos ahorrado muchos problemas si entonces hubiéramos conocido y aceptado la opinión del distinguido dominico Jerome Murphy-O'Connor, erudito conocedor del Nuevo Testamento y especialista en Corintios 1, que afirma que este pasaje es una «inserción pospaulina».[14] Cada persona valorará de manera distinta todas estas consideraciones (y las muchas otras que ocupan la literatura que versa sobre la interpretación de las posturas del Nuevo Testamento con respecto al género y la homosexualidad). De nuevo, insisto, todo lo que aquí quiero demostrar es que lo que los cristianos decidan sobre ello está vinculado a las actitudes y a las prácticas que los rodean en su vida cotidiana actual.[15]

La interpretación es, en sí misma, una práctica. Imaginemos que enviamos la Torá y el Talmud a una remota tribu amazónica y persuadimos a sus miembros de crear una religión a partir de sus mandamientos. ¿Se parecerá al judaísmo rabínico? No parece muy probable. ¿Qué pasaría si se tomaran al pie de la letra las partes sobre matanzas genocidas y pasaran por alto lo relativo a la caridad? ¿O si simplemente lo leyeran todo de una manera totalmente nueva? Ningún resultado debería sorprendernos. Sería como enviar un violín a unos extraterrestres y descubrir que lo usan como instrumento de percusión, como dispositivo de medición o como superficie en la que grabar poemas de amor.

Si la interpretación es una práctica, también debemos tener en cuenta que la práctica cambia con el tiempo, a veces muy despacio, a veces con rapidez, y esos cambios en las prácticas pueden desembocar en cambios en las creencias. Pueden hacerse nuevas lecturas de los pasajes de la Escritura. Y, a menudo, cuando estos no pueden adaptarse, se abandonan. Hay un pasaje del Salmo 137 que habla de lo bienaventurado que será quien estrelle a los hijos pequeños de su señor contra las rocas; otro de Pedro 1 que indica que los esclavos deben someterse a sus amos, por crueles que estos sean..., podemos pasarlos por alto. La poderosa jugada de san Pablo fue aferrarse a las escrituras judías al tiempo que instruía a los cristianos para que abandonaran otra gran parte de ellas, aseverando que estas eran vinculantes solo para los judíos. En resumen, si las escrituras no estuvieran sujetas a interpretación —y, por lo tanto, a reinterpretación— no habrían podido seguir sirviendo de guía durante largos siglos. En lo que respecta a su supervivencia, la apertura no es un error sino una herramienta.

LA TRADICIÓN Y SUS ENEMIGOS

Esta herramienta, sin embargo, funciona en varios sentidos. Porque, como hoy sabemos, entre los más vehementes de quienes se muestran deterministas en la interpretación de las escrituras están los fundamentalistas, a quienes consume el afán de llevar a los demás a una única visión de alguna de las grandes tradiciones religiosas. Estos movimientos —ya sean cristianos, budistas, hindúes, judíos o musulmanes—, tienen el objetivo de defender y promulgar un camino verdadero, que a menudo se entiende como la forma en que eran las cosas en los primeros días de la revelación de la verdad. Y desean atraer a él a cualquiera que les preste oído, especialmente a quienes se ponen la misma etiqueta religiosa.

Los fundamentalismos tienen algo más en común; aunque veneran los textos antiguos, todos ellos son nuevos. Suponen una reacción al mundo moderno, y responden a dos aspectos elementales de este. Primero, que casi todas las personas han tomado conciencia de que existen grandes diferencias entre las creencias religiosas del planeta. De pronto, esas creencias han pasado a ser una de las cosas que define la diferencia entre el propio grupo y todos los demás; lo que ha hecho que cobre importancia el que sean las correctas. Así pues, forma parte de una tendencia creciente y generalizada de atención a la identidad. En segundo lugar, el aumento de la alfabetización de las masas ha dado lugar a un mundo en el que casi cualquier persona puede instruirse en las escrituras por sí misma y romper con lo que se ha pasado a ver como la autoridad interesada o corrupta de los intérpretes tradicionales.

Antiguamente, la ortodoxia dependía de la existencia de una clase de personas altamente capacitadas —científicos, teólogos, rabinos, brahmanes—, cuya interpretación de las escrituras gozaba de autoridad ante el común de los creyentes, sobre todo porque los legos no podían leer los textos. La autoridad para interpretarlas en lo relativo a las creencias, llevaba aparejada el derecho a decir a la gente qué rituales debía llevar a cabo y en qué prácticas debía participar, lo que se encuentra en el terreno de la praxis. Como todos los intelectuales cultos, estos expertos se formaban a partir del seguimiento de una serie de tradiciones y conocían lo que los pensadores de las suyas habían dicho antes que ellos. Se trataba de lecturas hechas a la luz de ese contexto. Cuando los cristianos o los musulmanes actuales leen un pasaje de la Biblia o del Corán por su cuenta y tratan de discernir por sí mismos su significado, a menudo carecen de ese contexto, porque no cuentan con ese tipo de formación. Pero, puesto que todos interpretamos inevitablemente el lenguaje a la luz de lo que ya creemos, en realidad tampoco es que estén leyendo esos pasajes sin ningún contexto en absoluto; lo hacen a tenor de sus propias experiencias y creencias. Las interpretaciones innovadoras que resultan pueden marcar aún más las diferencias entre los fundamentalistas y sus repudiados correligionarios.

Gran parte de quienes intentan caracterizar desde el exterior una determinada tradición religiosa suelen, de varias formas sobre las que luego volveremos, terminar haciendo causa común con los fundamentalistas de dicha tradición. Dan por hecho que estos la representan en su forma más fuerte y concentrada, y que las actitudes más convencionales de la identidad religiosa constituyen atenuaciones de esta, debidas al paso del tiempo o a las costumbres locales. Llamar a alguien «musulmán moderado» puede sugerir que el vínculo de dicha persona con la fe musulmana es en sí mismo moderado. Pero al margen de la etiqueta que las personas se aplican en el islam, el budismo o el cristianismo, han existido otras personas sinceras y comprometidas que también se aplicaban esta etiqueta y creían otras cosas. Ya pueden insistir los fundamentalistas en que esos otros no eran verdaderos musulmanes o budistas o cristianos, eso solo significaría que la mayoría de las personas que han reivindicado estas etiquetas estaban equivocadas; por otra parte, las etiquetas tampoco serían muy útiles si no se aplicaran a la mayoría de quienes las han reclamado.

Una vez que reconocemos esta confusión, algunas de las cosas que se suelen decir habitualmente sobre la identidad religiosa deberían mostrársenos bajo una luz nueva. El lugar que ocupan las mujeres en el islam, por ejemplo, es un tema de encendida discusión en las comunidades de Gran Bretaña, tanto entre musulmanes como entre no musulmanes. Y a menudo se oyen decir cosas como:

El Corán contiene pasajes que tratan claramente a la mujer como inferior al hombre. Tomemos la Surah An-Nisa (Las Mujeres) (4:11), que dice que los varones deben heredar una parte que sea el doble que la de las mujeres, o la Surah Al-Baqarah (La Vaca) (2:282), que dice que, en una disputa sobre un contrato comercial, solo el testimonio de dos mujeres puede reemplazar al de un hombre, u otro pasaje más adelante en la misma Surah An-Nisa (4:34), que dice: «Los hombres son responsables del cuidado de las mujeres debido a las diferencias que Dios ha puesto entre ellos». Estos pasajes demuestran que las sociedades islámicas están destinadas a seguir tratando a la mujer como si fuera inferior al hombre.

A este tipo de determinismo escritural, como el lector habrá comprobado alguna vez, recurren tanto personas ajenas al islam, en forma de acusación, como algunos miembros de la propia religión, para defender el tipo de prácticas de su preferencia. Dejemos de lado el hecho de que este argumento pasa por alto muchas otras pruebas relevantes, como, por ejemplo, que Pakistán y Bangladesh, países donde el islam es la religión del Estado, han tenido mujeres como primeras ministras y cuentan con un porcentaje de mujeres en sus gobiernos mayor que el de Estados Unidos. Sin duda, la desigualdad de género sigue siendo norma allí, como en casi todos los lugares del mundo. Aun así, el estatus que guardan las mujeres en el islam no puede resolverse con un puñado de citas. Hay numerosas fuentes de autoridad a las que recurrir. Además del Corán y de los hadices, está el *fiqh* (que significa «conocimiento profundo»), y que se refiere al desarrollo de la jurisprudencia musulmana, con el objetivo de recoger la ley eterna revelada en el Corán y en la Sunna.[16] Todo ello parece claramente pertinente.

Del mismo modo en que las feministas cristianas han señalado el papel central que ocupaban las mujeres en el círculo de Jesús, algunas musulmanas han subrayado el hecho de que Jadiya, la primera mujer de Mahoma, fue también la primera persona en convertirse al islam, y que Aisha, su esposa favorita, a menudo estuvo presente cuando el Profeta recibía sus revelaciones, y es la fuente de algunos de los hadices más importantes. Aisha también lideró a las tropas en la batalla contra el cuarto califa, porque este no había vengado el asesinato de su predecesor. Y el Corán subraya, en la Surah Al-Ahzab (Los Aliados) (33:35), que las recompensas por la sumisión a Alá esperan a mujeres y hombres, en un bello pasaje que se cita a menudo para poner de manifiesto la igualdad fundamental entre unas y otros. Así pues, como digo, estas tradiciones no son unívocas. Estar versado en las escrituras es saber qué pasajes hay leer con atención y cuáles hay que pasar por alto.

Está claro que no le corresponde a un extraño como yo decidir cómo deben desarrollarse estos debates. Naturalmente, son los musulmanes quienes deben llevar la voz cantante, aunque espero que sepan que pueden aprender de sus amigos, al igual que, en formas que abordaré en el capítulo final, muchos no musulmanes han aprendido de ellos a lo largo de la historia. Es importante señalar, también, que los argumentos de las escrituras acerca de la subordinación de las mujeres en el islam podrían contrastarse con otros argumentos similares acerca del judaísmo y la cristiandad. «Las casadas estén sujetas a sus propios esposos como al Señor», dice san Pablo en la Epístola a los Efesios, haciéndose eco de las palabras que dijo Dios a Eva en el Génesis: «Tu marido [...] se enseñoreará de ti». De hecho, a principios del siglo XX, basándose en la lectura de la Biblia y en el estudio de las tradiciones religiosas, nadie hubiera podido predecir que, para fines de ese mismo siglo, habría rabinas u obispas anglicanas.

Y, sin embargo, la primera rabina fue ordenada en Offenbach-am-Main en 1935. Se llamaba Regina Jonas y murió en Auschwitz. Dentro del judaísmo, hay quienes, como la asociación de judíos ortodoxos Agudath Israel of America, niegan que se pueda ordenar a las mujeres; dirían que Regina Jonas no era una verdadera rabina. Pero en Estados Unidos, donde yo vivo, hay mujeres rabinas en todas las ramas principales del judaísmo, incluso (se puede argumentar) entre la ortodoxa. En 2009, la rabina Sara Hurwitz fundó en Nueva York, junto con otro rabino, la institución Yeshivat Maharat, la primera escuela para preparar a las mujeres ortodoxas para la clerecía. Solo diez años después de la ordenación de la rabina Jonas, se ordenó en Hong Kong a la primera mujer sacerdote anglicana. Seis décadas más tarde, el obispo mayor de la rama estadounidense de la Iglesia anglicana, el primado de la Iglesia Episcopal de Estados Unidos, era una mujer. En 2014, en Inglaterra, uno de cada cinco clérigos anglicanos a tiempo completo de Inglaterra eran mujeres.[17] Las identidades religiosas modifican su punto de vista sobre el género una y otra vez.

Se trata de una verdad global. Hay budistas que no creen que los monasterios femeninos puedan alcanzar nunca un rango superior al de uno de hombres, pero el budismo cuenta con tradiciones de mujeres santas desde sus inicios. En el Vimala-kirti Sutra budista, de unos dos mil años de antigüedad, una diosa transforma a Shariputra, uno de los discípulos varones originales del Buda, en diosa. Entonces le dice:

> Shariputra, que no es mujer, aparece en el cuerpo de una mujer. Y lo mismo puede decirse de todas las mujeres: aunque aparezcan en cuerpos de mujeres, no son mujeres. Así enseña el Buda que ningún fenómeno es masculino o femenino.[18]

El mismo san Pablo que dijo que las mujeres debían llevar la cabeza cubierta en la iglesia y los hombres no, también les dijo a los gálatas: «No hay varón ni mujer, porque todos sois uno en Cristo Jesús».

A menos que uno piense que el islam es completamente distinto de cualquier otra tradición religiosa, también debe esperar que el sentido de la identidad musulmana se desarrolle en forma de continuos debates entre los fieles. Sencillamente, no hay razón para creer la afirmación determinista de que, puesto que una interpretación concreta de algún texto o tradición musulmana haya sido central en algún momento de la historia religiosa, los seguidores del islam estén condenados a mantener por siempre esa visión. La historia de los textos sagrados ha sido siempre la historia de sus lectores, de interpretaciones cambiantes a menudo enfrentadas. Es compresible que los fieles hayan querido negarlo a veces. Quieren que su verdad sea completa y eterna. Pero los observadores objetivos pueden ver que la religión, como el resto de las cosas importantes de la vida humana, evoluciona. Algunos de esos observadores objetivos participan de esas mismas tradiciones y celebran sus desarrollos como signo de una comprensión cada vez más profunda de la fe.

EL TEXTO EN EL TIEMPO

La combinación de los estudios históricos y textuales es una de las vías por las que estas interpretaciones acaban sufriendo modificaciones, en parte porque para decidir cómo debemos entender un texto, a menudo tiene sentido consultar el contexto. Cuando san Pablo dice que las mujeres deben llevar la cabeza cubierta, resulta razonable preguntarse por las costumbres sobre el vestido en Corinto en esa época. Si resulta que ninguna mujer respetable de aquella ciudad griega hubiera salido a la calle con la cabeza descubierta, es posible concluir, como hizo mi madre, que lo que hay que hacer al ir a la iglesia es vestir de manera respetable según el estándar local. Esto, en su caso, significaba que debía observar el estándar de Kumasi, donde iba a la iglesia, no el de Filkins, el pueblo en el que había crecido, y mucho menos el del Corinto del siglo I. St. George, la iglesia a la que acudía mi madre en Kumasi, era un sencillo edificio de hormigón blanco con una sola nave y una cubierta hecha con planchas de chapa ondulada, un altar encima de una plataforma ligeramente elevada en un extremo y, sobre él, en la pared, una gran cruz de madera. St. Peter, la iglesia a la que asistía cuando era niña, era un edificio gótico victoriano, con vidrieras diseñadas por William Morris. El poeta sir John Betjeman, gran conocedor de la arquitectura de las iglesias inglesas, la describió como «simple y sutil, de piedra local». Apenas es posible imaginar dos edificios más diferentes. Y las personas que se encontrarían allí cualquier domingo tampoco podrían vestir de manera más distinta. En Inglaterra, hombres de trajes sobrios y mujeres ataviadas con *tweeds* discretos y unos sombreros inclinados con estilo; en Ghana, todos con ropa de brillantes colores, los hombres en su *ntoma* ashanti o toga, o bien con camisas blancas inmaculadas, y las mujeres con turbantes de seda con elaborados pliegues. San Pablo habría entendido, sin duda, que el atuendo de una modesta esposa cristiana era una cosa en un sitio y otra en otro.

La fuerza de los edictos también puede depender de algunas estructuras institucionales que no sobreviven. Por esa razón, aunque la Torá prescribe que el castigo para las adúlteras es la lapidación, actualmente ninguna autoridad judía o cristiana respetable defendería la imposición de tal pena. En el caso judío, el tribunal de mayor rango, el sanedrín, que se sentaba en el Templo de Jerusalén, dejó de emitir por completo sentencias de pena capital en el siglo i de nuestra era. Había rabinos que se oponían a la pena capital por diversas razones, pero, en cualquier caso, los gobernantes romanos se reservaron el derecho de ejecución tras la invasión de Palestina. Después, con la destrucción del Templo en el año 70 de la era común, el sanedrín dejó de existir por completo. Dado que la ley judía exigía que este fuera el más alto tribunal de apelación para las condenas de pena capital, sin él no había muerte por lapidación. La ley de los judíos, como toda ley viva, era una tradición que evolucionaba. Dadas las vicisitudes de la experiencia judía, tenía que serlo.

En el caso de los cristianos, la cuestión es, en cierto modo, más interesante. Como cualquier persona que se haya educado con el Nuevo Testamento sabrá, en el Evangelio de Juan hay una historia en la que Jesús, al preguntársele si es admisible lapidar a una mujer «pillada en adulterio», dice a los fariseos que aquel que esté libre de pecado tire la primera piedra. Una vez que ninguno de ellos está dispuesto a condenarla, Jesús dice que él tampoco lo hará. Y luego le dice a ella: «Vete y no peques más».

Un episodio como este en la vida de una figura ejemplar no porta un significado, como si dijéramos, a ojos vista. Por ejemplo, Cristo no rechaza realmente la ley mosaica en ninguna parte del relato. Es cierto que establece una condición para su ejecución que no podría cumplir nadie más que él, y que, después él mismo, el único libre de pecado de los presentes, perdona la ofensa capital. Resulta lógico pensar que, como otros rabinos en la Palestina del siglo I, no sentía mucha simpatía por el castigo capital, al menos para casos de adulterio. Pero no es eso lo que dice literalmente. Podría hacerse una especulación similar sobre la actitud de Mahoma hacia el adulterio, ya que el Corán requiere cuatro testigos para condenar a una mujer por adulterio, y penaliza a cualquiera que haga una acusación sin proveerlos. Dada la naturaleza de la ofensa, el baremo es muy alto. Intérpretes posteriores han ubicado el episodio de Cristo con la mujer adúltera en el marco de una historia mayor que se desarrolla en los escritos de san Pablo, según la cual, algunas partes del complejo conjunto de leyes que establece la Torá no resultaban vinculantes para los gentiles que se hicieron seguidores de Cristo. La tradición judía anunciaba que cuando llegara el Redentor, el Mesías, impondría unas leyes nuevas. El mismo Cristo dice, en el sermón de la montaña, que ha venido a «cumplir la Ley», no a destruirla. Y aun así, san Pablo, el Apóstol de los gentiles, fue claro al afirmar que, para seguir a Cristo, los varones no judíos no estaban obligados a circuncidarse, una de las exigencias más claras de la Torá.

En el siglo XII, Maimónides identificó 248 mandamientos positivos y 365 negativos, o *mitzvot*, en la ley judía. Las leyes rituales (que sostenían, por ejemplo, que los varones no deben cortarse el cabello de los lados de la cabeza, ni rasurarse la barba con una navaja de afeitar) se entremezclaban con lo que podríamos considerar mandamientos morales, a favor de la caridad o contra el adulterio, el incesto y el asesinato. La forma en la que san Pablo entendía lo que significaba cumplir la ley eliminaba no solo el requisito de la circuncisión sino el de la prohibición de comer carne de cerdo; por otro lado, también creía que la prohibición sobre el adulterio, el incesto y el asesinato eran vinculantes para todos, y los cristianos han seguido su doctrina también en estos puntos. Entre los mandamientos de la Torá, hay algunas reglas que rigen el desempeño de funciones específicas, como la de juez, sacerdote o rey. De modo que surge la duda sobre si el mandamiento de ejecutar a los adúlteros —un mandamiento presumiblemente dirigido a esos tribunales y jueces— es equiparable al requisito de la circuncisión masculina, que ya no es vinculante, o al de la prohibición del asesinato, que claramente lo es.

Elaborar una recapitulación de todas las discusiones que se han mantenido en torno a esta única pregunta en los dos mil años de historia cristiana sería una empresa enciclopédica. Baste aquí con subrayar lo que el determinismo bíblico niega, la mera complejidad de la tarea de interpretar seriamente la palabra de Jesús.

METAFUNDAMENTALISMO

Las apelaciones a la historia no sirven, sin duda, como argumento contra el fundamentalismo. A los fundamentalistas les interesa aquello que concuerda con una verdad última y sagrada, tal como se le reveló a un escriba o a un profeta ancestral, y no las erráticas tradiciones humanas. Sin embargo, como hemos visto, los críticos del fundamentalismo que equiparan la identidad religiosa con un conjunto estático de creencias o una lectura de sus escrituras comparten con ellos esa misma postura ahistórica. Sucumben a lo que podríamos llamar la falacia del código fuente, la idea de que la verdadera naturaleza de una religión descansa en sus textos fundacionales más profundos, lejos del alcance del mundo real en el que viven sus seguidores concretos, y de que el acceso a estos códigos puede revelar la esencia de la religión.

En la actualidad, todos estamos al tanto de esas interpretaciones del islam que se sacan a colación para defender la violencia contra musulmanes y no musulmanes, que fomentan el terror, la muerte y la destrucción. Sin duda, es posible encontrar fuentes en la tradición musulmana que sustenten tales ideas; en todas las grandes tradiciones religiosas es posible encontrar fuentes de ese tipo. Sin embargo, la idea de que, como algunos textos musulmanes hablan de la guerra, todos los musulmanes deben participar en un eterno derramamiento de sangre no es más sensata que esa misma afirmación hecha sobre cualquier otra tradición religiosa.

En St. George, la mentada iglesia de hormigón blanco de Kumasi, uno de nuestros himnos favoritos decía:

> Adelante, soldados cristianos,
> marchad a la guerra
> con la cruz de Jesús
> precediéndoos.

Tiene una melodía muy buena de sir Arthur Sullivan, famoso por Gilbert y Sullivan. Sacado de contexto, este himno —uno de los favoritos de las bandas del Ejército de Salvación—, podría hacernos pensar en una versión bastante violenta del cristianismo. Y no es el único texto cristiano con el que podría ocurrir. Desde la época del emperador Constantino, en el siglo IV, los ejércitos cristianos han portado la cruz en la batalla, junto con el antiguo lema latino *In hoc signo vinces*, «Con este signo vencerás». Por otro lado, el pasaje de Isaías que he citado y que muchos cristianos escuchan cada Navidad en el Festival de las Nueve Lecciones y Villancicos se refiere al Mesías como «el Príncipe de la Paz». Los musulmanes, igual que los cristianos, pueden elegir entre diversas opciones en la interpretación de sus tradiciones. Negarlo sería caer en el tipo de esencialismo que he estado instándonos a abandonar.

Este tipo de esencialismo no servirá de ayuda ni a los musulmanes de Europa ni a sus vecinos no musulmanes para encontrar juntos formas funcionales de convivencia. Los musulmanes de Europa occidental —como los musulmanes de Norteamérica— están viviendo un experimento moderno, desconocido para la mayoría de los intelectuales cuyas reflexiones conformaron las ideas islámicas sobre la política, en el que los musulmanes han elegido viajar no solo con objetivos comerciales o diplomáticos, sino para establecerse permanentemente en territorios no musulmanes. Y, en este nuevo entorno, las cuestiones relativas al género serán solo parte del reto. Al enfrentarse a él, ser capaz de reconocer que la identidad es capaz de sobrevivir a través de los cambios —que, de hecho, solo sobrevive a través del cambio— será una piedra angular muy útil para todos nosotros. Como veremos en los siguientes capítulos, las identidades religiosas, como todas las identidades, viven dentro de la historia.

LA ADORACIÓN DE LOS ANCESTROS

No hace mucho, me encontraba en una aldea ghanesa, muy lejos de Nueva York, donde ahora vivo, en compañía de varios jefes locales, haciendo lo mismo que cualquier ashanti; verter libaciones a nuestros antepasados. Desde mucho antes de que yo naciera, existe la costumbre de que las ofrendas serias se hagan con aguardiente germana, uno de los muchos bienes de valor que se intercambian con Europa durante los últimos siglos. A los ashanti les gusta particularmente el Kaiser Schnapps; sus anuncios lo llaman «El aguardiente de los reyes». Así que me encontraba vertiendo Kaiser Schnapps en los santuarios familiares con los hombros desnudos por respeto a mis antepasados. Hice una ofrenda al fundador del linaje de mi padre (y del pueblo), el gran guerrero Akroma-Ampim. *Nana Akroma-Ampim, bɛgye nsa nom*: «Abuelo Akroma-Ampim, ven y bebe este alcohol». Y otra para mi propio padre: *Papa Joe, bɛgye nsa nom*.

Para los ashanti, los antepasados son espíritus que pueden ayudarnos o ponernos obstáculos, y se les ofrece comida y bebida por prudencia y para llevar plenitud al corazón. Hacerlo es parte de la vida cotidiana, porque es en ella donde se interactúa con los seres espirituales. A nadie se le hace la advertencia de no vacilar en la fe. Allí, se tiene la impresión de que la obsesión con la fe individual es un signo de modernidad religiosa, un interrogatorio privado que resulta ajeno a las formas de adoración más antiguas. De hecho, cuando estoy entre ghaneses, haciendo libaciones, me sorprende lo relajado que resulta todo.

Para muchos ashanti, la religión —lo que los antropólogos a menudo llaman «religión tradicional»— no es un mero sacramento; es una forma de gobierno. Entre los espíritus, existen los equivalentes del diputado local, del alcalde —los de la localidad, de los que esperas atiendan a tus llamadas— y, sí, otros gobernantes más arriba y en otros lugares, cuyo compromiso con la vida de uno es más difuso. Se espera en la cola, como en el departamento de tráfico. Hay formas de proceder, intercambios que proponer e impuestos que pagar, principalmente en forma de libaciones, saludos y sacrificios. A veces las solicitudes se quedan paradas o nunca se hace nada al respecto. Como digo, es igual que lo que ocurre con el Gobierno.

Y para la mayoría de las personas —incluidos los obispos católicos e imanes de Ashanti—, estas prácticas son perfectamente compatibles con otras lealtades confesionales, como ser musulmán o cristiano. Así ocurría en el caso de mi padre. Igual que su padre, era un anciano fiel a la catedral metodista Wesley de Kumasi. Pero su metodismo tuvo que convivir con el hecho de que también era ashanti. Y así, cada vez que mi padre abría una botella de alcohol, derramaba las primeras gotas como ofrenda a sus antepasados y les pedía que velaran por la familia, como un católico italiano podría invocar a María, madre de Dios, o un indio musulmán llamar a un santo sufí. Los misioneros que convirtieron a mi abuelo podrían haber objetado que aquello era una reversión idólatra; mi padre y él lo habrían considerado absurdo. Filón de Alejandría, que habló largo y tendido sobre el Éxodo, tendría algunos consejos bien fundados que dar a esos misioneros; para ser fiel a tu dios, dijo, no es necesario insultar a los dioses de los demás.[19] De modo que allí estaba yo, en la aldea ancestral de mi padre, vertiendo unas libaciones, una práctica integrada dentro de un espíritu de comunidad y compañerismo.

He aquí una cosa en la que podemos estar de acuerdo con los fundamentalistas: nuestros antepasados son poderosos... aunque no de la manera en que aquellos imaginan. Porque ninguno de nosotros crea de cero el mundo que habitamos; ninguno elabora sus valores y compromisos si no es en diálogo con el pasado. Pero el diálogo no es determinismo. Una vez que se piensa en las identidades de fe en términos de prácticas mudables y de comunidades, en vez de como conjuntos de creencias inmutables, la religión se vuelve más un verbo que un sustantivo, la identidad se revela como una actividad, no como una cosa. Y en la naturaleza de la actividad está traer cambios.

Nuestros antepasados están aferrados a nosotros de modos que apenas percibimos. Pero mientras vertía el aguardiente en los antiguos altares familiares, me encontré pensando que, en el ámbito ético, ya sea el civil o el religioso, debemos reconocer que algún día nosotros también seremos antepasados. No solo seguimos las tradiciones; las creamos.

3
País

*Dios mío —ruega el marinero bretón al zarpar—,
protégeme: ¡mi barco es tan pequeño y tu océano
tan vasto! Y esta oración expresa la condición de
todos y cada uno de vosotros, a menos que encon-
tréis un medio de multiplicar indefinidamente
vuestras fuerzas, vuestro poder para la acción.*

    *Y ese medio os lo entregó Dios cuando os dio
una patria.*

GIUSEPPE MAZZINI, *Doveri dell'uomo*, 1860

Aaron Ettore Schmitz nació en la ciudad de Trieste a finales de 1861. Su madre y su padre eran judíos, de origen italiano y alemán, respectivamente. Pero Trieste era una ciudad imperial libre, el principal puerto comercial del Imperio austríaco, que alcanzó una época de esplendor en el siglo xix en su calidad de punto de conexión del imperio con Asia. («"La tercera entrada al canal de Suez", la llamaban», nos cuenta el escritor de viajes inglés Jan Morris.)[1] El joven Ettore, era, por tanto, ciudadano de un imperio que fue rebautizado como Imperio austrohúngaro cuando él tenía seis años. Está claro que fuera lo que fuera lo que significaban las palabras «alemán» e «italiano» cuando él nació, no querían decir que se fuera ciudadano ni de Alemania ni de Italia. Cuando, en 1874, Ettore llegó a un colegio nuevo cerca de Wurzburgo, en Bavaria, pisaba una Alemania que era más joven que él. El país se había creado tan solo tres años antes, a través de la unificación, bajo el monarca de Prusia, de más de veinte reinos federados, ducados y principados, con tres ciudades de la antigua Liga Hanseática. Aproximadamente un mes después, se les unirían Alsacia y Lorena, que fueron cedidas a Alemania por Francia al finalizar la guerra franco-prusiana.

¿Y qué hay de Italia? El nacimiento de Ettore y de Italia fue prácticamente gemelar. El Estado italiano moderno se creó el mismo año de su nacimiento, cuando el rey de Cerdeña,

Víctor Manuel, fue proclamado rey de Italia, uniendo, así, Cerdeña con los territorios venecianos del Imperio austríaco, los Estados Pontificios y el reino de las Dos Sicilias. Así que, al igual que la «alemanidad» del padre de Ettore, la «italianidad» de su madre era más una cuestión de lengua o cultura que de ciudadanía. Solo cuando tenía ya casi sesenta años, al final de la Primera Guerra Mundial, llegó Trieste a convertirse en lo que es hoy, una ciudad italiana. Así que Ettore Schmitz —judío por educación y católico por cortesía hacia su esposa—, podía identificarse como alemán y como italiano, y nunca se sintió otra cosa que triestino, sea lo que sea lo que eso signifique cara exactamente.[2] Nació súbdito de un emperador austríaco y murió súbdito de un rey de Italia. Y su vida plantea drásticamente la cuestión de cómo decidir cuál es el país de uno, si es que alguno lo es.

Schmitz vivió en una época en que los estados nación empezaban solo de forma gradual a convertirse en el modo dominante de organización política en todo el mundo. En su juventud, cuando los europeos usaban etiquetas como «alemán» e «italiano», no pensaban en la ciudadanía política. Pensaban, como lo había hecho el propio Schmitz, en individuos con una lengua, una cultura y unas tradiciones comunes. En este sentido, se podía ser alemán o italiano, como él, sin tener derecho a un pasaporte alemán o italiano. En 1914, hubiera sido posible encontrar alemanes como su padre en comunidades no solo de Alemania, Austria, Hungría y Bohemia, sino también en Suiza, Rusia, África, América y Australasia. Incluso llegó a haber una colonia alemana en Qingdao, en China, y si hoy se pide una cerveza Tsingtao en un restaurante chino, se disfrutará de una tradición alemana. Había comunidades judías en todo continente habitable. Los eslavos estaban divididos entre los imperios austrohúngaro, otomano y ruso, y podían encontrarse en pequeños grupos en otros lugares. Había árabes por todo Oriente Medio y el Norte de África, por supuesto, y no solo en Arabia; así como también había comunidades libanesas y sirias en África Occidental y Brasil. Y todos estos grupos podían explicarte quiénes eran sin hacer referencia a su lealtad a un Gobierno que los dirigiera específicamente.

A partir del siglo xix y a lo largo del xx, muchos pueblos que nunca antes habían tenido el control de un Estado se vieron inmersos en movimientos políticos que propugnaban un alineamiento de su condición de pueblo con la forma de las disposiciones políticas; querían que los estados nación expresaran el sentimiento de que ellos ya tenían algo importante en común. Así que es necesario nombrar a estos grupos de un modo que no presuponga que ya tienen de antemano una ciudadanía política compartida, y continuaré llamándolos pueblos. Un pueblo, como expuse en el capítulo anterior, es un grupo de seres humanos unidos por un pasado y unos antepasados comunes, reales o imaginados, independientemente de que compartan un Estado o no.

En 1830, el gran filósofo alemán Georg Wilhelm Friedrich Hegel escribió:

> Por lo que se refiere a la existencia de un *pueblo*, el fin sustancial consiste en ser un Estado y mantenerse como tal; un pueblo sin organización estatal (una *nación* como tal) no tiene propiamente historia.[3]

Hegel pensaba que, a medida que transcurriera la historia universal, todos los pueblos de cierto peso se irían convirtiendo gradualmente en dueños de un Estado; a lo largo del siglo siguiente esa idea se impuso en todo el mundo.

Hoy, en esto que nos gusta pensar como una era posimperial, no hay principio político que cuente con un consenso más sonoro que el de la soberanía nacional. «Nosotros» no debemos ser gobernados por otros, cautivos de una ocupación extranjera; «nosotros» debemos poder gobernarnos a nosotros mismos. Este simple ideal es consustancial al concepto mismo de nación. Ayudó a impulsar el colapso de los imperios y la era de la descolonización. Los mapas se redibujaron para hacer que la causa avanzara; incluso en nuestra época, las fronteras han cedido ante esta idea. Sigue siendo un elogiado principio de nuestro orden político. Y sin embargo, guarda en su corazón una incoherencia. Ese es el siguiente de los grandes errores referentes a la identidad que me gustaría explorar.

NACIONES

Para empezar a entenderlo, preguntémonos por qué, si todo el mundo está de acuerdo en que «nosotros» tenemos derecho a gobernarnos a nosotros mismos, suele ser tan difícil ponerse de acuerdo sobre quiénes somos «nosotros». El nacionalista dice: «Somos un pueblo, compartimos unos antepasados». Pero, si llevamos esta idea hasta una escala más reducida, también lo hace una familia, mientras que en la escala más amplia, toda nuestra especie comparte también unos antepasados. Cuando nos ponemos a ubicar las naciones, ¿dónde deberíamos dibujar los límites? Supuestamente, la gente de Ashanti en Ghana, donde yo crecí, comparte unos antepasados; pero también es ese el caso del mundo más amplio de los pueblos akan al que pertenecemos. No hay solo ashanti, sino también abron, ahafo, akwapim, akyem, baule, fante, kwahu, nzema y unos cuantos más. Así que si quisiéramos establecer un Estado nación, puede ser que uno akan tuviera más sentido que un Estado ashanti; en lo que respecta a las naciones modernas, mayor puede ser mejor, y hay dos veces más gente akan que ashanti, sus hogares se extienden por el sur de Ghana y Costa de Marfil. Pero, siguiendo esa línea de pensamiento, ¿por qué no buscar algo aún más grande, tal como argumentaron los panafricanistas, e intentar crear un megaestado de pueblos de ascendencia africana? ¿Cuál debería ser? No existen fronteras naturales. Una vez fuera del mundo-aldea del cara a cara, un pueblo siempre será una comunidad de extraños. Esta es una primera disyuntiva, la escala.

Una segunda disyuntiva es que, aunque a menudo nos referimos a las personas en función de su pertenencia a una nación —por ejemplo, antes dije que la madre de Schmitz era italiana—, en realidad todos tenemos más de un grupo con el que compartimos ascendencia. El tabú del incesto garantiza que la mayoría de las personas sean producto de la unión de dos familias, y muchas de ellas —como Ettore Schmitz, como yo— tienen padres de dos pueblos distintos. Entonces, ¿qué es lo que hace, más allá de una supuesta ascendencia común, que una nación sea tu nación? ¿Cómo se elige entre los muchos grupos de ascendencia común a los que uno pertenece?

Merece la pena recordar que todos podemos forjarnos una ascendencia de un gran número de formas. En la introducción he comentado que el abuelo de mi madre rastreó los antepasados de su familia hasta principios del siglo XIII, la época del rey Juan. El genealogista al que contrató se remontó por una sola línea de hombres. Pero si se quiere explorar los ancestros maternos, tal como hacen mis antepasados ashanti, o a rastrear indistintamente hombres y mujeres a través de las generaciones, se tendrá una amplia selección de familias entre las que elegir.

A principios del siglo XX, antes de que se volcaran en la web un montón de registros, hacer investigación genealógica era más difícil. Y a mi bisabuelo le habría hecho gracia saber, como yo sé, que descendía de Enrique II —por una ruta más indirecta— o que otros antepasados suyos firmaron la Carta Magna. Pero esto no resulta muy sorprendente. Cuando nos remontamos tan atrás, todos tenemos árboles genealógicos con muchas más ramas que personas hay en el planeta. Como resultado, muchas de esas ramas están ocupadas por las mismas personas, o, por decirlo de otra manera, si uno tiene antepasados ingleses recientes, es muy probable que tenga una múltiple descendencia de muchos hombres y mujeres ingleses del siglo XIII. Andrew Millard, un especialista inglés en historia de la familia, ha asegurado que «cualquier persona inglesa contemporánea que cuente con una ascendencia predominantemente inglesa» descenderá, casi con certeza, de Eduardo III, que reinó durante más de medio siglo, desde 1327. Se esté o no de acuerdo con los detalles de su afirmación, las posibilidades son, ciertamente, muy altas. Y dado que Enrique II fue un antepasado de Eduardo III, lo mismo puede aplicársele a él.[4] Y también es casi seguro que tendrá antepasados que no sean ingleses; porque ha habido gente entrando y saliendo de las islas británicas todo el tiempo. El Juan de Gante de Shakespeare pensaba del «mar de plata» que acariciaba las costas de la isla:

> que le sirve de muro
> o de foso de defensa alrededor de un castillo,
> contra la envidia de naciones menos venturosas.

Pero el país bajó a menudo su puente levadizo. Los anglonormandos mantuvieron contactos con sus primos de Francia; los mercaderes polacos se instalaron en Inglaterra en el siglo XVI; durante el siglo siguiente, los judíos holandeses fueron admitidos con la aquiescencia de Cromwell durante el Protectorado; decenas de miles de hugonotes llegaron a finales del siglo XVIII. Y los aristócratas ingleses, realeza incluida, siguieron buscando a sus cónyuges en el extranjero. Si nos remontamos aún más, sabemos que los romanos que se establecieron en Gran Bretaña provenientes de todo el Imperio, Egipto incluido, en el siglo I antes de la era común, también han dejado su rastro genético. De igual modo lo hicieron los pueblos nórdicos de Escandinavia, que gobernaron en la región de Danelaw, la cual, en el siglo IX, incluía gran parte del norte y del este de Inglaterra; mientras que Alfredo el Grande resistía en Wessex, en el suroeste. Hubo también tráfico en el sentido inverso; entre los antepasados ingleses habrá algunos cuyos descendientes terminaron en otras partes del planeta... o que fueron marineros y dejaron niños en alguno de los cientos de puertos que hay por todo el mundo. Estos son algunos de los hechos que dificultan dar una respuesta a la pregunta «¿Cómo elegir de entre los muchos grupos de antepasados comunes a los que perteneces?».

Para mí, solo existe una respuesta seria; una nación es un grupo de personas que no solo consideran que tienen una ascendencia común, sino que además dan importancia a ese hecho. Para ser una nación, no basta con cumplir la condición objetiva de tener una misma ascendencia; además, hay que cumplir una condición subjetiva, que yace en los corazones y las mentes de sus miembros. Y, en la práctica, la condición de tener la ascendencia en común no tiene por qué ser objetiva en absoluto, puesto que la supuesta ascendencia común de muchos grupos es imaginaria. Hegel creía que lo fundamental de que se le diera importancia era que con esa identidad nacional compartida se debía crear un Estado, si no se contaba ya con uno. Pero los humanos pueden interesarse por sus antepasados comunes —igual que Schmitz y su padre darían seguramente importancia al hecho de ser judíos—, sin por ello desear vivir bajo un Gobierno que sea suyo en exclusiva. El sionismo es solo una de las posibles respuestas al hecho de ser judío. Por eso hay nacionalidades que carecen de Estado nación.

He insistido en la idea de que no existen unas fronteras naturales que delimiten ese pueblo al que nosotros podamos dar importancia. Siempre se pueden trazar unos límites relativamente estrechos, dando lugar a nación que se parezca cada vez más literalmente a una familia; entonces se obtendrá una nación con muchas cosas en común. O se podrían trazar menos rigurosamente y tener un grupo que probablemente sería más variopinto. Un asunto más importante, sin embargo, es que el número de antepasados que se comparten y la cantidad de cosas que se tienen en común son cuestiones diferentes, y, cuando se trata de grupos de un cierto tamaño, es muy improbable que esa ascendencia común garantice un carácter común. Se dice que los celtas de Bretaña, Cornualles, Irlanda, Escocia, Gales e Isla de Man descienden de antepasados comunes; para ser una nación, sin embargo, tendría que haber suficientes de ellos que se interesaran por ese hecho lo bastante como para querer actuar juntos como un pueblo. En este momento no ocurre así. No son una nación.

De manera que, si uno desea construir estados en torno a las naciones, debe hacer algo más que reunir sin más a un pueblo existente y hacer una constitución. Va a tener que construir una nación, tomar una población que, por la razón que sea, desea en su mayoría vivir bajo un gobierno común, y luego, una vez la haya arrancado de los distintos estados en los que sea que viva, tendrá que inculcarle el sentimiento compartido que va a permitir a sus miembros vivir juntos de forma productiva.

LÍMITES MÓVILES

Decidir cuál es la nación de origen se complica aún más cuando las fronteras políticas no dejan de cambiar. La vida de Schmitz es paradigmática, de una forma algo exagerada, de la experiencia de millones de personas en el siglo xx; era ciudadano de un país y se convirtió en ciudadano de otro sin salir de su casa.

El inicio del siglo xx fue una época de imperios. En el reparto de África, que se produjo entre la conferencia de Berlín de 1884-1885 y la Primera Guerra Mundial, casi toda África fue colonizada por estados europeos. Ashanti, donde crecí, se convirtió en un protectorado británico en 1902. En 1900, la mayor parte de Europa central y oriental formaba parte de los imperios ruso, austrohúngaro u otomano. Después de la Primera Guerra Mundial, Albania, Austria, Bulgaria, los países bálticos, Checoslovaquia, Hungría, Polonia y Rumania fueron liberados del dominio imperial; unos estados nacionales independientes salieron a la luz, parpadeando deslumbrados. Después de la Segunda Guerra Mundial, millones de germanoparlantes de Checoslovaquia fueron deportados a Alemania Oriental y Occidental, y el Telón de Acero redibujó de nuevo el mapa continental.

No solo Europa y África vieron cómo se modificaban sus fronteras. En 1947, con la división de la India británica, grandes grupos de población cruzaron las nuevas fronteras entre aquel país y Pakistán; hindúes y sijs hacia la India, musulmanes hacia Pakistán, dividido a su vez en dos por una franja de más de mil seiscientos kilómetros de la India. En muchas partes del subcontinente se produjeron brutales ataques —violaciones, palizas, saqueos y asesinatos de carácter masivo— de musulmanes contra hindúes y de hindúes contra musulmanes. Millones de personas cruzaron las fronteras del Punyab, al oeste, y de Bengala al este, territorios que estaban divididos entre la India y Pakistán. Seis millones y medio de musulmanes se trasladaron a Pakistán Occidental, mientras que casi cinco millones de hindúes se desplazaron en la dirección opuesta, hacia la India. Unos tres cuartos de millón de musulmanes marcharon hacia Pakistán Oriental, y más de dos millones y medio de hindúes se fueron de allí, a la India. Se trata de la mayor migración de toda la historia de la humanidad, en la que participaron casi quince millones de personas en total. Aun así, entre treinta y cuarenta millones de musulmanes permanecieron en la India, que pronto contará con la mayor población musulmana de todos los países del mundo.

Para algunas personas de Asia Meridional, la nueva frontera era como una cicatriz. Varios años después del reparto, el escritor indopaquistaní Sadat Hasan Manto escribió una historia en urdu titulada «Toba Tek Singh», que hablaba de la decisión de los gobiernos indio y pakistaní de intercambiar miembros de sus manicomios igual que habían intercambiado prisioneros. Un interno sij ingresado en una institución de Lahore es enviado a la India, donde un guardia le informa de que su ciudad natal está ahora en Pakistán, mientras otro le dice que está, o estará pronto, en la India. Él decide quedarse entre las vallas de alambre de espino de ambas naciones, «en un pedazo de tierra sin nombre». El argumento de Manto tenía que ver, por supuesto, con lo que él consideraba una locura aún mayor, la de las fronteras.[5]

Lo cual no quiere decir que las fronteras anteriores, como las que describía la conferencia de Berlín, pudieran considerarse más razonables. Resultó que la división de Asia Meridional fue el primero de muchos rediseños fronterizos después de la Segunda Guerra Mundial.[6] Con el final definitivo de los imperios coloniales de Europa, aparecieron en el escenario mundial decenas de estados independientes en África y en Asia. En 1945, en todo el continente africano, solo Egipto, Etiopía y Sudáfrica eran independientes. África del Sudoeste se administraba desde Pretoria como un territorio bajo mandato, y el resto del continente se gobernaba desde París, Londres, Lisboa o Madrid. La primera de las colonias británicas de África en obtener la independencia fue Ghana (y pocos recuerdan que era una unión de la Costa de Oro con la parte de administración británica de la antigua colonia alemana de Togo, por eso hay tantos ewé en Ghana).[7] En otros lugares del continente, el proceso fue más lento y, en ocasiones, más sangriento, pero aun así imparable. En la Unión Africana hay cincuenta estados independientes.

Tras la caída de la Unión Soviética, surgieron otros catorce estados independientes en los países bálticos, en Europa del Este, en el Cáucaso y en Asia Central; esto sin contar Rusia. En los pueblos rurales que circundaban al Trieste de Ettore, la mayoría de la gente hablaba esloveno, un idioma cuya historia escrita data de hace un milenio. Pero la primera vez que la mayoría de sus hablantes se reunieron en un solo país fue en 1991, cuando Eslovenia emergió como el vecino de Italia por el Este, en medio del caótico final de Yugoslavia. Hoy, Europa incluye otros seis países que en tiempos fueron yugoslavos. Al observar este deslumbrante lienzo de naciones... es posible ver que la pintura aún está fresca.

¿QUÉ HAY DE NUEVO?

Ser un pueblo no tiene solo que ver con cómo un grupo se piensa a sí mismo. Lo que piensan quienes están fuera de ese grupo también es importante. La identidad, tal como vimos en el primer capítulo, es algo que se negocia entre quienes están dentro y fuera del grupo. Y a lo largo de todo el siglo xx, ha habido ocasiones en las que el destino personal podía verse determinado por las decisiones que otras personas tomaban acerca de la pertenencia o no a un pueblo. Muchos de los genocidios del siglo xx —el de los armenios en Turquía, los judíos en Europa o los tutsis en Ruanda— se perpetraron en nombre del antagonismo de un pueblo frente a otro, en la defensa de una nación homogénea. Pero estas fueron únicamente las manifestaciones más extremas de todo un espectro que ha incluido expulsiones en masa, asimilaciones forzosas y la opresión de las minorías en general.

Antes he hablado de dos dificultades que existen para construir una nación. La primera, ¿hasta dónde se amplía? ¿Ashanti, akan o aun mayor? La segunda, ¿cómo se trata el hecho de que todos pertenecemos (o al menos potencialmente) a muchos pueblos? Ahora se nos presenta una tercera. Porque con el pueblo akan conviven pueblos de otras ascendencias. Por ejemplo, el pueblo guan, cuyos antepasados emigraron a Ghana hace aproximadamente un milenio. La lógica de los antepasados comunes nos deja con solo tres respuestas posibles: aniquilarlos, expulsarlos (junto con todo el resto de pueblos con los que no compartimos ascendencia) o asimilarlos, inventándonos una genealogía ancestral común para disimular el problema. Todas estas «soluciones» se han puesto en práctica a lo largo de los últimos cientos de años. Ninguna de ellas habría sido necesaria si no hubiéramos intentado identificar estados y naciones.

Los pensadores que dieron forma al nacionalismo se basaron en un conjunto de ideas sobre lo que para un pueblo significa ser una nación, las cuales se desarrollaron en la Europa de los siglos XVIII y XIX. Las emplearon para definir sus propias naciones, pero también para identificar a otras. Y, en una época de creciente interconexión cultural global, estas se extendieron por Europa y, finalmente, por todo el mundo.

Insistir en que el nacionalismo es un invento reciente puede parecer una idea sorprendente. Quizá su difusión global sea un fenómeno moderno, pero también podemos pensar que en los dramas históricos de Shakespeare ya resuenan las tensiones del nacionalismo. Enrique V se dirige a sus soldados como: «¡Nobles ingleses que tenéis en vuestras venas las sangre [es decir, que provienen] de los padres probados en la guerra!». ¿Acaso no es esto puro y simple nacionalismo? ¿Qué hay de nuevo en ello?

Y, de hecho, en esas mismas palabras que resuenan en nuestros oídos podemos escuchar ecos de la *Eneida* de Virgilio, cuya primera frase termina con Eneas trayendo «sus dioses al Lacio; de ahí el pueblo latino, y los padres albaneses y la alta muralla de Roma», o de las palabras de Pericles, tal como las recogió Tucídides, en las que se jacta de que Atenas era «la maestra de Hellas».[8] Existía algo —la sangre inglesa, los dioses del Lacio, la civilización ateniense— que unía a cada uno de estos pueblos antiguos. Y, por lo general, todos estos relatos dibujan elogiosamente a sus respectivos pueblos como una pandilla bastante genial, un endogrupo al que merecía la pena pertenecer. Tal como he señalado al principio, la tendencia tribal es una característica fundamental de nuestra psicología humana.

Pongamos en claro, entonces, qué es lo que hay y lo que no hay de nuevo aquí. Desde hace mucho tiempo, los seres humanos han contado historias sobre los héroes que han liderado a su pueblo en las grandes hazañas épicas. Esa es una de las características de los dramas históricos de Shakespeare y de los relatos sobre los líderes ashanti con los que yo crecí... y, aún más, también es el caso de la *Ilíada*, la *Eneida*, el Mahābhārata y los *Anales de Primavera y Otoño*, por mencionar solo algunos clásicos en griego, latín, sánscrito y chino. Todos los niños del lugar en el que yo crecí nos criamos con los relatos sobre Osei Tutu, nuestro primer rey, y Okomfo Anokye, el brillante líder religioso que lo ayudó a construir una nación; al igual que sabíamos que Yaa Asantewaa, la reina madre de Ejisu, había liderado la última de las guerras ashanti contra los británicos. Conocíamos su historia, porque sus hazañas eran las nuestras, nos pertenecían a todos. El Antiguo Testamento está lleno de nombres de pueblos como asirios, babilonios, cananeos, caldeos, cusitas, edomitas, medos, persas, filisteos, sirios, etcétera. Estos pueblos son agentes colectivos, hacen cosas juntos. Los asirios atacan a Israel; los ashanti resisten ante los británicos; los romanos conquistan a los griegos... y, entonces, como Horacio señaló célebremente, la cultura griega capturó a Roma.[9]

Pero sí hubo un componente nuevo que se incorporó al modo de concebir los pueblos hacia finales del siglo XVIII en gran parte de Europa. El Romanticismo, como una reacción contra el racionalismo y las restricciones de la Ilustración, produjo una gran afluencia de nuevos sentimientos e ideas, que arraigaron especialmente entre las crecientes clases medias. Entre las muchas marcas de este movimiento se encontraba una miscelánea de actitudes, tales como un entusiasmo renovado por lo emocional, el aprecio de la naturaleza frente a la irrupción de la industria, una pasión por el espíritu democrático de la Revolución francesa y la paradójica celebración tanto de las tradiciones populares como de los cuentos de hadas de los hermanos Grimm o de los héroes modernos. Los románticos estaban fascinados por las hazañas militares de Napoleón y por el genio creativo de artistas como Beethoven, Byron o Goethe; pero también celebraban las canciones y las historias de los hombres y las mujeres comunes.

En Escocia —o Caledonia, como la llamaban los romanos—, en la orilla occidental de Europa, Robert Burns, el bardo de Ayrshire, que vivió en la segunda mitad del siglo xviii, encarnó gran parte de estas actitudes; recopiló y adaptó las canciones populares de la gente común, escribía en el lenguaje cotidiano y expresaba extravagantes sentimientos románticos en una poesía amorosa que se fusionaba con el mundo natural. Su amor era «como una rosa roja [...] recién florecida en junio» y se identificaba con un ratoncillo asustado; pero también afirmaba que

> Hay temas bastantes en la historia de Caledonia,
> que mostraría la musa de la tragedia en toda su gloria.[10]

Un poeta pertenecía, sobre todo, a su nación.

ESPÍRITUS NACIONALES

Así pues, el nacionalismo creció con el Romanticismo y, así, uno de sus temas centrales fue un nuevo sentido romántico de lo que convertía a un pueblo en pueblo. La concepción del carácter nacional se transformó en la celebración de algo inmaterial, el alma o el espíritu del pueblo, el *Volksgeist*, por emplear el término que evocaba el concepto tal como se desarrolló en la filosofía alemana. Parece que el primer filósofo que empleó esta palabra fue Hegel, pero la idea del espíritu nacional está ya en los textos del gran filósofo romántico alemán Johann Gottfried Herder.

En el movimiento literario y filosófico al que dio inicio el Romanticismo europeo —y que, debido a la rápida mutabilidad de sus sentimientos se conoció como Sturm und Drang, es decir, «tormenta e ímpetu»—, Herder profundizó en la idea de que el pueblo alemán se encuentra unido por un espíritu que, por encima de todo, se encarna en la lengua y la literatura alemanas, exactamente igual que Robbie Burns consideraba que Escocia hablaba a través de sus versos. A comienzos del siglo XIX, sir Walter Scott recopiló las canciones populares de Escocia en su *Minstrelsy of the Scottish Border*, con el objetivo, como él mismo expresó, de «contribuir de algún modo a la historia de mi país natal». A medida que la alfabetización y los medios impresos se extendieron por grandes territorios, cada vez más gente común pudo empezar a pensarse a sí misma como alguien que compartía la vida de una gran comunidad de conciudadanos... en parte leyendo a autores como Burns y Scott. Con el avance del siglo XIX, la idea central fue ganando importancia. Con su llamada a «despertar el alma de Italia», Giuseppe Mazzini, patriota revolucionario genovés, ardiente republicano y fundador de la sociedad secreta Joven Italia, fue una inspiración para muchos.

En la Trieste de Schmitz, sin embargo, muchas personas habrían preferido que el alma de Italia se mantuviera dormida. La ciudad, igual que el Imperio, estaba compuesta por un conjunto heterogéneo de pueblos. La mayoría de ellos hablaba alemán o triestino, un dialecto local del italiano, pero, como ya he comentado, en las zonas rurales en torno a la ciudad muchas personas hablaban esloveno.[11] Los nacionalismos eslavo e italiano tuvieron que competir con unos alemanes cultos que defendían la condición cosmopolita de un Imperio austrohúngaro plurinacional. En 1847, en una cena en honor de Richard Cobden, el estadista liberal austríaco Karl Ludwig von Bruck exclamó de forma audible: «Somos triestinos; somos cosmopolitas; [...] no tenemos nada que ver con las nacionalidades italiana y alemana».[12]

Pero Ettore Schmitz, a pesar de tener un padre alemán, una educación teutona y ciudadanía austríaca, no hizo oídos sordos a la llamada de Mazzini para despertar el alma de Italia. Lady Isabel Burton, cuyo marido fue cónsul británico en Trieste en las décadas de 1870 y 1880, contaría que la mayor parte de los judíos de Trieste se habían alineado con lo que ella llamaba los *italianissimi*, los más italianos de todos los italianos.[13] Schmitz hizo otro tanto. Cuando comenzó su carrera literaria, decidió escribir, con gran esfuerzo, en italiano estándar. Aunque no exactamente como un italiano, porque publicó con el nombre de Italo Svevo, que significa «suavo italiano». Puesto que Suabia es una región del sur de Alemania, se trata de una referencia no demasiado sutil a su doble ascendencia.

Es muy probable que no hubiéramos llegado a saber gran cosa sobre Italo Svevo de no ser por un irlandés que vivió en Trieste entre 1904 y 1920 y que le enseñó inglés. Se llamaba James Joyce, y él mismo tuvo una relación muy complicada con el nacionalismo. Joyce leyó el manuscrito de su largo relato «Los muertos» a Svevo y a su mujer, Livia, y fue recompensado no solo con elogios sino también con un ramo de flores del jardín de esta última.[14] En la historia, la señorita Ivors, nacionalista irlandesa, le dice a Gabriel, el protagonista —que desea viajar a «Francia, Bélgica o quizá Alemania»—, que lo que tiene que hacer es visitar su «propia tierra» para conocer su «propio país». En la literatura de la época, los temas nacionalistas estaban muy presentes.

Svevo fue uno de los primeros grandes admiradores de la obra de Joyce, y Joyce le devolvió el favor. Años después, leyó *La coscienza di Zeno*, libro que Svevo se había autoeditado, y lo dejó tan admirado que organizó su traducción y publicación en París, donde entonces residía. Nadie había prestado mucha atención a la edición italiana del libro, ni siquiera en Italia. El italiano escrito de Svevo, influido por el triestino, era, según dijeron los críticos, imperfecto. Sería el equivalente a que un inglés se quejara del inglés de Robert Burns. La traducción francesa impulsada por Joyce fue ampliamente elogiada y *La conciencia de Zeno* sigue considerándose, con justicia, una de las grandes novelas del modernismo europeo.

Svevo es un emblema de la complejidad de las identidades nacionales y culturales de la vida moderna. El hecho de que fuera un judío cosmopolita, habitante de una ciudad moderna, lo volvió perfecto para otro propósito, el de servir como modelo fundamental del personaje de Leopold Bloom, protagonista de *Ulises*, la obra maestra de Joyce, que relata un día en la vida de un judío no practicante de Dublín que vive rodeado de católicos. Bloom aparece descrito como un hombre de apetitos fuertes; cuando nos lo presenta por primera vez, Joyce nos dice que «comía con fruición órganos internos de bestias y aves». Pero sobre todo es, igual que Svevo, un hombre que deambula por su propia ciudad absorbiendo sus paisajes, sus olores y sus sonidos.

Umberto Saba, otro escritor judío-católico de Trieste, escribió una vez que «Svevo podría haber escrito bien en alemán; pero prefirió escribir mal en italiano».[15] ¿Cómo eligió Italo Svevo, entre sus posibles lealtades, una identidad literaria? No sentía un vínculo real con Austria y no le entusiasmaba la idea de cumplir el servicio militar por la causa del emperador. El pequeño Ettore estaba circuncidado según la tradición y su padre era un miembro prominente de su sinagoga; antes de ingresar en un internado bávaro, Ettore había asistido a un colegio judío y había aprendido hebreo. Pero, en una actitud que compartía también con Kafka, su judaísmo le importaba más como un asunto cultural o incluso de dislocación cultural que de fe. A pesar de su conversión por cortesía al catolicismo, en realidad fue ateo durante toda su vida adulta. En cualquier caso, como judío asimilado no habría considerado escribir ni en hebreo ni en yiddish —algo que estaban empezando a hacer otros escritores judíos europeos de la época, como Sholem Aleichem o Sholem Asch— porque, en primer lugar, eran lenguas que en realidad no dominaba. Trieste estaba en el Adriático, aunque fuera parte de Mitteleuropa.[16]

No hay duda de que el nombre de Svevo estaba destinado a reflejar tanto sus deudas alemanas como sus lealtades italianas; pero el anhelo de *italianità* que sentía fue algo común en Trieste. Este contexto puede observarse bien en un momento de *La conciencia de Zeno*, que revela la interacción de las identidades triestina, alemana e italiana. Zeno está enamorado de Ada, quien a su vez está enamorada de un atractivo joven llamado Guido Speier. Cuando Ada los presenta, Zeno esboza una sonrisa forzada. Después, dice:

> Mi sonrisa se volvió más espontánea, porque al instante se me presentaba la ocasión de decirle algo desagradable:
> —¿Es usted alemán?
> Me dijo, cortés, que reconocía que por el nombre todo el mundo podía considerarlo tal, pero, en realidad, los documentos de su familia probaban que era italiana desde hacía varios siglos. Hablaba italiano con gran naturalidad, mientras que Ada y yo estábamos condenados a nuestro dialectucho.[17]

Nuestro suabo italiano se regodea en esos momentos de autodesprecio, pero, casi a su pesar, refleja el encanto de la propia Trieste en toda su multiplicidad. Aunque en un momento se refiere a la ciudad como un *crogiolo assimilatore* —un crisol asimilador—, Svevo sabía cuánto de ella permanecía sin mezclar. Su Zeno es, sobre todo, un paseante de la ciudad, un *boulevardier* y un caminante que deambula de un barrio a otro. También es un hombre en perpetua lucha con su propia falta de resolución, que siempre fuma el «último cigarrillo», que traiciona de forma contumaz sus ideales y escudriña sin cesar sus propios prejuicios y sus preferencias, como si se tratara de un etnógrafo inquisidor. Desea confrontarse con verdades incómodas, ponerse de lado de la realidad, por mucho que escueza.

Y la realidad de la variedad lingüística y cultural en el seno de una comunidad, nos recuerda Svevo, puede estar en tensión con esa visión nacionalista y romántica de la existencia de una comunidad unida por su lengua y su cultura. De hecho, esta tensión es la regla, no la excepción.

TENSIONES

Regresemos a Escocia, la tierra natal de Robert Burns. Durante cientos de años ha sido un país con más de una lengua (el gaélico, el lallans o escocés y el inglés) y con más de una religión (la Iglesia de Escocia, la anglicana y la católica), con diferencias regionales entre las culturas de las Highlands y las Lowlands, los archipiélagos y tierra firme, el campo y las ciudades, e incluso entre Edimburgo y Glasgow. Lo que los escoceses tienen en común, en gran parte, es el más de un milenio de conexión institucional con la corona de Escocia; las trovas fronterizas de Scott y los versos en lallans «mezclado» de Burns tienen poco que ver con la canción popular gaélica. Los escoceses no comparten de forma amplia muchas de las cosas que se identifican con la cultura escocesa. Hoy, menos de sesenta mil hablan gaélico, que hace quinientos años que dejó de ser la lengua materna de la mayoría de la población. Se habla de Escocia como la tierra de la Protestant Kirk o Iglesia de Escocia, pero, en Glasgow, la ciudad más grande del país, los católicos superan en número a los fieles de la Kirk. Y, como ocurre en gran parte de Europa, Escocia cuenta con una presencia judía largamente establecida, así como con una creciente población musulmana.

Lo escocés tampoco pertenece en exclusiva al territorio de Escocia. Los escoceses desempeñaron un papel muy importante en la creación y la gestión del Imperio británico. Si, desde Glasgow, se viaja hacia el noroeste y se toma el barco desde Oban hasta la pequeña isla de Colonsay, con un paisaje de rocas y turba y un milagroso jardín de rododendros, cuya existencia posibilitan las cálidas aguas de la corriente del Golfo, se topará el hogar de lord Strathcona and Mount Royal. Strathcona es otro nombre para Glen Coe. Pero Mount Royal es Montreal, en Quebec, y el primer lord Strathcona, Donald Smith, que descendía de una familia de granjeros originaria de Knockando, al este de Inverness, fue gobernador general de Canadá. La Noche de Burns se celebra en comunidades escocesas de todo el mundo. En la Universidad de Nueva York, donde imparto clases, las ceremonias de graduación vienen acompañadas por una banda de gaiteros.

Toda esta complejidad no es, insisto, algo en lo que Escocia difiera de gran parte del resto de Europa. Inglaterra ha sido protestante y católica más o menos desde que se inventó esta diferencia. Cuando yo ingresé en la universidad en Inglaterra, al otro lado del pasillo había un chico que era estudiante de medicina, igual que yo, y venía de Newcastle. Los dos teníamos como lengua materna algo que recibía el nombre de inglés. Pero durante las primeras semanas del semestre yo apenas pude entender algo de lo que decía. Tuve que aprender su acento. Él entendía el mío, nada sorprendentemente, porque era igual que el de la radio. Las historias que la gente de Yorkshire cuenta con tanto ingenio son distintas de las tradiciones populares del suroeste de Inglaterra, como también lo son sus modismos. El carácter multicultural de ese país no se inició con la llegada de los antillanos en la década de 1950.

Estas complejidades internas son comunes en todo el mundo. Eugen Weber, el especialista estadounidense en historia de Europa nacido en Rumanía y educado en Gran Bretaña, enseñó a toda una generación de estudiantes de historia de Francia que, en fechas tan tardías como 1893, apenas una cuarta parte de los treinta millones de ciudadanos de la Francia metropolitana dominaba la lengua francesa.[18] Italia, como vimos, fue una creación de los monarcas de Saboya de mediados del siglo XIX, pero contenía una gran variedad de dialectos que eran ininteligibles entre sí. Aún hoy, se reconocen allí veinte dialectos regionales, por no hablar del amárico y del árabe que usan un número creciente de refugiados. Y por lo común, la versión de la lengua que se enseña en las escuelas y en la que se imprimen la mayoría de los periódicos se describe como *lingua toscana in bocca romana*, «la lengua toscana en boca romana».

Si ni siquiera los estados de Europa occidental en los que se desarrolló la ideología herderiana encajan en el molde del Estado nación monoétnico, es difícil encontrar algo parecido en ningún otro lugar. India, China e Indonesia tienen una enorme diversidad étnica, lo reconozcan o no. Todos los países de América, Estados Unidos incluido, convienen en que en su origen hay una multiplicidad de pueblos. Existen, sin duda, candidatos a estados herderianos; en Japón, el 99 por ciento de la población se identifica como japonesa.[19] Ahora bien, su escritura proviene del chino y la segunda religión con más adeptos, el budismo, viene de la India, y la web ethnologue.com enumera quince lenguas japonesas, incluida la lengua de signos nacional. Por regla general, la gente no vive en estados nación monoculturales, monoreligiosos y monolingües, y nunca lo ha hecho.

Dadas estas realidades, ¿cómo hemos lidiado con el hecho de que la autodeterminación —con capacidad de perturbar cualquier orden político imaginable— siga siendo un ideal sacrosanto? Pues con precaución y contradicciones. Pensemos en el último de los países reconocidos en Europa a partir del colapso de Yugoslavia. La ONU reconoce la «integridad territorial» de los estados existentes al tiempo que respalda el principio de autodeterminación. Contrapesando ambos principios, a petición de la Asamblea General de las Naciones Unidas, el Tribunal Internacional de Justicia declaró, en una opinión consultiva de 2010, que la declaración de independencia unilateral de Kosovo respetaba el derecho internacional. El representante británico en las Naciones Unidas mostró su acuerdo; la integridad territorial, dijo, estaba «cualificada por el principio de autodeterminación». Con el mismo espíritu, más de un centenar de países reconocieron a Kosovo como nación soberana. Los serbios, naturalmente, se opusieron, sosteniendo que se trataba de la «cuna» de su identidad nacional. Y nadie habló con más contundencia en defensa de la «integridad territorial» que Vladimir Putin.

Varios años más tarde, llegó el tema de Crimea y el referéndum del Estado de Crimea de 2014. Bajo la atenta vigilancia del ejército ruso, a los habitantes de la península de Crimea se les preguntó si querían unirse a la Federación de Rusia. Cuando se anunciaron los relativamente inverosímiles resultados (un 96,7 por ciento a favor de unirse a la federación, con una participación del 83 por ciento, en una región donde las cifras de participación electoral suelen estar en la mitad de ese porcentaje), la comunidad internacional se mostró dividida en cuanto a la aceptación del resultado. Como si se tratara de equipos de críquet que cambiasen de campo al final de una entrada, los defensores de la autodeterminación se convirtieron en defensores de la integridad territorial y el gran defensor de la integridad territorial, el Oso Ruso, se convirtió en un amenazante defensor de la autodeterminación. La Asamblea General de Naciones Unidas votó la condena del referéndum con un resultado de 100 a 11 y la abstención de 58 países.

Observemos, sin embargo, que nadie cuestionó directamente la premisa de que un pueblo tenga derecho a abandonar un sistema de gobierno y a formar su propio Estado. En vez de ello, los diplomáticos occidentales cuestionaron el procedimiento y la validez empírica del referéndum de Crimea. Pero también podían invocar el autogobierno contra el autogobierno. El argumento consistía en que debería haberse consultado a todo el pueblo ucraniano, y no solo a los residentes en Crimea. Y, de hecho, ¿acaso existía realmente un pueblo de Crimea al que consultar? Se trata de una estrategia consagrada, ya que lo que quiera el «pueblo» siempre va a depender de dónde se tracen los límites. Uno de los argumentos de Abraham Lincoln contra la secesión del sur era el mismo que emplea China contra la independencia tibetana y España contra la independencia catalana, a saber, que el pueblo, es decir, la mayoría de los ciudadanos de todo el país, no están a favor de ella.

Lo que quiero decir no es que todos estos casos sean iguales. Si no, más bien, que el ideal de soberanía nacional sigue siendo una profunda fuente de legitimidad, por más oscura e inestable que sea nuestra definición de pueblo. Nos enfrentamos aquí a la incoherencia que al comienzo de este capítulo prometí identificar; sí, «nosotros» tenemos derecho a la autodeterminación, pero esta idea solo puede guiarnos una vez hayamos decidido quiénes somos «nosotros»; y esta pregunta, como he defendido aquí, casi nunca tiene una única respuesta posible.

UNA CIUDAD ESTADO MODERNA

Así que siempre hay alguna elección que hacer para moldear una identidad nacional. Y el relato nacionalista romántico que dominó el periodo que va desde las guerras napoleónicas hasta mediados del siglo xx no es la única posibilidad que existe. Trieste, el único lugar hacia el que Svevo manifestó un sentimiento permanente de patria, fue oficialmente, durante varios años después de la Segunda Guerra Mundial, un territorio libre, una ciudad Estado; los defensores del actual movimiento Territorio Libre de Trieste destacan su naturaleza cultural plural, del mismo modo que insisten en la validez del acuerdo de 1947 que reconocía la independencia de Trieste al ponerla bajo el control directo del Consejo de Seguridad de la ONU. «Este territorio, encrucijada de las culturas latina, eslava y germánica, es intrínsecamente multicultural y multilingüe —alardea una organización defensora de la independencia—. Diversidad es riqueza.»[20] Parece que algunos triestinos siguen siendo cosmopolitas. Con toda probabilidad, el Ducado de Grand Fenwick —inventado en la novela *A Mouse that Roared*—,* conseguirá su plena soberanía antes que Trieste, y, sin embargo, al otro lado del mundo, existe una próspera ciudad Estado, nacida a mediados de la década de 1960, que se define a sí misma, en parte, a través de su heterogeneidad étnica.

Se trata de Singapur, y es un instructivo ejemplo de una identidad nacional que otorga una enorme importancia a lo plural de sus orígenes y a la complejidad de la pregunta «¿Quié-

---

* Novela satírica de Leonard Wibberley, que fue llevada al cine con la interpretación de Peter Sellers. No existe traducción al castellano de la novela, pero la película se llamó *Un golpe de gracia*. (*N. de la T.*)

nes somos?». La Ciudad de los Leones (*singa* significa «león» en malayo y *pura* es «ciudad» en sánscrito) había sido posesión británica desde principios del siglo xix, y los japoneses la ocuparon durante la Segunda Guerra Mundial; pero su existencia poscolonial empezó en 1963 como parte de la nueva Federación de Malasia, que representaba la unión de la Federación Malaya con las tres antiguas colonias británicas de Borneo Septentrional, Sarawak y Singapur, expulsada dos años después. Hay diversas razones por las que la unión no funcionó, pero la más sencilla empieza con el hecho de que la gente de Singapur era predominantemente de ascendencia china, mientras que el resto de la federación era aproximadamente dos tercios malayo. La Malasia independiente quería ser gobernada por malayos.

Singapur, por el contrario, tuvo que llegar a una forma muy distinta de entenderse a sí misma. En el verano de 1964, azotaron la isla unos disturbios raciales que, según se dijo, tenían su origen en el ataque perpetrado por personas chinas a una procesión formada por unos veinte mil malayos que celebraban el día del nacimiento del profeta Mahoma, y que terminó en actos de violencia generalizada. El resultado fue un trauma nacional que ha dado forma a la política interna de Singapur hasta el día de hoy.

La herencia lingüística y demográfica de la isla, ciertamente, nunca fue algo sencillo. A finales del periodo colonial, muchas de las familias chinas de la ciudad habían adoptado el inglés porque era la lengua franca del Gobierno y de la vida económica. Sin embargo, a principios del siglo xx, la mayoría de las familias hablaba en casa alguna forma de chino, no el mandarín, sino otros dialectos que no eran mutuamente inteligibles con aquel. El más común era una forma de chino mǐn nán (o hokkien), que empleaba unas dos quintas partes de la población, porque muchos chinos de Singapur provenían de la provincia de Fujian, al sureste de China, donde se hablan toda una variedad de dialectos del mǐn nán. Los chinos de Singapur hablaban también chaozhou, cantonés, hakka, hainanés y shanghainés.

También había personas de ascendencia mixta china y malaya, cuyas familias eran resultado de matrimonios entre los hombres chinos que habían emigrado a la península malaya entre los siglos xv y xvii y las mujeres malayas locales. Hablaban un criollo malayo llamado baba malay, que tenía muchas palabras prestadas del mǐn nán.[21] En los primeros años del siglo xx, sin embargo, los singapurenses de ascendencia china desarrollaron un sistema de escuelas donde se enseñaba mandarín y fomentaban su uso en la comunidad de ascendencia china, por lo que el conocimiento del mandarín aumentó durante todo el siglo. Allí, como en la China continental, el mandarín se convirtió para muchos en lengua de prestigio. Al final del milenio, cuatro de cada cinco personas que vivían en Singapur tenían la ciudadanía o un permiso de residencia permanente, y unas tres cuartas partes de estos residentes (y la mayoría de los no residentes) se identificaban como chinos.

Singapur es una isla del archipiélago malayo, y un segundo gran grupo de singapurenses tiene ascendencia malaya. Alrededor del 15 por ciento de los ciudadanos de Singapur se reconocen así, aunque sus dialectos ancestrales y sus lenguas son bastante diversos, pues provienen de muchas partes del mundo malayo.

Un tercer grupo de singapurenses deriva su ascendencia de la India, en su mayoría del sur, donde se habla tamil; otros provienen de otras partes del subcontinente y tienen otras lenguas natales. En total, cerca del 7,5 por ciento de los ciudadanos de Singapur se identifican como indios. Y, como en todas las sociedades modernas, también hay ciudadanos y residentes permanentes en Singapur cuyos antepasados provienen de otras partes del mundo.

Durante la independencia de Singapur, el partido gobernante respondió a esta complejidad étnica y lingüística con lo que podría parecernos una simplificación radical. A efectos gubernamentales, todos los ciudadanos fueron clasificados en uno de estos cuatro grupos «raciales»: chino, malayo, indio u otro, empleando lo que se dio en llamar el sistema CMIO (que corresponde a las siglas en inglés de chinese, malay, indian, other). Escoger como lengua del Gobierno alguna de las asociadas con cualquiera de estos grupos principales, especialmente en el caso del chino, hubiera perjudicado significativamente a los otros dos grupos principales. De modo que, con el objetivo de evitar conflictos étnicos, el Gobierno tomó la misma decisión que ya se había adoptado en muchos otros lugares de los antiguos imperios británico y francés; seguir usando la lengua colonial. También argumentaron que ser anglófona fortalecería la capacidad de la nación para tener una participación efectiva en el mundo de los negocios global, el alma de una ciudad portuaria.

Al mismo tiempo, el Gobierno adoptó otro conjunto de políticas. Aunque el inglés se convirtió en la lengua oficial de la burocracia, el malayo pasó a ser la lengua nacional, reconociendo así el estatus de los malayos como pueblo indígena de la región. El himno nacional está en malayo, igual que las órdenes de desfile de las fuerzas armadas de Singapur. Todos los ciudadanos aprenden inglés en el colegio. Quien sea chino o indio, también aprende mandarín o tamil, respectivamente. Los malayos estudian malayo. Todo el mundo tiene que ser como mínimo bilingüe; pero la segunda lengua la determina el origen étnico.

¿QUÉ IDIOMA? ¿QUÉ RELIGIÓN?

Podría pensarse que construir una identidad singapurense exigiría minimizar las diferencias étnicas y lingüísticas. Malasia, que está al lado, tenía una concepción étnica del Estado; era un país en el que los malayos, a los que se exigía legalmente que fueran musulmanes, ostentaban, tal como establece la Constitución, una «posición especial».[22] En cambio, Lee Kuan Yew, el primer jefe de Gobierno de Singapur, insistió en adoptar un modelo multirracial, multirreligioso y multicultural, para proveer a la nación de una identidad cohesiva. Se suponía también que la eficacia gubernamental y la ausencia de corrupción debían ser asimismo fuentes de legitimidad —y así fue— en una región que no podía permitirse lo contrario. En su calidad de constructores modernos de un Estado, los líderes de Singapur conocían el lenguaje de la identidad, y sabían que era esencial establecer algunos significados normativos para la etiqueta compartida de «singapurense». Puesto que los singapurenses aún no se consideraban un solo pueblo, el modelo romántico basado en un *Volksgeist* preexistente no podía ser un punto de partida. El país no era un pueblo, o al menos no aún. Pero podría ser una unión de pueblos. Todo lo que se necesitaba era un conjunto de compromisos prospectivos.

Lo que se desarrolló fue un sistema en el que cada grupo participaba de la vida nacional común, pero que a la vez estaba apuntalado en una vida comunal más íntima, a través del reconocimiento de las «lenguas maternas» en el caso de los principales grupos «raciales». El estado se aseguró de que los grupos C, M, I y O no se segregaran en exceso geográficamente; construyó una gran cantidad de vivienda pública y la asignó de modo que en cada uno de los grandes asentamientos convivieran personas de todos los grupos raciales oficiales.

Pero se recurría a algo más que a formas sutiles de persuasión. Cualquiera que hiciera en público comentarios negativos acerca de los hábitos de sus vecinos se arriesgaba a ser sancionado por sedición; porque, en virtud de la Ley de Sedición de Singapur, es delito «fomentar sentimientos de hostilidad u odio entre las diferentes razas o clases de la población de Singapur».[23] Se trata de una prohibición poderosa; después de todo, dado nuestro temperamento tribal, los comentarios sobre las diferencias siempre suponen un cierto riesgo de creación de animadversión. En 2012, por ejemplo, una integrante veterana del Congreso Nacional de Sindicatos y residente permanente de ascendencia china fue despedida por quejarse de la celebración de una boda malaya en la zona común de su edificio (zona que en Singapur recibe el nombre de *void deck*). Sus publicaciones de Facebook, plagadas de insultos, acusaban a los malayos de tacaños (si pagaran «por una boda de verdad», se quejaba, «quizá no tendrían una tasa de divorcio tan alta») y de desconsiderados. «¿Cómo puede permitir la sociedad que las personas se casen por 50 dólares?», continuaba.

No se trata, claramente, de los sentimientos de alguien que guarda una visión justa y equilibrada de los malayos, y no solo porque la tasa de divorcio entre los musulmanes de Singapur —y la mayoría de los malayos son musulmanes— esté por debajo de la media y recientemente haya descendido aún más. Así que no resulta sorprendente que dichas publicaciones, que tuvieron una amplia difusión, causaran indignación, o que las quejas que recibió su jefe le costaran a la mujer su trabajo al día siguiente. Pero las cosas podrían haber sido mucho peores para ella. Tres años antes, una pareja cristiana evangélica de Singapur fue acusada de violar la Ley de Sedición (y la Ley de Publicaciones Indeseables) por enviar folletos que criticaban el islam y el catolicismo y los denigraban como falsas religiones; fueron condenados a dieciséis semanas de prisión. A raíz de las publicaciones hostiles que la mujer del Congreso Nacional de Sindicatos había publicado en Facebook, el secretario de un Círculo de Confianza Religiosa e Interracial interpuso una queja ante la policía, que hizo una visita a la demandada y le presentó una advertencia. Ella entendió la indirecta y regresó a Australia, donde había nacido.[24] Es un precio muy alto por publicar una publicación hostil en la web, pero la intensidad de la respuesta refleja la sensibilidad de Singapur. La policía no tiene que vigilar las redes sociales singapurenses en busca de expresiones de prejuicio racial, ya que los ciudadanos que apoyan las políticas de la nación no tardan en informar a las autoridades. Y, por tanto, como es de esperar, en ocasiones hacer observaciones de carácter menos intolerante sobre otros grupos también pueden traerte problemas.

La política de «una raza una lengua materna» también ha tenido algunas consecuencias desafortunadas. Puede ocurrir que los abuelos que hablan mǐn nán carezcan de una lengua en común con sus nietos, educados en mandarín; los indios naturalizados de habla hindi tienen hijos que hablan tamil, y después están los niños cuyos progenitores son chinos e indios. Al tiempo, el único idioma distintivamente singapurense, el criollo inglés-malayo-chino-tamil llamado singlish, ha sido objeto de reprobación oficial. En resumen, lo que determina cuál es «tu» lengua no es la que hables en realidad, ni tú ni tus antepasados, sino la que corresponda a la identidad que el Estado te haya otorgado. Nadie puede negar que el sistema CMIO refleja las ideas existentes sobre la identidad étnica en Singapur; si no hubiera sido así, no habría funcionado en absoluto. Pero implica una simplificación radical de una realidad etnolingüística muy compleja.

Hasta ahora, solo he comentado la diversidad de los orígenes y lenguas de los singapurenses. Podría haber subrayado también el aspecto religioso. Muchos malayos de Singapur y algunos indios son musulmanes; aproximadamente uno de cada siete residentes oficiales. La magnífica mezquita del Sultán en North Bridge Road tiene casi un siglo de antigüedad, se construyó para reemplazar a una mezquita anterior —que a su vez tenía un siglo de antigüedad—, que se había quedado demasiado pequeña para todos los sunitas de Singapur. Hay coloridos templos hindúes, dedicados a Ganesha, Shiva y Vishnu, entre otros dioses del panteón hindú, que sirven a los residentes hindúes, uno de cada veinte. Aproximadamente un tercio de los singapurenses son budistas, y el templo de la Reliquia del Diente del Buda, en la South Bridge Road de Chinatown, alza sus magníficos techos rojos en el estilo Tang que se desarrolló en la última parte del primer milenio de la era común, aunque la mezquita se terminase en 2007. Pueden encontrarse iglesias católicas, protestantes y ortodoxas orientales, así como escuelas presbiterianas, anglicanas y metodistas, que sirven a los casi uno de cada cinco singapurenses que son cristianos. Uno de cada diez habitantes de Singapur se adhiere oficialmente al taoísmo, y el templo de Thian Hock Keng se remonta a principios del siglo XIX. Pero el budismo y el taoísmo se entremezclan; y muchas familias chinas tienen en casa altares ancestrales y realizan rituales para honrar a sus antepasados, cualquiera que sea su filiación religiosa pública. ¿He mencionado las dos sinagogas judías que han sido nombradas monumento nacional?

EL SÍNDROME DE MEDUSA

Una isla de mayoría china rodeada por un océano de islas malayas; un país con una minoría musulmana rodeado por Malasia e Indonesia, uno de los cuales es un Estado constitucionalmente islámico, mientras que el otro es oficialmente laico, pero con la mayor población musulmana del mundo; una población de menos de seis millones de personas, cuyos vecinos de mayor tamaño suman, respectivamente, más de treinta millones y más de doscientos sesenta millones. En estas circunstancias, supongo que no resulta sorprendente que las leyes de Singapur repriman la discusión de tensiones raciales y religiosas. El deseo de mantener las cosas en orden en la esfera de la raza, la lengua y la religión se traduce en una forma de tomarse con mucha seriedad las infracciones y en una severa limitación de la capacidad de crítica política al Gobierno.

Los extraordinarios esfuerzos de Singapur para evitar las fracturas internas, a través de un proyecto nacional de respetuoso acomodo de las diferencias raciales y religiosas, encarna la promesa y los peligros de lo que el filósofo canadiense Charles Taylor ha llamado las «políticas de reconocimiento». En ese modelo, las diversas identidades reciben reconocimiento público por parte del Estado. Promesa y peligros, ya que reconocer es respetar, pero es también, por volver a uno de mis temas, esencializar.

Cuando el Estado nos mira —con sus documentos de identidad, sus convenios educativos y demás instrumentos de reconocimiento—, invariablemente fija y hace rígido un fenómeno que no es ni fijo ni rígido. Yo lo he llamado el «síndrome de Medusa», aquello sobre lo que el Estado deja caer su mirada, tiende a convertirse en piedra.[25] Lo que termina haciendo es esculpir lo que pretendía solo reconocer. La estrategia, tal como hemos aprendido, resulta inadecuada para la complejidad que entraña el mundo real, para formar identidades que crecen plisadas como un acordeón, llenas de pliegues y fisuras. Pero puede que esta sea la única estrategia que tiene un Estado nación como este. Andados los años, los discursos de Lee Kuan Yew se fueron centrando menos en los valores y las aspiraciones y más en las políticas públicas, precisamente porque la identidad singapurense se había estabilizado hasta cierto punto. Si bien el Estado que había creado resultaba, según los estándares de la democracia liberal europea, vigilante e intrusivo, también había conseguido convencer a la mayoría de sus ciudadanos de que se habían embarcado juntos en un proyecto nacional de importancia. Un conocido mío decía que la gente de Singapur sentía que se la vigilaba, pero también que se la veía. La muerte de Lee Kuan Yew en 2015 produjo una efusión de dolor inmensa y genuina en el país. Se declaró luto nacional durante una semana entera, con las banderas a media asta. Cerca de cuatrocientas cincuenta mil personas desfilaron ante su ataúd en el Parlamento durante tres días con sus noches, y el transporte público funcionó las veinticuatro horas para posibilitar estas visitas. Pero el silencio impuesto por el Estado sobre las dificultades intergrupales permanece. Siempre hay alguien vigilando, y los singapurenses más jóvenes quizá no estén ya tan contentos con que se los vea.

Proponerse gobernar las identidades es proponerse gobernar lo ingobernable. Se haga lo que haga, la gente común ignorará los límites que se establezcan. En la primera década de este milenio, en Singapur casi llegaron a duplicarse las tasas de matrimonios interraciales.[26] Ahora, un cuarto de los nuevos matrimonios cruzan las fronteras entre C, M, I y O. No estoy diciendo que el Gobierno de Singapur deba ignorar las identidades étnicas y religiosas, pero en algún momento tendrá que reconocer que ya no es solo la sociedad la que es multirracial; cada vez más de sus ciudadanos también lo son.

ESCAPAR DEL IMPERIO

Antes he descrito una serie de estados nacionales que surgieron de una era imperial. En las décadas posteriores a la creación de Singapur, muchos teóricos de la globalización predijeron la reversión del proceso; el Estado nación, nos decían, se vería rebajado a un puesto de gerencia media, convertido en un mero nodo en el vastísimo flujo transnacional de capital y trabajo, tratados bancarios, pactos comerciales y acuerdos de seguridad supranacionales necesarios ante los adversarios transnacionales, desde cárteles de la droga hasta terroristas. La era de las naciones sería superada por la era de la red.

Lo que hoy vemos por doquier, sin embargo, son fuerzas de resistencia ante ese tipo de globalización. Boris Johnson, primer alcalde de Londres y, después, secretario de Asuntos Exteriores de Reino Unido supo aprovecharlas a su favor cuando, en 2016, afirmó que el Brexit tenía que ver «con el derecho de la gente de este país a decidir su propio destino». Pero ¿de quiénes estaba hablando? No sería de los escoceses, que votaron abrumadoramente en contra de que Reino Unido saliera de Europa; de hecho, dos años antes, más del 40 por ciento de ellos había votado a favor de salirse de Reino Unido; tampoco de los londinenses, que también votaron abrumadoramente a favor de quedarse. ¿Quiénes son «nosotros»?

Si bien es cierto que el nacionalismo Brexit encerraba una tendencia chauvinista y provinciana, en otras partes del mundo podemos encontrar formas de nacionalismo más duro y manifiesto. En la India, el partido del gobierno, el BJP (Bharatiya Janata Party) se ha hecho con una base de seguidores que defienden que solo la *hindutva* (la «hinduidad»), la supuesta unidad de idioma, religión y cultura, puede mantener unida a la nación. Presentar, en un mitin del BJP, argumentos en defensa de la idea de que el hinduismo puede ser una invención británica del siglo XIX sería muy mala idea. En Austria, el Partido de la Libertad, que ganó más de un cuarto de los votos en las elecciones legislativas de 2017, afirma que la patria austríaca, la *heimat*, se mantiene unida por medio de su herencia germana. En Hungría, en Polonia y en otros lugares, los partidos gobernantes han hecho declaraciones similares; defienden los «valores cristianos» frente a los inmigrantes de Oriente Medio, denuncian a los «eurócratas» y exaltan la pureza del patrimonio nacional. En su concepción política, la red no funciona. Y, al defender estas formas de nacionalismo, niegan a las minorías étnicas y religiosas, como los romaníes o los musulmanes, un espacio de igualdad dentro de su nación. Tal como señala el teórico político Jan-Werner Mueller, los populistas afirman representar al 100 por ciento del pueblo, y tachan a sus oponentes de inauténticos y traidores del pueblo o de extranjeros, sin considerarlos en absoluto parte del pueblo.[27]

Estos vectores de respuesta tienen precursores. No es sorprendente saber, dado su agudo realismo, que Ettore Schmitz no se sintió muy conmovido por estas prédicas de pureza. Hacia el final de su vida, el estado italiano había comenzado a presionar a los nuevos ciudadanos como él para que adoptaran apellidos italianos. Schmitz se ofreció voluntario para cambiar su nombre a su seudónimo, Italo Svevo. Lo rechazaron; el nuevo nombre italiano debía ser una traducción del antiguo nombre según el diccionario. Schmitz se negó. «Ya tengo dos nombres; ¿para qué quiero un tercero?», protestó. Su amor por la italianidad tenía un límite. Pero una vez rechazamos la idea de que existe una unidad natural que conforma a los países lo que nos queda es una incertidumbre: ¿Qué es lo que mantiene unidos a los países?

INVENTAR NACIONES

Singapur implementó una solución muy verticalista, de arriba abajo. Ghana —país que solo tiene siete años más— probó con otra, significativamente más relajada y orgánica. Mi padre, instigador anticolonial y líder en la lucha por la independencia de Ghana, publicó una vez un artículo en un periódico, con el título de «¿Vale la pena morir por Ghana?». Para él, solo merecía la pena hacerse esta pregunta en términos retóricos; su respuesta, por supuesto, era que sí. Y no se lo planteaba en abstracto. Cuando Jerry Rawlings llegó al poder con el golpe de Estado de 1979, mi padre fue arrollado por las detenciones masivas que siguieron. Terminó compartiendo celda con un amigo suyo, el general Akwasi Afrifa, que había liderado el primer golpe de Estado en Ghana, ocurrido en 1966, y que había terminado con la destitución del presidente Nkrumah. Una mañana se llevaron a Afrifa y lo mataron. Mi padre sobrevivió solo porque consiguió persuadir al grupo de soldados enfurecidos de que todo lo que había hecho había sido en servicio de Ghana. Tal vez lo ayudara su experiencia como abogado en los tribunales. Aun así, se libró por los pelos.

Pero veamos, ¿por qué habría muerto exactamente mi patriótico padre? Igual que en Singapur, la identidad nacional es un asunto muy complejo. Singapur tiene su sistema CMIO y varias religiones. Sin embargo, en comparación con Ghana, la variedad parece más bien modesta. Más de la mitad de la población es cristiana, más de una cuarta parte es musulmana y mucha gente, incluidos quienes se consideran cristianos o musulmanes, sigue aún alguna de las muchas tradiciones religiosas locales. Pero tenemos gente de casi todas las creencias; en la capital, Accra, hay un nuevo templo mormón enorme, y, a poco más de quince kilómetros al noroeste, se encuentra uno de los templos budistas nichiren shoshu más grandes que hay fuera de Japón. La única rareza religiosa es el ateísmo. En cuanto a diversidad lingüística, en Ghana hay nueve lenguas apoyadas por el Gobierno, pero hay hasta veintitrés lenguas del país con más de cincuenta mil hablantes y, en total, existen en él aproximadamente unos ochenta idiomas. De los veintiocho millones de habitantes de Ghana, más de diecisiete millones hablan twi, la lengua indígena más común, que tiene tres dialectos principales; y casi cuatro millones tienen alguna forma de ewé como lengua materna; pero el idioma más hablado es el inglés, la lengua del Gobierno. Es la lengua de Ghana, pero, podría decirse, no la de ninguno de los pueblos de Ghana.

Mantener la lengua colonial a efectos gubernativos ha sido, como he dicho, política común en las antiguas colonias francesas y británicas. En África Oriental, países como Kenia, Uganda y Tanzania emplean también el swahili, que se ha extendido por toda la región como *lingua franca* comercial; este idioma funciona porque, a pesar de que solo es la lengua materna de unos pocos millones de personas, la mayoría de sus entre cincuenta y cien millones de hablantes no lo asocian con su origen étnico. Por lo tanto, no se considera que privilegie a un grupo étnico. Por el contrario, y a pesar de ser la lengua materna más hablada de Ghana, habría sido difícil aceptar el twi como idioma nacional, dado que, para muchos ghaneses, era la lengua del Imperio ashanti, que había sido el amo y señor imperial antes que el británico.

Debido a esta diversidad y difusión, los ghaneses, igual que los singapurenses, son perfectamente conscientes de no ser un pueblo herderiano con una única historia y cultura, un único *Volksgeist* unificador. Pero eso no hace que nadie deje de considerarse ghanés en las elecciones o durante los Juegos Olímpicos o la Copa Mundial de Fútbol o cuando viajan o se instalan en el extranjero. Los ghaneses viven por todo el mundo; hay cientos de miles en Nigeria, cerca de cien mil en Estados Unidos y Reino Unido y miles de ellos en los Países Bajos, Sudáfrica y una gran cantidad de otros países. No es necesario ser ashanti para sentirse orgulloso del antiguo secretario general de la ONU, Kofi Annan, ni ser fante para enorgullecerse de las novelas de Ama Ata Aidoo. Y, hoy, ghaneses de todo el mundo visten con orgullo el *kente*, una tela de seda que se teje en Bonwire, cerca de Kumasi. Y, así, poco a poco los ghaneses se están convirtiendo en un pueblo, unidos en el transcurso de unas pocas décadas, igual que ha ocurrido con los escoceses a lo largo de siglos, por el hecho de convivir bajo un mismo Gobierno. Lo que importa es este proceso.

Así, para mi padre, la conciencia nacional no era un mineral que debía extraerse como la bauxita; era una tela que había que tejer, como..., bueno, como el *kente*. Mi padre habría estado de acuerdo con el comentario de Svevo de que «inventar es crear, no mentir».[28] La identidad nacional no exige que seamos todos iguales de antemano. Sin embargo, con fines gubernativos, los ciudadanos deben tener una lengua común. Al desarrollar el sistema de educación nacional, el Estado tiene que elegir los dialectos de las lenguas que deben estudiarse. Sería bueno que en las clases de historia se explicara por qué este pueblo en concreto se agrupó en este Estado, y un Gobierno que estuviera interesado en que los ciudadanos actúen y sientan en común, vería con agrado una historia que los relacione. Con una población diversa, con filigranas de historias y tradiciones locales que pueden resultar potencialmente divisivas, quizá sea necesario pasar por encima de las conflictivas afirmaciones sobre la verdad. Ernest Renan, el historiador y patriota francés conservador, declaró, en 1882: «El olvido y, diría incluso, el error histórico, es un elemento esencial en la creación de una nación».[29]

Si reconocemos que todas las naciones han sido inventadas, veremos que siempre son reinventadas. Hubo un tiempo en que, para ser inglés, uno tenía que pensar que sus antepasados aparecían registrados hace un milenio en el *Libro de Winchester*. Hoy, alguien que se llame Rohit, Pavel, Muhammad o Kwame puede ser inglés. Hubo un tiempo en que la Iglesia anglicana definía lo inglés; hoy, hay una variedad de credos encarnados en los equipos ingleses de un partido amistoso de críquet. Hoy, un escocés de piel morena cuyo abuelo llegó de Mumbai puede enorgullecerse de la Ilustración escocesa o emocionarse con la historia de la batalla de Bannockburn.

Pero, como también afirmó Renan, lo que realmente importa en la creación de una nación, más allá de estos relatos compartidos, es «la clara expresión del deseo de continuar la vida en común». Por eso dijo que la existencia de una nación «es, si se me permite la metáfora, un plebiscito diario».[30] Lo que hace de «nosotros» un pueblo es, en última instancia, el compromiso de gobernar nuestra vida común juntos.

DIFICULTADES DEMOCRÁTICAS

Esto representa un desafío formidable para las democracias liberales. Los estados liberales dependen de un credo cívico que es a la vez sólido e impreciso; lo bastante sólido como para que la ciudadanía tenga un sentido y lo bastante impreciso como para que pueda ser compartido por personas de distintas filiaciones religiosas y étnicas. El Estado romántico podría concebirse a sí mismo con orgullo como la emanación de la conciencia primordial de un *Volk*; el Estado liberal tiene que arreglárselas con mucha menos palabrería mística. El Estado romántico podría ser tan audaz como para identificarse con la «voluntad general»; los estados liberales deben contentarse con un voluntarismo general. El Estado romántico enardecía a sus ciudadanos a la excitante voz de «¡Un solo pueblo!». El verdadero himno del Estado liberal es: «Podemos hacer que esto funcione».

Y a menudo, sí que podemos. Los estadounidenses saben desde hace tiempo lo que muchos europeos empiezan a entender ahora; que podemos mantenernos unidos sin tener una religión común ni la ilusión de un pasado en común. En la segunda década del siglo XXI, han crecido en Europa diversos movimientos independentistas, desde Caledonia hasta Cataluña. Ni la lógica de la integridad territorial ni la de la soberanía nacional pueden resolver estas cuestiones. Pero los argumentos tampoco pueden apelar a ningún espíritu ancestral del Pueblo; la realidad de todas las naciones modernas es que la unidad política nunca se sustenta en una comunidad nacional preexistente. Lo que une a los ciudadanos es el compromiso, mediante el plebiscito diario del que hablaba Renan, de compartir la vida de un Estado moderno, unido por sus instituciones, procedimientos y preceptos.

Mi padre, que subtituló sus memorias como «Autobiografía de un patriota africano», solía celebrar la Noche de Burns. Pero ni aun después de pasársela entera echándose whiskys al coleto se engañaba pensando que era escocés. Tan solo admiraba los principios del poeta, aparte de su poesía. Porque cuando Burns retrató a Robert the Bruce reclamando lealtad a sus seguidores, no lo hizo, con buen criterio, en nombre de alguna identidad escocesa, sino en nombre de la libertad.

Quien por el rey y la ley de Escocia
Desenvaine con determinación la espada de la libertad
Vivirá como un hombre libre o caerá como un hombre libre
¡Que me siga! [31]

Por muy ardientes que fueran sus sentimientos románticos hacia el espíritu nacional, Burns sabía que Escocia no era un destino, sino un proyecto.

A medida que en Europa se alza de nuevo una espumosa marea de nacionalismo de derechas, estamos obligados a pensar en la aparente fragilidad del pluralismo. Hay pocas personas que hayan sentido esto de forma más punzante que Italo Svevo, que durante la Primera Guerra Mundial fue sometido regularmente a interrogatorios por parte de las autoridades austríacas y que, después, no se vio menos incomodado por las políticas de italianización.[32] Como Zeno, su mayor creación, Svevo jamás fue tan feliz como cuando paseaba por los barrios diversos de Trieste. Ironista empedernido, le favorecía ser un poco judío, un poco alemán y, al final, solo un poco italiano. Para Svevo, quien en el fondo era un hombre sin país y sin causa, la vida consistía en bailar con las ambigüedades. Y cuando, después de su muerte, el fascismo convulsionó a Europa, su pueblo se dio de bruces contra unas fuerzas que detestaban la ambigüedad y veneraban las certezas; se obligó a su esposa católica, Livia, a registrarse como judía, mientras que sus nietos fueron fusilados como partisanos o murieron de hambre en los campos de concentración.

Con todo, Italo Svevo permanece aún con nosotros en los cánones de nuestra cultura. Está claro que el tipo de modernidad tolerante, pluralista, autocrítica y cosmopolita que encarnó vive hoy bajo asedio. Los confesos de la ambivalencia siempre se verán en desventaja ante los fervientes partidarios del nativismo. Pero entender las complejas lealtades de Svevo es, también, comprender que no estamos obligados a aceptar la elección entre globalismo y patriotismo. Las unidades que creamos parecen ir mejor cuando nos hacemos cargo de la enrevesada realidad de nuestras diferencias.

4
Color

Algunos ven a nuestra oscura raza con ojo desdeñoso,
«Su color es un hito diabólico.»
Recordad, cristianos, negros, tanto como Caín,
Podrán ser refinados, y unirse al angélico tren.

PHILLIS WHEATLEY, «On Being Brought
from Africa to America», 1773

En 1707, un niño de no más de cinco años dejó Axim, en la Costa de Oro africana, camino de Amsterdam, a bordo de un barco que pertenecía a la Compañía Holandesa de las Indias Occidentales. En aquellos días, el viaje a Europa se prolongaba durante muchas semanas, pero su llegada al puerto holandés no supuso el final de su periplo. Después tuvo que recorrer otros pocos cientos de kilómetros hasta Wolfenbüttel, el hogar de Anton Ulrich, duque de Brunswick-Wolfenbüttel. Anton Ulrich fue uno de los mayores mecenas de la Ilustración europea. Su bibliotecario era Gottfried Leibniz, uno de los principales filósofos, matemáticos e inventores de su época, y creador del cálculo infinitesimal junto con Isaac Newton, y la biblioteca ducal de Wolfenbüttel que administraba una de las colecciones de libros más impresionantes del mundo.

Parece ser que al duque se le había ofrecido el niño como «regalo» y que este, a su vez, entregó al niño a su hijo, August Wilhelm; la primera vez que tenemos noticia de él es como miembro de la casa de este último. Desde su bautismo hasta 1735, el niño permaneció bajo la tutela de los duques de Brunswick-Wolfenbüttel, pues a Anton Ulrich le sucedió August Wilhelm y a este le sucedió, a su vez, su hermano Ludwig Rudolf. No hay duda de que, en la infancia, el chico debió de conocer a Leibniz, quien, como él, vivía bajo su patrocinio.

No sabemos qué estatus tenía ese niño africano; ¿lo habían esclavizado?, ¿lo habían enviado los misioneros para que recibiera una educación cristiana? Lo que sí sabemos es que Anton Ulrich se tomó un interés especial por él, se preocupó por su educación y, en el momento de su bautismo, le dio tanto su nombre cristiano como el segundo nombre de su hijo, y así es como el joven llegó a ser conocido como Anton Wilhem. Parece ser que los duques aprovecharon la ocasión de tener como regalo a un niño africano para desarrollar uno de esos célebres experimentos de la Ilustración, con el objetivo de comprobar si un africano podía entender y hacer alguna contribución a la ciencia académica moderna. Quizá la familia ducal estaba al tanto de otro experimento similar que había comenzado pocos años antes, cuando el zar Pedro el Grande de Rusia tomó como ahijado a un esclavo africano y le dio el nombre de Hannibal. Este llegó a ser un general de gran éxito entre las tropas rusas y fue bisabuelo de Alexander Pushkin, el fundador de la literatura rusa moderna. Pushkin empezó a escribir una novela titulada *El moro de Pedro el Grande*, aunque no la terminó.

No estamos seguros de en qué momento empezó Anton Wilhelm a usar su nombre nzema, Amo. En su confirmación, los registros de la iglesia en Wolfenbüttel se refieren a él como Anton Wilhelm Rudolph Mohre (*mohr*, «moro» era una de las formas en las que los alemanes se referían entonces a los africanos). Pero, más adelante, él se refirió a menudo a sí mismo como Anton Wilhelm Amo Afer, empleando el término para «africano» en latín, la lengua erudita europea. Es decir, quería ser conocido como Amo el Africano.

El experimento con el joven africano tiene que considerarse un éxito. Lo que conocemos de sus primeros años de educación son solo retazos, pero es probable que Amo, como ahijado del duque, iniciara sus estudios en la Wolfenbüttel Ritter-Akademie, junto a los hijos de la aristocracia local (*ritter* significa en alemán «caballero»). Sabemos que asistió a la universidad cercana de Helmstedt, fundada más de un siglo antes por uno de los predecesores del duque. A todas luces, a Amo debió de irle bien allí, porque, en 1727, se ganó el derecho de ingresar para estudiar leyes en la Universidad de Halle, que entonces, como hoy, era uno de los principales centros alemanes de investigación y docencia. Halle sacó a Amo de los dominios del duque y lo introdujo en el Estado de Brandeburgo, gobernado entonces por el rey de Prusia. Allí, obtuvo una maestría por su tesis en derecho —que trataba, muy apropiadamente, acerca de la legislación europea sobre la esclavitud—, después siguió estudiando en la Universidad de Wittenberg, donde había enseñado teología un joven Martín Lutero, y se convirtió en el primer africano negro en obtener un doctorado europeo en filosofía. Se encontraba ahora en los dominios del elector de Sajonia, que pronto se convertiría también en rey de Polonia. Por el camino, Amo sumó a su educación en filosofía y derecho conocimientos de medicina y astronomía. Cuando el elector de Sajonia hizo una visita a la universidad en 1733, se eligió a Amo para abrir la procesión de los alumnos en su honor. Su tesis de Wittenberg, que se publicó en 1734 con el título de *Sobre la apatheia de la mente humana*, plantea importantes críticas a las perspectivas de Descartes sobre la sensación.

Amo, que, además de alemán, llegó a saber holandés, francés, latín, griego, hebreo y quizá inglés, impartió clases en Halle y Jena y, en 1738, publicó un libro titulado *El arte del filosofar sobrio y preciso*, que abordaba cuestiones de prácticamente todas las áreas de la materia. Se granjeó admiradores eminentes. El gran físico y filósofo Martin Gotthelf Loescher, que examinó su tesis en la Universidad de Wittenberg, habló de la Costa de Oro como «la madre [...] de la más privilegiada de las mentes» y añadió:

Entre estas mentes privilegiadas, su genio destaca de forma particular, noble y distinguido señor, pues ha demostrado con excelencia la feliz superioridad de su genio, solidez y refinamiento en el aprendizaje y la docencia, en incontables ejemplos con anterioridad a este, y también en esta nuestra Universidad, con grandes honores en todas las cosas meritorias, y asimismo ahora en su presente disertación.[1]

He dicho que la educación de Amo fue un experimento. Pero debemos tener cuidado al pronunciarnos sobre la hipótesis que supuestamente debía explorar. Como hemos visto, a Amo se le identificaba como moro en el registro de bautismo y, más tarde, se dio a sí mismo el nombre de *Afer*, el Africano. Al escribir sobre las leyes de esclavitud tituló su obra *De iure maurorum* (De la ley de los moros). La definición que la gran enciclopedia contemporánea Zedler da para la palabra «moro», recoge la acepción de equivalente a etíope o abisinio, pero continúa así: «Este nombre se da también a todas las personas negroides, como las de raza negra y otros pueblos africanos de este color».[2] *Afer*, en latín clásico, hacía referencia a un pueblo, el afri, que vivía en torno a la antigua Cartago. Pero gradualmente llegó a designar a cualquier persona originaria de las colonias africanas de Roma y, finalmente, a cualquiera del continente. Está claro que la piel negra de Amo lo vinculaba en la mente de sus contemporáneos alemanes no solo con todas las personas negras, sino también con otros habitantes del continente africano. Sin embargo, ambas cosas no son lo mismo, y ellos lo sabían igual que lo sabemos nosotros.

Cuando Johann Gottfried Kraus, el rector de Wittenberg, felicitó al doctor Amo por la fantástica defensa de su disertación, comenzó hablando de su contexto africano y mencionando a algunos de los más famosos autores africanos de la antigüedad, entre ellos el dramaturgo romano Terencio —quien, como Amo, se había dado a sí mismo el sobrenombre de Afer—, Tertuliano y san Agustín, junto con otros padres de la Iglesia nacidos en el norte de África. Habló también de los moros que conquistaron España provenientes de África. Todos estos pueblos, como Kraus sin duda sabía, eran de origen bereber, fenicio o romano. Ninguno de ellos habría tenido ni la piel negra ni los rizos apretados que mostraba el cabello de Amo. Cuando Lutero vivió en Wittemberg, tenía su residencia en un monasterio agustino, pero ninguna de las imágenes de san Agustín que allí pudo ver lo podía representar como alguien negro.

Por tanto, si lo que de verdad interesaba a los duques era comprobar si un africano podía ser un intelectual brillante, ya conocían la respuesta, ya que personas como Terencio, Tertuliano y san Agustín habían demostrado tiempo atrás que sí podían. Con toda probabilidad, en lo que estaban interesados no era en la disquisición sobre los africanos, sino sobre la gente negra, los negroides. Pero ¿qué conclusión se podría extraer a partir de un único experimento con un solo hombre negro? ¿Acaso concluirían Anton Ulrich y sus amigos que cualquier niño negro, elegido al azar y sometido a la misma educación que Amo, acabaría siendo profesor de filosofía? Y, en el supuesto de que Amo no hubiera aprobado los exámenes, ¿habrían concluido que esto demuestra algo acerca de todas las personas negras?

EL AUGE DE LA RAZA

Trescientos años después, no tenemos más remedio que contemplar esta historia a través del prisma de la idea de raza que tenemos hoy. Cosa que no ocurría en época de Amo; entonces, todo el mundo estaba de acuerdo en la existencia de lo que anteriormente llamé «pueblos», grupos de seres humanos definidos por una ascendencia común, real o imaginaria, que llevan existiendo desde los inicios de la historia de la que tenemos registro. Pero la idea de que cada uno de estos pueblos comparte también una misma naturaleza biológica en su herencia aún no había llegado a convertirse en consenso entre los pensadores europeos. Para empezar, la mayoría de ellos creían en la verdad de la historia bíblica de la creación, lo que significaba que todas las personas que existen sobre la tierra descendían de Adán y Eva, y también de alguno de los hijos de Noé, cuya familia había sido la única en sobrevivir al diluvio bíblico. Por otra parte, la idea de diferenciar entre las características biológicas y no biológicas de los seres humanos estaba aún en el futuro intelectual. Cuando Leibniz escribió sobre lo que distingue a un pueblo de otro, a lo que dio importancia fue al lenguaje. Y, de hecho, precisamente por esa razón pasó gran parte de su vida persuadiendo a otras personas para que le enviaran información sobre las diversas lenguas de los pueblos de Europa y Asia. Y si leemos los relatos que hicieron los viajeros europeos de aquel momento y los textos de los pensadores que los leían sobre lo que distinguía a los diversos pueblos del mundo, veremos que los grandes debates tenían que ver con el papel que desempeñaban el clima y la geografía en la conformación del color y de las costumbres, y no con la existencia de unas características físicas heredadas.

Esto no debería sorprendernos demasiado. La propia palabra «biología» se inventó en torno a 1800 (casualmente, en Alemania). Hasta entonces, los debates sobre la naturaleza de las cosas vivas se habían venido desarrollando bajo la titularidad de Historia Natural. Y solo a partir del naturalista suizo Carl Linneo, contemporáneo de Amo, empezaron los investigadores a pensar que los seres humanos eran parte de la naturaleza y que podían clasificarse, igual que otros animales y que las plantas, en géneros y especies. Linneo, padre de la taxonomía moderna, fue el primero que nos clasificó como *Homo sapiens* y que nos ubicó en el orden natural junto con los monos y los simios. Como escribió a uno de sus colegas: «Pero espero de ti y del resto del mundo una diferencia genérica entre el hombre y el simio que se deduzca de los principios de la Historia Natural. No conozco absolutamente ninguna».[3]

Coincidiendo con los años en los que Amo estuvo en Europa, empezó a desarrollarse un enfrentamiento entre la antigua idea bíblica de la naturaleza de la humanidad y esta nueva concepción, que fue ganando adeptos con el creciente prestigio adquirido por los estudios científicos sobre la humanidad. En época de Amo, casi cualquier persona habría aceptado la idea de que, dado que todos los seres humanos descienden de los hijos de Noé, la diferencia entre los distintos pueblos debía radicar en si descendían de Sem, Cam o Jafet. Esta tipología sugería una triple división básica de la humanidad; en primer lugar, los semitas (como los hebreos, los árabes y los asirios); en segundo lugar, la gente de piel más oscura de África (entre ellos los egipcios y los etíopes); y, en tercer lugar, los pueblos de piel más clara de Europa y Asia (como los griegos, los medos y los persas). Esto nos da tres razas: semita, negra y blanca.[4]

Pero los viajes de los científicos y los exploradores europeos produjeron un conocimiento creciente de la diversidad de tipos existente entre los seres humanos, y también una mayor familiaridad con otros primates. Y resultó cada vez más difícil encajar a todos los tipos de seres humanos en este marco. Para empezar, en el relato bíblico faltaban los pueblos de Asia Oriental, como los chinos y los japoneses, además de los amerindios. Algunos pensadores empezaron incluso a dudar de que todos los pueblos del mundo fueran realmente descendientes de Adán. A lo largo del siglo XIX, a partir de un ruidoso debate, se fueron asentando progresivamente tres ideas que hicieron cada vez más difícil admitir la antigua imagen bíblica.

LA TRÍADA RACIAL

La primera de estas ideas es que es imposible explicar muchas de las características que muestra cada ser humano individual como un producto de su raza. Podía asignarse a una persona la raza negra a partir del color de su piel y de su tipo de cabello, del grosor de sus labios o de la amplitud de su nariz. Pero estas diferencias visibles, aunque importantes a efectos de la clasificación, eran solo el principio de un catálogo de diferencias más profundas. Aquí podemos escuchar los ecos del esencialismo que vimos en el primer capítulo. Arthur de Gobineau, un conde francés que a mediados del siglo XIX publicó el imponente volumen *Ensayo sobre la desigualdad de las razas humanas*, quiso exponer las diferencias de aptitud y de apetito que subyacen a estas diferencias morfológicas, y distinguió no solo entre blancos, amarillos y negros, sino, dentro de la raza blanca, una familia claramente privilegiada, la «familia aria». Para él, la raza era la fuerza motriz de la historia. Otros teóricos produjeron cartografías raciales que variaban en sus detalles, pero la idea fundamental —que gran parte de lo que importa de las personas está conformado por su raza— disfrutaba de la aceptación general.

Podríamos denominar a esta idea «fijación racial». Y para la segunda mitad del siglo xix, en el mundo del Atlántico norte, la fijación racial era omnipresente. No la compartían solo científicos médicos como Josiah Nott, cuyo libro *Tipos de humanidad*, escrito junto al egiptólogo George Gliddon, se convirtió en la biblia de las jerarquías raciales para los dueños de las plantaciones del sur de Estados Unidos. Críticos literarios como el inglés Matthew Arnold o el francés Hippolyte Taine explicarían la obra de poetas y novelistas apelando al carácter innato de la raza a la que estos pertenecían. «Hoy la ciencia ha vuelto visible para todo el mundo los enormes y evidentes elementos diferenciales que subyacen a la raza», escribió Arnold en 1860. Afirmaba que los fisiólogos podían contribuir al conocimiento de la naturaleza de las razas mediante la catalogación de las diferencias físicas que existen entre ellas, pero el crítico literario debía tomar en consideración «los datos [...] que ofrecen nuestra literatura, nuestros genios y nuestra producción espiritual en general».[5] Pues cada raza poseería un genio específico, un espíritu que se expresa en su literatura. He aquí lo que Arnold considera que muestran «los datos» acerca de la raza celta, por ejemplo, que incluye, como antes señalé, a los pueblos de Gales, Irlanda, Escocia y algunas zonas de Francia: «El genio celta [tiene] el sentimiento como base fundamental, en sus muestras de excelencia están el amor a la belleza, el encanto y la espiritualidad; entre sus defectos, lo infructuoso y la obstinación».[6] Y «los datos» en los que se basa incluyen lo que el crítico había observado en sus tradiciones poéticas.

Una década después, Taine, escribiendo sobre literatura, afirma:

Una raza, como es la de los antiguos arios, que se extendió desde el Ganges a lugares tan lejanos como las Hébridas, se asentó en todos los climas y en todos los estadios de civilización y fue transformada por treinta siglos de revoluciones, manifiesta, sin embargo, en sus lenguas, sus religiones, sus literaturas y sus filosofías, la comunidad de sangre e intelecto que a día de hoy mantiene unidos a sus descendientes.[7]

Para Taine, como para Arnold, la historia literaria formaba parte de los estudios científicos sobre la raza. Taine se contaba entre la media docena de historiadores y críticos europeos más influyentes de su época. El revolucionario filósofo alemán del siglo xix, Friedrich Nietzsche, lo llamó «el primero de los historiadores vivos». Matthew Arnold fue el crítico literario inglés más distinguido de finales del siglo xix.[8] Se deduce que, en su época, lo racial era de interés central para la historia y la crítica literaria europea, no solo para las ciencias sociales y biológicas.

Una segunda idea que arraigó en los años posteriores a la llegada de Amo a Europa fue consecuencia de la fijación racial. Si el carácter individual —no solo el cuerpo, sino también el temperamento, los hábitos de vida, las obras artísticas— estaba profundamente conformado por la raza, sería posible observar esa naturaleza común de los aspectos raciales en todos y cada uno de sus miembros. No era solo que cada uno de nosotros perteneciera a una raza, sino que también expresaba su naturaleza. El resultado de esta idea es que cada uno de los miembros del grupo es típico, es decir, representativo de su tipo.

Esta forma de lo que podríamos llamar «pensamiento tipológico» hizo de Amo, en particular, un ejemplar crucial en los debates sobre de la capacidad de la raza negra que se desarrollaron durante la Ilustración y con posterioridad a ella. Porque, en este contexto, la sola existencia de Amo demostraba cosas, no solo sobre un africano en particular, sino sobre todos los negros; que dicha raza tenía la capacidad de alcanzar el más alto nivel en la disciplina filosófica.

En 1808, el abate Grégoire, sacerdote revolucionario francés y gran defensor de la abolición de la esclavitud, publicó una encuesta sobre los logros culturales de los negros. Lo subtituló: «Indagaciones sobre sus facultades intelectuales, sus cualidades morales y su literatura», y ofrecía el ejemplo de Amo como prueba de su creencia en la unidad de la raza humana y de la igualdad fundamental de las personas negras. En sus *Notas sobre el Estado de Virginia* (1785), Thomas Jefferson había señalado que jamás había «encontrado a un negro capaz de articular un pensamiento más allá del nivel de la mera narración».[9] Grégoire le envió una copia de su libro *Sobre la literatura de los negros*, que incluía una discusión por extenso de la vida y la obra de Amo y lo invitó a que reconsiderara su idea.

Amo no era el único ejemplo en contra de la sesgada perspectiva de Jefferson. Entre los negros ejemplares que mencionaba Grégoire se encontraba Angelo Soliman, también procedente de África Occidental, que había sido esclavizado de niño y educado por una marquesa en Messina, en Sicilia. Soliman llegó a ser tutor del heredero del príncipe de Liechtenstein en Viena, se unió a la misma logia masónica que Mozart un par de décadas después de que Amo regresara a Ghana y era famoso por pasearse por la capital austríaca del brazo del emperador.[10] El sacerdote revolucionario francés contaba también la antigua historia de Juan Latino, poeta y profesor de gramática y latín en la Granada del siglo XVI. Conocido como «el negro Juan Latino», aparece en el primero de los poemas burlescos que escribió Cervantes al inicio del *Quijote*. Se menciona al profesor negro porque sabe hablar «latines», a diferencia de Cervantes, que estaba obligado a escribir en el español vernáculo.[11]

Al leer *Sobre la literatura de los negros*, Jefferson habría recordado también a su compatriota, la poeta Phillis Wheatley, que en 1773 había publicado el primer libro de poesía escrito por una persona afroamericana. George Washington elogió a Wheatley, diciendo que contaba con «el favor de las musas», cuando recibió una copia de su poema patriótico titulado «Su Excelencia George Washington».[12] Lo que aquí cabe destacar es, en parte, que todas estas vidas tan enormemente diversas llegaron a vincularse únicamente debido a la pregunta de «¿Cuál es la capacidad intelectual de los negros?».

Detrás la fijación racial y el pensamiento tipológico subyacía un tercer hábito mental. Nos enfrentamos de nuevo a nuestro esencialismo natural, ahora rearmado en el núcleo de las teorías científicas. Desde finales del siglo XVIII, la convicción de que todos portamos en nuestro interior algo que destila de la raza a la que pertenecemos y que condiciona nuestro potencial mental y físico ha crecido y se ha extendido. Ese algo, esa esencia racial, es una herencia biológica y se transmite mediante la procreación. Si nuestros padres eran de la misma raza, compartíamos su esencia común. Si se casaban personas de razas distintas, la progenie portaría parte de la esencia racial de cada uno de los progenitores.

No hay duda de que, incluso en el supuesto de que esa esencia racial hubiera existido, el don de Amo para la filosofía no podría habernos dicho demasiado acerca de ella. A nadie se le ocurrió jamás pensar que, dado que Platón y Descartes fueron europeos, todos los europeos tuvieran la capacidad de elaborar obras de gran genio filosófico. Pero la importancia de Amo para el argumento de Grégoire derivaba en gran medida del hecho de que muchas personas pensaban que la esencia racial de las personas negras impedía una verdadera capacidad intelectual. El filósofo David Hume, una de las luminarias de la Ilustración escocesa, escribió en 1753, en una nota a pie de página: «Nunca ha existido una nación civilizada de ninguna otra complexión que la blanca, ni un individuo eminente en acción o especulación». Por tanto, ni existió el imperio de Mali, ni la filosofía china, ni las glorias arquitectónicas del Imperio mogol. Immanuel Kant, el filósofo europeo más influyente del siglo XVIII, declaró célebremente, en 1764 —no estaba en su mejor momento—, que el hecho de que alguien fuera «totalmente negro de pies a cabeza» era «prueba de que lo que diga será una tontería».[13] La existencia de Amo suponía una refutación de estas opiniones. Pero quienes fueran escépticos sobre la capacidad de los negros podían afirmar que Amo era una anomalía singular. Así que Grégoire no solo reunió en su libro una docena aproximada de contraejemplos, sino que también narró la visita que había realizado a un grupo de niños negros llevados desde Sierra Leona hasta una escuela fundada en Londres por William

Wilberforce, el gran activista evangélico contra la esclavitud, con la conclusión de que, hasta donde él había podido ver, «no existe diferencia alguna entre ellos y los europeos salvo en el color».[14]

LA RAZA COMO RAZÓN

Este debate sobre la capacidad de los negros estuvo enmarcado por la explosión de la esclavitud africana en las colonias europeas del Nuevo Mundo americano. Durante los años en que Amo vivió en Alemania, el comercio transatlántico de esclavos creció hasta llegar a su punto álgido a finales del siglo XVIII, cuando se estaba transportando con grilletes a unas ochenta mil personas al año desde África hasta el Nuevo Mundo. Muchos historiadores han concluido que una de las razones que explica la visión, cada vez más negativa, que reinaba sobre los negros a finales del siglo XVIII tenía que ver con la necesidad de limpiar las conciencias de quienes se dedicaban al tráfico y la explotación de hombres y mujeres. Tal como lo expresó Grégoire, sombríamente pero sin ambages: «Se ha difamado a los negros, primero con el objetivo de dotarse del derecho a esclavizarlos, y después para justificar el haberlos esclavizado».[15]

Muchos europeos, en resumen, necesitaban creer que existía una inferioridad natural que justificaba la subyugación de las personas negras. Este argumento —que hay personas que son esclavas por naturaleza— cuenta con un pasado clásico; puede encontrarse ya en Aristóteles. E igual que en época de Aristóteles, para defender esta perspectiva se señalaban los limitados logros de los esclavos. Pero Grégoire y otros insistían en que no se podía saber demasiado sobre las capacidades de las personas negras a partir de la observación de las aptitudes de la mayoría de ellas en las espantosas condiciones de esclavitud del Nuevo mundo. ¿Quién sabe lo que pasaría si todas las personas negras tuvieran acceso a la misma educación que Anton Wilhelm Amo? ¿O, a la inversa, si Amo hubiera sido enviado, como lo fue su hermano, a trabajar como esclavo en las plantaciones de caña de azúcar de Surinam?

También conviene señalar que, si se hubiera descubierto que no existe un solo negro al que se le dé bien la filosofía, esto tampoco hubiera justificado la esclavitud negra. Tal como admitió Thomas Jefferson en su respuesta al abate Grégoire: «No porque el entendimiento de sir Isaac Newton fuera superior al de los demás se convertía en el señor de la otra persona o de la propiedad de otros».[16] Quizá quienes se aplicaron en difamar a la raza negra consiguieran tranquilizar a algunas conciencias cristianas, pero nunca podrían justificar el acto de esclavizar a millones de personas negras.

Con todo, la ideología —que ha sido empleada por formas de dominación que van desde la esclavitud a la colonización— sí nos ayuda a explicar por qué, en una época en la que los científicos empezaban a descartar conceptos como el del flogisto, que era supuestamente la esencia del fuego, se empeñaron con tanta insistencia en aseverar la realidad de la raza. Los antropólogos físicos, con sus aparatos de craneometría, los etnólogos, los fisiólogos y los teóricos de la evolución, a excepción de Darwin, con sus ideas sobre la degeneración racial y los diferentes orígenes poligénicos de las distintas razas, fueron captando una ilustre disciplina tras otra para darle contenido al color. Y, así, en el curso del siglo XIX, en medio de una algarabía de argumentos encontrados, arraigó la idea moderna de las razas.

EL MENDELISMO

Esta teoría de la esencia racial se desarrolló con anterioridad a la existencia de la genética moderna. En 1866, un monje checo con el nombre de Gregor Mendel publicó su teoría de la existencia de unos factores, que hoy llamamos «genes», que explicaban los patrones de herencia de las características hereditarias de los organismos.[17] Pero la importancia de su trabajo no llegaría a ser apreciada hasta treinta años más tarde. La teoría genética moderna, que trataba nuestra herencia biológica como el producto de decenas de miles de factores individuales, no se inició en realidad hasta en torno a 1900.

Pero, una vez entendido el marco mendeliano, se hacía posible ver una alternativa a la idea de la esencia racial. No era necesaria la existencia de un único *algo* subyacente que explicase por qué los negros son negros y los caucásicos caucásicos. Su apariencia común podía ser producto de los genes relacionados con la apariencia que todos ellos también tienen en común. Y tampoco era necesario que dichos genes desempeñasen papel alguno en el desarrollo de los gustos poéticos ni de las ideas filosóficas. Los prejuicios que Arnold y Taine representaban habían dejado de tener fundamento científico. Ya no había teoría que apoyara la fijación racial.

En la antigua perspectiva, si se quería decir que los negros tienen ritmo, lo que se hacía era declarar que el sentido del ritmo era parte de la esencia negra. Sin embargo, según la nueva perspectiva científica, si a todos los negros les gustaba la música rítmica, esta preferencia podía deberse bien a que casualmente todos ellos procedían de lugares donde eso era algo que se enseña —un entorno común—, o bien porque, además de los genes de la piel y del pelo, compartían otros genes que tenían que ver con el gusto por el ritmo. Cuando se descubrieron los cromosomas, a principios del siglo XX, fue posible entender que los genes debían de heredarse, en gran medida, de forma independiente unos de otros, y que, incluso los del mismo cromosoma, podían llegar a separarse en la división celular que precede a la creación de la célula espermática y del óvulo.

Otra cosa más se hizo evidente en el discurrir de la ciencia genética por el siglo XX. Compartimos el grueso de nuestro material genético con todos los seres humanos normales, independientemente de la raza. Por supuesto, resultó que también compartimos una gran parte del genoma con nuestros primos primates, aunque, de entre los grandes simios, solo nosotros tenemos veintitrés pares de cromosomas. Por tanto, lo que entrañaba más importancia es que la variación existente entre las poblaciones no se correspondía con las viejas categorías raciales. Igual de importante era la enorme variabilidad habida en el seno de las poblaciones de Asia, Europa o África. El 90 por ciento de la variación genética del mundo se encuentra en todos los llamados grupos raciales. Si tomamos dos seres humanos cualesquiera enteramente al azar, es posible que el origen continental que tenga la mayoría de sus antepasados desempeñe un papel solo relativamente menor en la explicación de sus diferencias genéticas.

Así, se pusieron en duda los tres elementos de la perspectiva antigua; la fijación racial y el pensamiento tipológico solo tenían sentido si de verdad existía una esencia de raza. Pero en ausencia de esta, todo ser humano no era más que un hatillo de características, y había que encontrar otra razón para sustentar la suposición de que Anton Wilhelm Amo, el africano, pudiera decirnos más cosas acerca de otra persona negra de que lo que nos decía acerca de una persona blanca con la que también compartía la mayor parte de sus genes.

Es cierto que si se examinan los genes suficientes de una persona, normalmente es posible saber si tiene antepasados recientes en África, Asia o Europa, y, como es natural, lo que se descubrirá es que muchas tienen antepasados en dos o tres continentes. Como ya he contado, mi familia está repleta de personas así. Pero esto es debido a que en las poblaciones humanas existen patrones genéticos, que es un hecho relativo a todo el grupo, no a que existan grupos de genes concretos que sean comunes a todos los miembros de una raza, que sería un hecho relativo a sus individuos. Entre los genes que señalan mi ascendencia ashanti, algunos son diferentes de los que identifican a otras personas de ascendencia africana reciente. Y en el mundo hay muchísimas personas que viven en el límite entre aquellas razas dibujadas por la ciencia del siglo xix; entre los negros africanos y los caucásicos europeos se encuentran los etíopes, los árabes y los bereberes; entre las razas amarillas de Asia Oriental y los europeos blancos, están los pueblos de Asia Central y de Asia Meridional. ¿En qué lugar de India puede verse una frontera nítida entre ser blanco, negro o aceitunado?

Desde principios del siglo xxi, hemos avanzado enormemente en la comprensión del genoma humano. Las técnicas estadísticas nos han permitido reconstruir el modo en la que los genes van y no van de la mano. De este modo, podemos encontrar amplios patrones de correlación, conjuntos de material genético que nos permiten asignar las poblaciones humanas a una serie de grupos cuyas fronteras se difuminan. Y, dado que no existen límites definidos, hay formas de hacer estas agrupaciones que unen a dos pueblos los cuales, según otra fórmula igualmente razonable, permanecerían separados. Algunos biólogos piensan que existen razones para preferir unas formas de agrupación a otras, porque reúnen a un número mayor de personas en un número menor de grupos y consiguen capturar un espectro más amplio de las características del paisaje estadístico de la variabilidad humana. Esos patrones reflejan los desplazamientos de los grupos humanos a lo largo de los últimos cien mil años aproximadamente, y reflejan también la historia de las fuerzas de selección que han dado su forma a las poblaciones locales. Pero lo que biológicamente hace que tú seas tú y yo sea yo, no lo explica, en última instancia, el rastreo de nuestros respectivos antepasados, sino el paquete genético completo que cada uno porta en el momento actual, los genes —de entre la mínima proporción de nuestro genoma cuya variación guarda una importancia biológica— que tenemos hoy. (Y también está cada vez más clara la importancia que tienen los microorganismos que viven en nuestro cuerpo.) En las poblaciones existen patrones, pero cada uno de nosotros es un individuo. Decir que estos descubrimientos estadísticos validan las teorías raciales del siglo xxi equivaldría a afirmar que la correlación estadística entre el mes de nacimiento y la longitud de la carrera en la Liga Nacional de Hockey confirma las predicciones de la astrología.[18]

No hay duda de que los genes influyen, junto con los factores ambientales, en la altura o el color de la piel. Algunas personas son más inteligentes o poseen más sensibilidad musical o son mejores poetas que otras y, sin duda, la explicación está, en parte, además de en los factores ambientales, en los genes. Pero estos no se heredan en paquetes raciales. Y, así, a pesar del hecho de que la historia genética es hoy enormemente más detallada de lo que lo era hace un siglo, hay un hecho fundamental que se mantiene. Si se quiere investigar el modo en que la herencia genética determina los límites de las capacidades humanas, no ayudará pensar en aquellas razas del siglo XIX; negra, caucásica u oriental.

Más allá de esto, lo que de veras nos importa sobre las otras personas depende tanto de las conexiones que se transmiten a través de la lengua y la cultura como de nuestros cuerpos físicos. Después de todo, el hecho de que compartamos o no una lengua, como bien sabía Leibniz, supone una profunda diferencia en el modo en que interactuamos con los demás. Piensa en la forma que quieras de clasificar a la gente en un pequeño número de grupos en función de sus similitudes genéticas. En cada uno de estos grupos, las lenguas con más hablantes del mundo —por ejemplo el inglés, el chino y el hindi— se hablarán con igual porcentaje de facilidad y fluidez; en cada uno de ellos, habrá cristianos, musulmanes y budistas, y, sí, en cada uno de ellos habrá tanto filósofos como psicópatas.

Lo que ha dejado claro nuestra nueva comprensión de la genética es que la antigua imagen de la raza entremezclaba cuestiones biológicas con cuestiones culturales. Pretendía explicar toda diferencia entre grupos en términos de una esencia subyacente que cada generación heredaba de la anterior. Hoy está claro que uno de los signos distintivos de nuestra especie es que la herencia es tanto biológica como cultural. Cada una de las generaciones de los seres humanos que forman una sociedad en particular puede seguir construyendo, a partir de las cosas que aprendieron quienes la precedieron; por el contrario, entre nuestros primos los grandes simios, hay muy poca herencia cultural, y en la mayoría de los demás organismos no hay apenas ninguna. Lo que nos convierte en la especie sabia —*sapiens*, recordemos, es el término en latín para «sabio»— es que nuestros genes producen cerebros que nos permiten adoptar algunas cosas que no están en nuestros genes. Para que Amo desarrollara la habilidad de debatir con Descartes, fue necesaria la presencia de sus profesores europeos, no solo de sus genes africanos. El dilatado periodo de dependencia que llamamos infancia es necesario porque, para convertirnos en miembros enteramente funcionales de nuestra especie, debemos tener el tiempo de aprender las cosas que nos hacen humanos.

EL COLOR DE LA POLÍTICA

Las asunciones raciales del siglo xix no eran tan solo científicas; eran también morales. No se trataba solo de que las personas pertenecieran a unos tipos raciales naturales; sino que también mostraban una preferencia natural y debida por su propia gente a la que, de hecho, vinculaba una serie de obligaciones especiales. Edward W. Blyden, uno de los fundadores del panafricanismo, que había nacido en el Caribe pero se había trasladado a Liberia de joven, expresó esta idea mejor que nadie. «Abandonar el sentimiento de raza», escribió en 1893 en un periódico de Sierra Leona, era equivalente a tratar de «acabar con la gravitación».[19]

En realidad, la historia del mundo nos enseña que la guerra y el odio han sido algo tan común en el seno de las llamadas razas como entre ellas. Visto a largo plazo, de hecho, los conflictos ocurridos entre los europeos blancos, los africanos negros o los asiáticos amarillos han sido los más comunes, ya que para que exista conflicto debe haber contacto. En los conflictos que tuvieron lugar entre los reinos chinos combatientes durante el siglo v antes de la era común no había ningún componente racial, ni tampoco lo hubo en las batallas del siglo xvi que supusieron el inicio del Imperio mogol, ni las que enfrentaron a los ashanti y los denkyira en África Occidental a finales del siglo xviii o a los diversos estados amerindios de México antes de la llegada de los españoles.

Sin embargo, esta dinámica por la que la idea de raza se convierte en moneda común de negaciones y afirmaciones, de dominio y de resistencia, ha demostrado ser tremendamente difícil de abandonar. Y esto es algo lamentable, porque no hay duda de que la idea de la raza ha estado vinculada desde sus orígenes al desastre moral. No se trata solo de que el razonamiento racial europeo se desarrollara, al menos en parte, con la intención de racionalizar el comercio de esclavos en el Atlántico, sino que, además, desempeñó un papel central —y a menudo pernicioso— en el desarrollo y la ejecución de los proyectos coloniales europeos de los siglos xix y xx; en el caso de los nazis, fue central en la organización del genocidio sistemático de miles de millones de personas, entre ellas los judíos y los romanís, a los que consideraron razas inferiores. En los genocidios armenios, herero y ruandés, el lenguaje de la raza desempeñó un papel aterrador junto con el lenguaje de la nación. Es difícil pensar en la raza sin mencionar el racismo, palabra que fue acuñada —con algo de retraso, podría pensarse, dada esta historia—, no para invocar los comportamientos hostiles de los blancos hacia los negros, sino para describir el antisemitismo de los nacionalsocialistas alemanes.

En 1900, en el discurso «A las Naciones del Mundo» que ofreció en la primera Conferencia Panafricana de Londres, el eminente intelectual negro W. E. B. Du Bois proclamó que el «problema del siglo xx» era «el problema de la línea de color»[*] que marca la segregación racial, es decir:

la cuestión de hasta qué punto las diferencias de raza —que se muestran primordialmente en el color de la piel y la textura del cabello— van a convertirse en un fundamento que permite negar a más de la mitad del mundo el derecho de compartir al máximo de su capacidad las oportunidades y privilegios de la civilización moderna.[20]

---

[*] El término *color line* (literalmente «línea de color») se emplea comúnmente en el ámbito anglófono para referirse a la discriminación racial. Parece que en origen hacía referencia a la situación de segregación racial que, en Estados Unidos, sobrevivió a la abolición de la esclavitud, y que fue el propio Du Bois quien popularizó su uso. (*N. de la T.*)

Du Bois se había beneficiado de la mejor educación que entonces podía ofrecer nuestra civilización del Atlántico Norte. Accedió a un programa de doctorado en Alemania, y regresó a casa sin él, tan solo porque no pudo quedarse para cumplir los requisitos de residencia, y, en 1895, recibió, casi como una especie de premio de consolación, el primer doctorado obtenido por un afroamericano en la Universidad de Harvard. Un año antes de la conferencia de Londres, había publicado *El negro de Filadelfia*, el primer estudio sociológico y estadístico de una comunidad estadounidense. Cualquier persona que tenga respeto por la investigación académica estaba, y está, obligada a tomarse en serio sus puntos de vista.

No estoy seguro de que tenga alguna utilidad debatir sobre cuál de los muchos problemas acontecidos en los cien años, plagados de desastres, que siguieron a la observación de Du Bois debería ser considerado como el problema del siglo xx. Pero no se puede negar que la raza, tal como Du Bois la entendió, resultó un elemento clave en la vida moral y política de ese siglo en todo el mundo. Du Bois no era en absoluto estrecho de miras, ni en sus intereses ni en sus análisis, y cuando decía que la raza sería el problema del siglo xx, no estaba hablando solo de su propio país, y no se refería solo a su propia raza. Hablaba, como él mismo decía, de «más de la mitad del mundo»; en otro momento del discurso se refirió no solo a «los millones de personas negras de África, América y las Islas del Mar», sino a «las miríadas de gente de color aceitunado y amarillo de otros lugares».[21] Así que Du Bois tenía muy en mente las formas en las que figuraba la raza en los esquemas coloniales europeos que estaban remodelando África y Asia, así como el papel que desempeñaba en las injusticias sociales estadounidenses, que había experimentado en primera persona.

De hecho, la conquista colonial europea de África aún seguía en marcha cuando Du Bois intervino en Londres ante los delegados. En África Occidental, la conquista británica definitiva de Kumasi, donde yo crecí, ocurrió tan solo unas pocas semanas después de que tuviera lugar la conferencia de Du Bois en Londres; y la conquista del califato de Sokoto, en el norte de Nigeria, tuvo lugar en una fecha tan tardía como 1903. En el norte, Marruecos se convirtió en un protectorado francés en 1912; Egipto, en uno británico en 1914. Al este, Etiopía permaneció independiente hasta 1936, y volvió a serlo tan solo cinco años después. Hacia el sur, la guerra de los Bóer todavía estaba en su sangriento progreso cuando Du Bois hizo su discurso. En todos estos conflictos africanos, las nociones de raza desempeñaron un papel crucial; y después de la Conferencia de Berlín de 1884-1885, que había definido la idea europea común sobre los términos de sus imperios africanos, el estatus de los pueblos sometidos en las colonias belgas, británicas, francesas, alemanas, españolas y portuguesas de África —y en la Sudáfrica independiente— se había venido planteando en términos raciales.[22]

LINAJES

Du Bois no fue el único que no llegó a anticipar el que también en la propia Europa iba a desempeñar lo racial un papel catastrófico a mediados del siglo xx; pero, familiarizado como estaba con la cultura alemana del cambio de siglo, era muy consciente de que la actitud que allí se mostraba hacia los judíos y los eslavos tenía resonancias del racismo contra los negros que había conocido en su tierra natal. No obstante, su formación germana lo dejó tocado por el antisemitismo que ya estaba en auge durante sus años de estudiante. En 1893, un año después de llegar a Berlín, escribió:

Debe recordarse siempre que los grandes capitalistas de Alemania, los grandes líderes de la industria, son judíos; además, unidos por la opresión en el pasado, trabajan unos para otros, y ayudados por el vasto poder de su riqueza y sus grandes habilidades naturales, han forzado ciudadela tras ciudadela, hasta llegar, hoy, a prácticamente controlar la bolsa, ser dueños de la prensa y copar los puestos judiciales y las profesiones liberales; de hecho, parece que no hay límite para el aumento de su poder. No hay duda de que esto constituye una amenaza para un país establecido como nación recientemente.[23]

Ese «No hay duda» habría recibido más de un murmullo de consenso en muchos lugares de Europa y de América. Aquí, Du Bois estaba dando carta de naturaleza no solo a las acusaciones habituales de los enemigos de los judíos alemanes, sino también a la idea de que la nación alemana era el hogar de una raza alemana, una raza a la que los judíos alemanes, por muy asimilados que estuvieran, no podían pertenecer; y, al pensar en las naciones en términos raciales, Du Bois estaba alineándose con las teorías cuyo auge he estado analizando. Estas ideas persistieron hasta bien entrado el siglo xx; durante la Segunda Guerra Mundial, el médico de Winston Churchill escribió en sus diarios, a propósito de la actitud del primer ministro hacia China: «Winston no piensa más que en el color de la piel; cuando habla de India o de China, uno recuerda que es un victoriano».[24]

A pesar de esta repetición juvenil de los lugares comunes contra los judíos, durante la mayor parte de su vida adulta Du Bois fue un recio crítico del antisemitismo y de otras formas de racismo. En 1936, estuvo de visita en la Alemania nazi durante seis meses —y acudió a una representación de *Lohengrin* de Wagner en Bayreuth— y, a su regreso, escribió con franqueza, en uno de los principales periódicos negros de su país, el *Pittsburgh Courier*, que la «campaña de prejuicios raciales [...] sobrepasa en su crueldad vengativa y sus insultos públicos cualquier cosa que yo haya visto alguna vez; y he visto mucho». Y proseguía, en claro contraste con el tono de su informe de 1893: «No ha habido ninguna tragedia en los tiempos modernos que iguale en sus terribles efectos la ofensiva contra los judíos en Alemania. Es un ataque a la civilización comparable solo con horrores tales como la Inquisición española o el comercio de esclavos africanos».[25] Esto fue más de cinco años antes de la creación del primer *Todeslager*, como llamaron los nazis a los campamentos creados específicamente con propósitos de asesinato masivo.

Sin embargo, no fueron los nazis los inventores modernos de los asesinatos en masa por motivos raciales. El primer genocidio del siglo xx ocurrió en la colonia alemana de África del Sudoeste, lo que hoy es Namibia. En 1904, el general Lothar von Trotha emitió lo que llegó a conocerse como el *Vernichtungsbefehl* —«orden de exterminio»—, en el que informaba al pueblo herero de que, si no abandonaban sus tierras, dispararía contra «todos los hombres herero, lleven armas o no» y que no aceptaría «más mujeres y niños», de manera que los expulsaría o permitiría, también, que se le disparase.[26] Y, como hoy sabemos, los asesinatos masivos periódicos de armenios llevados a cabo por el Imperio otomano llegaron al nivel de genocidio en la época de la Primera Guerra Mundial, con el nacimiento de la Turquía moderna. Puede que los armenios no fueran una de las razas mencionadas por Du Bois, pero los otomanos los concebían como una comunidad con una ascendencia, religión y cultura en común, y poco más que eso hace falta para empezar a pensar en términos raciales. En cuanto al genocidio de Ruanda de 1994, la separación de la población del país en dos razas, hutus y tutsis (con algo de twa) fue producto de la teoría racial colonial belga. Las tres estaban al mismo lado de la línea de color, pero lo que Du Bois llamó el problema de la línea de color no tenía que aludir literalmente al color.

En este sombrío contexto, merece la pena recordar que los entre 6 y 9 millones de ciudadanos soviéticos cuyas muertes se debieron a Stalin o el número aún mayor de chinos que sucumbieron en el Gran Salto Adelante o los millones de víctimas de las políticas asesinas de Pol Pot en Camboya o los cientos de miles de muertos durante la partición de la India o las campañas anticomunistas en Indonesia en la década de 1960 fueron en su mayoría víctimas de hostilidades basadas en la ideología o la religión, y no en la raza.[27]

EL ALCANCE DEL RACISMO

La violencia y el asesinato no son los únicos problemas políticos que Du Bois asoció con la segregación racial. La desigualdad civil y económica entre las razas —a causa bien de las políticas gubernamentales, bien de formas de discriminación individual o por las enormemente complejas interacciones entre ambas—, fue una característica omnipresente en los estados de principios del siglo xx, y permanecieron durante mucho tiempo después de que esa primera conferencia panafricana pasara a ser solo un recuerdo lejano. En todo el mundo, se conoce la lucha por la igualdad racial de las personas afroamericanas y de la población no blanca de Sudáfrica; pero los conflictos políticos relacionados con la desigualdad racial han sido también centrales en la política de Australia, Nueva Zelanda y la mayor parte del resto de los países de América, ya estuvieran constituidos estos grupos raciales que reclamaban justicia por pueblos nativos, por descendientes de esclavos africanos o por trabajadores explotados del sur o del este de Asia. Con el tiempo, a medida que Europa recibe la migración de un número creciente de personas no europeas, entre ellas muchos ciudadanos de los antiguos imperios de Europa en Asia y África, también han saltado a primer plano las cuestiones de la desigualdad racial en materia de derechos, educación, empleo, vivienda, ingresos y reparto de la riqueza.

Los japoneses y los chinos se encontraban, en opinión de Du Bois, al mismo lado de la línea de color que él. Pero la condescendencia, y otras cosas peores, que muchos japoneses mostraron hacia China en las décadas transcurridas entre la Primera Guerra Sino-Japonesa (1894-1895) y la Segunda Guerra Mundial también se considera, naturalmente, racial. La pura brutalidad de los asesinatos y las violaciones cometidos en la masacre de Nanking, capital de la República de China, entre 1937 y 1938, en la que decenas, tal vez cientos, de miles de personas fueron asesinadas por los soldados japoneses, constituye un paradigma de la violencia racista. La continua negación por parte de muchos japoneses de la escala que alcanzaron estas atrocidades, e incluso del hecho mismo de que ocurrieran, recuerda a las formas de negacionismo de quienes discuten que el asesinato masivo de los armenios en Turquía o de los judíos en el genocidio nazi ocurrieran alguna vez.

Menos violentas, pero con la misma base racial, son las actitudes antiafricanas de las que hablan las personas negras que visitan China, donde tienen que escuchar cómo les llaman *hēi gǔi* («fantasmas negros»). Entre los cientos de miles de chinos que trabajan hoy en África, es común una forma de condescendencia racial similar a la del periodo colonial europeo, y, por desgracia, en los últimos años, en muchos países africanos se han producido ataques contra personas chinas.[28] Si bien tales actitudes por parte de personas de Asia Oriental deben de tener sus raíces en las antiguas usanzas xenófobas que es posible encontrar en la historia de todo el planeta, actualmente no pueden separarse de las actitudes raciales provenientes de las tradiciones europea y norteamericana. La discriminación y los insultos raciales siguen siendo fenómenos globales.

Aun así, merece la pena insistir una vez más en que la diferencia étnico-racial no es la única desigualdad social que importa. En 2013, los casi 30 millones de personas blancas que viven por debajo del umbral de la pobreza en Estados Unidos sumaban algo más de la mitad de número total de pobres de América.[29] La racial tampoco es la única forma significativa de discriminación. Podemos preguntar a los cristianos de Somalia o Indonesia, a los musulmanes europeos o las personas LGBTQ de Uganda. Podemos preguntar a las mujeres de todo el mundo.

UBICAR LA RAZA

Los conceptos raciales funcionan de formas concretas en cada lugar determinado. En Estados Unidos, la idea social por la cual cualquier persona con un progenitor negro era, también, negra significaba que una persona que tuviera la piel blanca, el cabello liso y los ojos azules podía ser socialmente negra. Así lo escribió en su biografía Walter White, que a mediados de siglo lideró la Asociación Nacional para el Avance de la Gente de Color (y cuyo apellido fue una de sus muchas herencias irónicas, pues *white* significa «blanco»): «Soy negro. Tengo la piel blanca, los ojos azules, el cabello rubio. Los rasgos de mi raza no son visibles en parte alguna de mi persona». En «La balada de Walter White», el poeta afroestadounidense Langston Hughes lo expresó de manera más sucinta:

Now Walter White
Is mighty light.[30]*

En el contexto colonial, el pensamiento racial también produjo algunas anomalías. Por ejemplo, tratar a todos los africanos de Nigeria como negros suponía juntar a personas con rasgos biológicos muy distintos. Por poner un ejemplo al azar, las tasas de nacimientos múltiples son mucho más elevadas entre los yoruba que entre las mujeres hausas, y no hablemos de las considerables diferencias culturales que existen entre ambos grupos.[31] Si existía algún rasgo interesante de un carácter nacional, no tenía que ver con las razas, sino con los grupos étnicos, y los miembros de un mismo grupo étnico —los árabes, de Marruecos a Omán; los judíos de la diáspora— pueden mostrar una amplia variedad de colores de piel y tipos de cabello.

Antes he mencionado que existen algunos investigadores que han intentado recuperar en los últimos años la idea de la raza biológica, empleando para ello sofisticadas técnicas estadísticas, con las que buscan patrones entre genotipos individuales que reflejen una ascendencia común. Pero ninguno de esos alegatos respaldaría la afirmación de que las fronteras de esos grupos sociales que llamamos razas están delimitadas por fundamentos biológicos y no sociales.[32] Por tanto, los debates sobre la signi-

---

* La palabra *light* funciona aquí en un doble sentido, significa tanto «luz» como «de piel clara». Los versos vienen a decir que Walter White es una «potente luz» porque, con su piel clara, puede pasar por blanco (como explica el resto del poema, esto le permite pasar desapercibido en el sur, donde puede ser testigo de primera mano de las atrocidades y linchamientos que posteriormente, de vuelta al norte, se encarga de denunciar). *(N. de la T.)*

ficación social de la raza no deberían distraerse con deliberaciones sobre si dichos grupos tienen o no un carácter biológico. Las características biológicas de los miembros de un grupo construido socialmente pueden diferir en términos estadísticos, igual que los indicadores de salud de la población rural de los Estados Unidos difiere de los de la población urbana; y la cuestión de si debemos tratar a alguien de forma distinta en virtud de las características estadísticas del grupo al que pertenece es siempre una cuestión distinta de si tales diferencias de grupo existen o no. Como resultado, cuando surgen preguntas sobre la relevancia de la cuestión racial en la vida política, rara vez es buena idea, tal como argumentó inicialmente Du Bois, recurrir a la biología.

Podría pensarse que, dado que las diferencias raciales no son biológicas, estas deberían ser más maleables; pero eso es un error. Que una diferencia biológica sea o no maleable depende de su naturaleza; el color de la piel, como todos sabemos, puede verse afectado por la exposición al sol; la apariencia del cabello puede manipularse químicamente; la diferencia de susceptibilidad a determinadas enfermedades puede erradicarse mediante la vacunación; las narices pueden alterarse con cirugía. Por el contrario, tal como hemos aprendido en Estados Unidos, la disparidad racial en el reparto de la riqueza y en lo relativo a muchas otras medidas puede mantenerse mucho tiempo después de que un Gobierno haya dejado de imponerlas activamente. En 2009, la riqueza media de los hogares blancos estadounidenses era veinte veces mayor que la de los hogares negros, casi medio siglo después de la Ley de Derecho al Voto de 1965.[33] El reconocimiento de que estas diferencias vienen producidas por procesos sociales no ha reducido la dificultad de alterarlas.

COLOREA POR DENTRO DE LA LÍNEA

Es de esperar que, en el siglo XXI, estuviéramos viendo ya signos de que el pensamiento racial y las hostilidades que se fundamentan en la raza —el problema de la línea de color— están desapareciendo. Sin embargo, la creencia de que entre *nosotros* y *ellos* existe una diferencia esencial sigue estando difundida, y hay muchas personas aún piensan que es algo hereditario. También está claro que las diferencias entre grupos que se definen por una ascendencia común pueden ser la base de una identidad social, independientemente de creamos o no que estos grupos tienen una base biológica. Como resultado, las categorías étnico-raciales siguen teniendo una importancia política nacional, y las identidades raciales conforman la filiación política de las personas.

Una vez consolidados estos grupos étnico-raciales, las desigualdades existentes entre ellos, sean cuales sean sus causas, ofrecen una base para la movilización política. Hoy, mucha gente sabe que todos formamos, en realidad, una sola especie, y cree que las diferencias raciales son algo ilusorio desde el punto de vista biológico; pero nada de eso suele minar la importancia que para ellos tienen las identidades y las filiaciones raciales. Por todo el mundo, las personas han luchado por la implementación de políticas de acción afirmativa o de discriminación positiva, en favor de sus grupos étnico-raciales, y lo han conseguido. En Estados Unidos, en parte debido precisamente a estas políticas de acción afirmativa, las encuestas de opinión muestran sistemáticamente que existen amplias divergencias sobre muchas cuestiones relacionadas con las cuestiones raciales.[34] En los campus estadounidenses, donde la afirmación de que «la raza es un constructo» resuena como un mantra, las identidades asiática, negra y blanca siguen conformando la experiencia social. Por el contrario (y, en parte, sospecho, a causa de que el esencialismo es connatural en nosotros), hay mucha gente en todo el mundo a quien, directamente, jamás podrá persuadirse de que la raza, tal como la experimentamos en nuestra vida social, es un «constructo».

Cuando pienso en las razones por las que la exclusión racial ha demostrado ser tan persistente, recuerdo el método de la cera perdida con el que en Ghana se moldean las pesas de pesar el oro. (Se crea un modelo de cera, se cubre con arcilla y aquel se derrite al verter latón fundido hacia el interior.) En el caso que nos ocupa, la cera perdida sería el concepto de raza decimonónico; puede que su sustancia se haya derretido, pero hemos llenado meticulosamente el hueco que dejó. En Estados Unidos, los nativistas desean definir el país en términos de color y creencias, es decir, un país blanco y cristiano. Al otro lado de la línea de color, la persistencia de las desigualdades materiales otorga una misión a las identidades raciales, porque ¿cómo podríamos discutir las desigualdades basadas en el color sin hacer referencia a los grupos definidos por el color?

Otra de las razones por las que la raza sigue desempeñando un papel central en la política internacional es la política de solidaridad racial que Du Bois ayudó a impulsar en el mundo negro, al cofundar la tradición del panafricanismo. Esto se manifiesta de diversas formas; los afroamericanos suelen mostrar más interés que los blancos en la política exterior de Estados Unidos en África; en 2014, en Port Harcourt, en Nigeria, se organizaron protestas por el asesinato de Michael Brown a manos de un policía blanco de Ferguson, Missouri; los estadounidenses negros tienen acceso especial a los pasaportes ghaneses; el rastafarismo del Caribe celebra a África como el hogar de las personas negras, y en América del Norte, América del Sur y el Caribe, se ha disparado el turismo patrimonial con destino a África Occidental.[35]

Pero el panafricanismo no es el único movimiento en el que los grupos definidos por una ascendencia común manifiestan una solidaridad transnacional; muchos judíos muestran interés en la política israelí; los chinos están pendientes del destino de sus paisanos en diáspora; los japoneses siguen la política de São Paulo, hogar de más de un millón de personas de ascendencia japonesa, y quizá de un millón de personas de origen árabe, en su mayoría libaneses, algunos de los cuales están, a su vez, pendientes de los acontecimientos de Oriente Medio.[36] Las identidades basadas en la idea, real o ficticia, de la ascendencia común siguen siendo centrales en nuestra política, tanto en las relaciones entre las naciones como en el seno de cada una de ellas. En este nuevo siglo, igual que en el pasado, la línea de color y sus anexos siguen mostrándose fuertes. La raza, podría decirse, se ha convertido en un palimpsesto, un pergamino escrito por sucesivas generaciones en el que nada se borra del todo. A menudo con la más benévola de las intenciones y, otras veces, con la más maliciosa, seguimos dibujando el mismo contorno con plumas distintas.

LA VUELTA A CASA

En algún momento, Amo Afer soltó su propia pluma. Al llegar a la madurez, decidió que era hora de volver a casa y, en 1747, regresó a la Costa de Oro, a las aldeas nzema en las que nació. Fue una decisión muy audaz. Educado en el corazón de la Ilustración, con una carrera académica que había pasado por algunas de las sedes más prestigiosas del conocimiento europeo, le daba la espalda al gran experimento que él mismo encarnaba y decidía hacer su vida en una tierra que no había visto desde que era un niño.

Sus razones, solo podemos imaginarlas. Se ha sugerido que una causa de incomodidad puede haber respondido a los crecientes prejuicios sobre el color que se desarrollaron en esta época en Alemania; los primeros indicios de la fijación racial de Europa. En 1747, en Halle, se interpretó una obra satírica en la que Astrine, una joven alemana, rechaza las insinuaciones amorosas de un profesor africano de filosofía de Jena llamado Amo. «Mi alma —insiste Astrine—, sin duda no puede amar a un moro».[37] La obra demuestra que Amo era una figura famosa en Halle. Pero quien rechaza al moro es Astrine, no el autor; y hay quienes han conjeturado que lo que impulsó a Amo a dejar Alemania no fueron los prejuicios raciales sino un corazón roto.

Sabemos un poco más de lo que le sucedió. El médico de un barco holandés lo conoció a mediados de la década de 1750 en Axim. «Su padre y una hermana seguían vivos y vivían a cuatro días de viaje tierra adentro», dejó recogido el médico. También que Amo, a quien describía como «un gran sabio», había «adquirido reputación de adivino».[38] Sabio y adivino; he aquí alguien que sabía que las deliberaciones de la Ilustración no le eran más propias que las de sus antepasados nzema.

Algún tiempo después, Amo dejó Axim y se fue a vivir a Fort St. Sebastian, uno de los aproximadamente veinte fuertes y castillos que servían a la trata de esclavos por toda la costa de Ghana, cerca de la ciudad de Shama, donde hoy está enterrado, a apenas unos veinte kilómetros de donde, siglo y medio después, nacería Kwame Nkrumah, el nzema más conocido del mundo. Hoy nos quedan algunas preguntas: ¿Qué contó el adivino a la gente de lo que había aprendido de su larga estancia en el norte? ¿Y cómo explicó su decisión de dejar atrás todo lo que allí había construido? Es imposible no preguntarse si intentó huir de la conciencia del color, retirarse a un lugar donde su aspecto no fuera un rasgo de identificación. Un lugar en el que Amo Afer pudiera ser solo Amo de nuevo; donde no tuviera que ser *el* Africano. De hecho, su odisea nos exhorta a que imaginemos lo que él parece haber anhelado: un mundo libre de fijaciones raciales. Nos plantea la pregunta de si podremos, alguna vez, construir un mundo en el que el color sea simplemente un hecho más, ni una característica y ni un destino; de si no nos iría mejor abandonando las tipologías raciales y, con ellas, una forma errónea de pensar que tuvo su origen en aproximadamente el mismo momento en que Anton Wilhelm Amo era un conocido filósofo alemán en el apogeo de su capacidad intelectual.

5
Clase

Digamos que los mayordomos de la generación de mi padre veían el mundo como una escalera. Las casas de la realeza, los duques y los lores de las familias más antiguas ocupaban el peldaño más alto, seguían los «nuevos ricos», y así sucesivamente hasta llegar al peldaño más bajo, en el que la jerarquía se basaba simplemente en la fortuna familiar.

KAZUO ISHIGURO, *Los restos del día*, 1989[1]

Michael Dunlop Young tenía catorce años cuando llegó a la institución que iba a marcar el curso de su vida. Se llamaba Dartington Hall. La habían creado Leonard y Dorothy Elmhirst, que se contaban entre los más influyentes filántropos británicos del siglo xx. Despreciaban la mezquindad y el mercantilismo, y deseaban cambiar la sociedad cambiando a las personas. El internado experimental al que asistió Young era parte de la comunidad utópica que ambos estaban construyendo en un vasto terreno de Devon, un pintoresco condado del suroeste de Inglaterra.

Dartington no era un experimento común, en parte porque los Elmhirst no eran una pareja común. Leonard, nacido en una rama más bien venida a menos de la aristocracia de Yorkshire, había estudiado en el Trinity College, en Cambridge, y en Cornell, en el estado de Nueva York, y fue secretario de Rabindranath Tagore, el Premio Nobel de Literatura indio, quien, a su vez, se había educado en una comunidad utópica en Bengala. Dorothy era hija de William Collins Whitney, financiero y funcionario estadounidense (había sido secretario de Marina con el presidente Grover Cleveland), y miembro de una de las pocas familias americanas que podía reivindicar con seguridad la pertenencia a una clase alta consolidada. En el siglo XVII, uno de sus antepasados, peregrino del *Mayflower*, había sido gobernador de la colonia de Plymouth, y desde entonces los Whitney habían administrado su posición en la élite social y financiera a lo largo de generaciones. Según se decía, el padre de Dorothy había servido de modelo para el Adam Verver de *La copa dorada* de Henry James; igual que Verver, no era solo asombrosamente acaudalado (dejó una herencia valorada, en su equivalente actual, en unos seiscientos millones de dólares), sino también atractivo, divertido y astuto. Dorothy, por su parte, era una fiel defensora de los valores de la era progresista, contribuyó a crear y a fundar la New School for Social Research de Nueva York y la revista *New Republic*, las cuales, durante la Primera Guerra Mundial y varias generaciones después, encarnaron el liberalismo americano.

Su mecenazgo también se extendió a la propia arquitectura de Dartington. Oswald Milne, que había diseñado el interior del Claridge's Hotel de Londres, fue el arquitecto del edificio neogeorgiano que albergaba la escuela principal; William Adams Delano, el arquitecto encargado de supervisar la adición de la balconada al pórtico sur de la Casa Blanca, diseñó la nueva escuela infantil; Walter Gropius aplicó las ideas de la Bauhaus a la conversión del teatro, y el eminente miembro del movimiento moderno suizo William Lescaze diseñó la High Cross Hill, la casa del director, que en *Country Life* se describía, de forma poco lisonjera, como «probablemente el ejemplo más extremo que puede hallarse en Inglaterra del tipo de vivienda funcional que se asocia al nombre de Le Corbusier».[2] Con sus contactos y su visión, los Elmhirsts reclutaron a los hijos de la élite progresista. Bertrand Russell envió allí a su hija Kate a principios de la década de 1930; su amigo el filósofo G. E. Moore y los escritores Aldous Huxley y Sean O'Casey lo imitaron. Los nietos de Freud, Lucian y Clement, también pasaron por allí.

¿Y quién era Michael Young? Había nacido en Inglaterra —al año siguiente del comienzo de la Primera Guerra Mundial, en un pueblo cercano a Manchester— pero sus padres no eran ingleses. Su padre, Gibson, había llegado a Inglaterra de pequeño, procedente de Australia, para estudiar violín en el Royal

Manchester College of Music. Si su familia había podido permitirse enviarlo allí era porque el abuelo de Gibson había encontrado una pepita de oro durante la fiebre australiana de mediados de siglo y, con el dinero obtenido, había fundado el *Bendigo Advertiser*, en un pequeño pueblo a unas pocas horas de camino al norte de Melbourne. La madre de Michael, Edith, era hija de una irlandesa, Louisa Fitzpatrick, y de un escocés, Daniel Dunlop, un próspero hombre de negocios y apóstol del teósofo austríaco Rudolf Steiner. Durante el tiempo que los abuelos celtas de Michael pasaron en Dublín, Daniel Dunlop, igual que Italo Svevo, causó impresión en James Joyce, y aparece mencionado en el *Ulises*, donde figura en una lista junto con otras importantes figuras de la teosofía.[3]

En 1917, dos años después de su nacimiento, la madre y el padre de Michael se trasladaron a Australia en un intento de salvar su matrimonio. Ella tenía un amante ruso, y la intención era escapar de él dejando Inglaterra, a donde Gibson regresaría solo un par de años más tarde. Su mujer y su hijo lo siguieron en 1925; para entonces el matrimonio estaba muerto. Edith Young se convirtió en novelista y vivió la bohemia londinense; Gibson nunca logró ganarse la vida como violinista, pero desarrolló una carrera como director de coro, fue crítico musical en el periódico sensacionalista *Daily Express* y, por último, regresó a Australia como director musical de la Comisión Australiana de Radiodifusión.

La educación relativamente nómada de Young comenzó en escuelas públicas, tanto de Australia como de Inglaterra, y, más tarde, a pesar de que sus padres eran socialistas, en un par de escuelas privadas de Bristol y Cockfosters, una zona suburbana de Londres, donde se vio agobiado por reglas y castigos físicos. La escuela de Dartington fue una sugerencia de la hermana de su padre, Florence, quien más tarde se casaría con el director de una ilustre escuela de África Occidental. (Se trata del Prince of Wales College, en Achimota, que tuvo que defender su título de mejor escuela de la Costa de Oro contra la escuela a la que asistió mi padre, Mfantsipim.) Así, la familia del niño lo conectó con el amplio mundo del Imperio británico de principios del siglo xx.

Dartington dio a Michael tanto el *habitus* como el capital social o, dicho en crudo, los contactos con los que desenvolverse. En el nuevo colegio, prosperó, y los Elmhirsts lo acogieron en la familia, alentándolo y apoyándolo durante el resto de sus vidas. Como ya tenía un hijo llamado Michael, Dorothy lo llamó Michael Youngster (Michael el Chico). Por medio de los Elmhirsts, Michael Young conoció a los miembros de una élite internacional, se alojó en la Casa Blanca con el presidente Roosevelt en 1933 y le asesoró sobre Cuba; escuchó una conversación entre Leonard y Henry Ford mientras cruzaban juntos el océano en un transatlántico... A través de la red de ricos y poderosos que pasaba por Dartington, conoció a los peces gordos que movían los hilos de la élite progresista británica.

Michael Young llegó a ser una de las figuras clave del desarrollo de la sociología en Gran Bretaña, y dedicó gran parte de su vida a explorar el papel que desempeñaba la clase en el país en el que nació. Fue un prodigioso constructor de instituciones y promulgó sus ideas y argumentos entre los arquitectos del estado de bienestar británico de la posguerra. «Recuerde —le escribiría más tarde Leonard Elmhirst—, que las ciencias sociales son solo otro término para decir "dinamita política", porque la psicología y la economía deben llevar directamente al corazón de los asuntos humanos».[4] En la consecución de este objetivo vital, Young contaba con una amplia gama de experiencias personales a las que recurrir. Sus padres nunca habían tenido mucho dinero (cuando se separaron por primera vez, consideraron dar a Michael en adopción) y, aparte de la ocasional matrícula escolar, tampoco podía esperar mucha más ayuda de sus algo más prósperos abuelos. Así que creció en las franjas más pobres de la sólida clase media. Pero Dartington lo puso en contacto con un mundo de riqueza y poder que hizo algo más que compensar estos modestos comienzos.[5]

Young, pionero en la exploración científica moderna de la vida social de la clase obrera inglesa, no deseaba solo estudiar el concepto de clase; quería también poner solución a los perjuicios que creía que este podía ocasionar. El ideal de Dartington defendía el cultivo de la personalidad y de las aptitudes particulares, en cualquier forma que estas tomaran, y si las estructuras de clase británicas imposibilitaban la realización de este ideal, Young acabaría enfrentándose a ellas. ¿Qué es lo que podría reemplazar dichas estructuras y su viejo sistema de jerarquía social, tan similar a las castas? En la actualidad, para muchos, la respuesta es la «meritocracia», un término que acuñó el propio Young en la década de 1950. La idea de meritocracia representa una visión en la que el poder y los privilegios se asignan en función no de nuestros orígenes sociales, sino del mérito individual.

Es bajo el dominio de este ideal meritocrático como hoy mucha gente se forja una imagen de cómo deberían organizarse las jerarquías económicas y de estatus de nuestro mundo. Están en contra (¡cómo no!) de las viejas formas de asignar el estatus por nacimiento y piensan que los empleos no deberían ir a parar a manos de quienes tienen los contactos, sino de quienes están más cualificados, independientemente de su clase o, de hecho, de su raza, etnia, género, orientación sexual y toda otra serie de identidades irrelevantes. Ocasionalmente, permitirán que se hagan excepciones, por ejemplo, por razones de discriminación positiva, para contrarrestar los efectos de otras discriminaciones previas. Pero dichas excepciones, motivadas por el deseo de deshacer anteriores infracciones a la regla, se entienden como algo provisional; cuando las injusticias del sexo, la raza, la clase y la casta desaparezcan, las excepciones dejarán de ser necesarias. Estas personas rechazan la vieja sociedad de clases. Sus ideas sobre estas definen lo que creen que es correcto frente a la representación de los viejos malos tiempos.

En los capítulos sobre las creencias y la nación, he señalado nuestra tendencia a exagerar la continuidad de dichas entidades a lo largo del tiempo. En lo que se refiere a la clase, voy a presentar el argumento contrario, que las continuidades son, en lo tocante a este caso, mucho mayores de lo que a menudo pensamos. Al progresar hacia el ideal meritocrático, hemos creído que dejábamos atrás las antiguas incrustaciones de las jerarquías heredadas. Pero esa, tal como Michael Young sabía, no es la historia real.

¿FIN DE LA CLASE?

Al comienzo de este libro, he descrito tres características conceptuales que comparten las identidades. La primera consiste en un conjunto de etiquetas y las reglas que dictan cómo estas se adscriben a las personas. La segunda en que estas etiquetas entrañan un significado para quienes las llevan, por lo que a veces modelan su comportamiento y sus sentimientos en formas de las que las propias personas pueden o no ser conscientes. Y la tercera consiste en que estas etiquetas también tienen importancia en la definición del modo en que los demás tratan a sus portadores. Por ello la identidad tiene una dimensión tanto subjetiva como objetiva. En los tres dominios —etiquetas, normas, trato—, pueden tener lugar impugnaciones y disputas, hecho que es obvio en el caso de la clase. Aquí indagaré en las complicaciones que entraña la clase en cada uno de estos dominios: en la dificultad para asignar una etiqueta, en el significado que adquiere la clase para sus portadores, y en cómo tratamos a las diversas clases que etiquetamos y que, por tanto, reconocemos. Por el camino, también tomaré parte en los actuales debates sobre el tema.

En primer lugar, pues, ¿qué escribimos en esas etiquetas y cómo las asignamos? ¿De qué hablamos cuando hablamos de clase? No existe una respuesta que cuente con amplia aceptación. La propia idea de clase puede parecer reciente, en términos históricos. En Inglaterra, el término solo llegó a popularizarse en el siglo XIX, con la reacción de los conservadores a las turbulencias de la Revolución francesa. Pero hacer el seguimiento de un concepto rastreando la palabra que lo designa puede llevarnos a confusión, ya que en este caso se trata de un concepto realmente antiguo. No hay duda de que los griegos y romanos de la Antigüedad reconocían las jerarquías sociales. La Europa feudal se concebía a sí misma como dividida en «estamentos», aunque existían distintas ideas sobre el número de estamentos existentes y la ubicación de las líneas divisorias. El clero y la nobleza se contaban, por lo normal, cada uno como un estamento; el campesinado, los comerciantes y los tenderos podían agruparse o dividirse de varias maneras.

Las teorías modernas sobre la clase tienen su origen en los textos que Karl Marx escribió a mediados del siglo XIX y en la imagen enormemente estilizada que dibujó de la economía británica de los primeros tiempos del capitalismo industrial. Marx describió dos clases fundamentales, definidas por su «relación con los medios de producción». Por un lado estaban los capitalistas, que eran los propietarios de las fábricas, y, por otro, los trabajadores, que recibían un salario por producir cosas. A la clase capitalista, Marx la llamó burguesía, empleando un término que antiguamente había definido a los comerciantes y artesanos que vivían en las ciudades (*les bourgs*, en francés). A los trabajadores los denominó proletariado. Y parte de lo que defendía —lo cual se expresó en el surgimiento y auge de las asociaciones de trabajadores a lo largo del siglo XIX y, después, de los sindicatos—, era que estas clases constituían identidades, que tenían un significado normativo para las personas que pertenecían a ellas, y que uno se pensaba a sí mismo y actuaba como miembro de la clase trabajadora mostrando solidaridad de clase y enorgulleciéndose de los logros de su gente. El concepto de clase como identidad está implícito en la idea de Marx de que el proletariado podría ser tanto el «objeto» como el «sujeto» de la historia, tanto algo sobre lo que esta actúa como el actor consciente de la misma. E. P. Thompson, historiador que pertenece a esta tradición marxista, llevó más allá esta idea en su clásico *La formación de la clase obrera en Inglaterra*, al escribir: «La clase obrera se hizo a sí misma tanto como la hicieron otros». Menos epigramáticamente: «La clase cobra existencia» cuando, a raíz de su experiencia compartida, algunos hombres «sienten y articulan la identidad de sus intereses [...] frente a otros hombres». En este caso, estos otros hombres eran «sus gobernantes y patronos».[6]

Huelga decir que la división dicotómica básica del pensamiento marxista dejaba fuera a un gran número de gente. Estaba, aún, la vieja aristocracia, la nobleza. En el campo estaban los pequeños agricultores, los terratenientes y los campesinos. Había propietarios rentistas y profesionales, como los barberos, los abogados, los médicos y las enfermeras. Luego estaba lo que Marx llamó la pequeña burguesía, los tenderos y quienes gestionaban pequeños negocios que proporcionaban bienes y servicios. Estaban también los trabajadores públicos de todos los niveles, académicos, soldados, policías, la servidumbre doméstica y los gerentes que supervisaban el trabajo del proletariado. Marx nació en una familia judía alemana, en Prusia. Sus dos abuelos eran rabinos y su padre era un abogado de éxito y propietario de un viñedo, miembro de las prósperas clases medias. ¿Dónde encajaba el propio Marx?

El sociólogo alemán Max Weber, que escribió un par de generaciones más tarde y que era, por su parte, hijo de un político berlinés de cierta relevancia, ensayó una concepción más rica. No tanto en su tratamiento específico del concepto de «clase», que definió, en términos estrictos, como un hecho económico, puramente objetivo, que se daba en las personas, sino más bien en su explicación de mayor alcance sobre la estratificación social. En esta explicación incluía, además de la clase, la idea del grupo de estatus (lo que él llamó *Stand*), condicionado por una «estimación social específica, positiva o negativa, del honor», así como un tercer concepto al que llamó «partido», que reflejaba la relación particular con el poder y, por tanto, la capacidad de alcanzar los objetivos propios. La clave, aquí, es que Weber consideró que estas tres categorías estaban entrelazadas. El nivel de riqueza mantenía una compleja relación con las diferencias de estatus; pero también el poder podría conferir estatus y estar asegurado por la riqueza. Weber observó que «el estatus del honor viene normalmente expresado por el hecho de que, por encima de todo, puede esperarse un mismo estilo de vida concreto de todos los que desean pertenecer al círculo». El propio Weber poseía un fuerte sentido del honor; una vez retó en duelo a un rival académico de su mujer, que también era teórica social.[7]

A partir de aquí, evolucionó un concepto de clase que bebe de las tres fuentes de Weber. Ya no creemos que la clase de una persona pueda determinarse en función de su declaración de la renta. El voto de pobreza de un cardenal jesuita no significa que viva como un pobre, ni lo consigna a las clases bajas. Un estudiante universitario sin blanca se ubica en un estrato social diferente que el bedel de su residencia. Y, como es sabido, la literatura del siglo XIX está llena de miembros empobrecidos de las clases altas, como es el caso de la Jane Eyre de Charlotte Brontë o de las hermanas Dashwood de Jane Austen, que son de «noble cuna» pero necesitan un trabajo, un marido o un mecenas que las mantenga. Y también ocurre al contrario, estar en posesión de una fortuna no convierte a una persona en parte de la clase alta. En *Doctor Thorne*, una de las novelas del Ciclo de Barsetshire, Anthony Trollope escribe sobre un personaje, sir Roger Scatcherd, que es rico, tiene un título y es dueño de una gran propiedad. ¿Clase alta? No lo consideran así ni él mismo ni ninguna otra persona; es un albañil exconvicto que hizo su fortuna y obtuvo su título por sus manejos como contratista ferroviario. Entonces, ¿por qué no decir que la clase es simplemente una cuestión de estatus? Sería tentador, pero la dimensión económica no es algo fortuito ni contingente, y no todas las formas de estatus tienen que ver con el estatus de clase. (Los miembros que forman la élite de un equipo de fútbol superan tanto en honor como en nivel de renta a aquellos de sus compañeros que pasan la temporada calentando el banquillo, pero no sería correcto describir esta situación en términos de clase.) El componente hereditario es también parte del cuadro; como lo es la perspectiva de movilidad ascendente o descendente que se tenga. La conexión entre clase y nivel de renta, aunque sea compleja, es indisoluble.

Podemos hacernos una idea del motivo por el que la clase se convirtió en un problema similar al del mapa de cuatro colores para las ciencias sociales. Cuantas más variables tratemos de incorporar, más difícil será resolverlo. De hecho, dada la falta de certidumbres respecto a cómo pueden definirse o demarcarse las identidades de clase, diversos sociólogos han intentado, durante décadas, desterrar el término; abolir «clase», ya que no las clases. Pero, igual que Zeno, el personaje de Svevo que intenta dejar de fumar constantemente sin conseguirlo nunca, no hemos llegado a cumplir con la tarea. En la época de la posguerra, los científicos sociales adoptaron ampliamente el término «estatus socioeconómico» para designar lo que en general se entendía por clase, pero lo único que hicieron fue barrer todas las cosas confusas debajo de la parte de «socio», como si se tratara de un niño que intenta ocultar sus espinacas bajo una servilleta.

La vergonzante realidad es que, sea cual sea la designación que usemos, la jerarquización social es tan consustancial a nuestra cultura y nuestra historia que incluso los términos que usamos comúnmente para expresar elogio o desaprobación tienen su raíz en ella, tal como ha observado el eminente crítico literario (y biógrafo de Svevo) P. N. Furbank.[8] El término «honesto» está relacionado con la palabra «honor», y *honestus* designaba antiguamente a un grupo social, los romanos de «alta cuna». Cuando Horacio describe, en el primer poema del Libro III de sus *Odas*,[9] a alguien que se «presenta en el campo de los honores» como *generosior*, quería decir que el hombre era de buena familia; nuestra palabra «generoso» deriva del latín. En francés medieval, *gentil* significaba «noble», y de ahí pasó al inglés. Recordemos el «*verray, parfit, gentil knight*» («un perfecto caballero») al que hacer referencia Chaucer en el prólogo a los *Cuentos de Canterbury*. «Cortés» significaba tener los modales de la corte. *Boor* («bruto») proviene del francés antiguo *bovier*, que significa vaquero, del genitivo, *bovis*, de *bos* en latín, que significa «buey» o «vaca». En la Edad Media, un *churl*, de donde desciende la palabra *churlish* («grosero»), era una persona de «bajo nacimiento», igual que *vilain* («villano»), en francés normando, que provenía del latín *villa*, «casa de campo», y refería a quien allí trabajaba, un granjero. A principios del siglo XIV, *mean*, que provenía de una raíz alemana que significa «común», «compartido por todos», llegó a hacer referencia a personas que eran, como decía el diccionario del Dr. Johnson, «de bajo rango». Podemos verlo también en los versos de la «Oda horaciana al regreso de Cromwell de Irlanda» escrita por Marvell en 1650, donde, en su ejecución, dice de Carlos I:

> No hizo ni dijo nada común
> en esa memorable escena.

La clase es a la vez esquiva e ineludible.

HOMBRES AVERGONZADOS

Los sistemas de clase no son exclusivos de Europa, claro está. En Kumasi, en Ghana, vivíamos justo al pie de la colina en la que se encuentra el palacio del rey de Ashanti o, dicho en twi, el *asantehene*. Cuando yo era pequeño, Otumfuo sir Osei Agyeman Prempeh II vivía en Manhyia, que es como se conoce su residencia. Una de las esposas de Prempeh era hermana de mi abuelo, de manera que él era cuñado del rey, y algunos de los primos de mi padre eran *ahenemma*, príncipes y princesas.

Muchos domingos de mi infancia, al salir de la iglesia, a mi madre, a mi hermana y a mí nos llevaban en coche al palacio, donde nos sentábamos en un porche sombreado por las plantas colgantes que lo mantenían fresco y esperábamos en silencio a que mi tío abuelo nos recibiera. Él aparecería desde el interior de la casa, impecablemente envuelto en su *kente* —la toga de seda que viste la élite ashanti en las ocasiones especiales—, nos levantábamos para saludarlo y esperábamos a que él se sentara para volver a sentarnos. Mi madre y él conversaban durante unos minutos, y los niños bebíamos los refrescos que nos servía el mayordomo, comportándonos, tal como habíamos prometido, según nuestros mejores modales. Prempeh II tenía el carisma de quien lleva muchos años gobernando; a mí me parecía alguien genial e imponente al mismo tiempo, conectaba nuestro mundo moderno con un pasado histórico. Hasta mucho tiempo después, no se me ocurrió pensar que aquellas audiencias privadas regulares debían haber sido un raro privilegio.

Cuando yo tenía unos dieciséis años, por expresarlo con el eufemismo que usamos nosotros, Prempeh II se marchó «a su aldea»; era el decimocuarto *asantehene* que se iba a dormir con sus antepasados. Le sucedió un hombre al que yo había conocido toda mi vida como el tío Matthew, el marido de mi tía Victoria, la «hermana» favorita de mi padre, cuyos hijos eran los más cercanos a mi familia ashanti.[10] Cuando era niño, le daba la mano cuando caminábamos por la casa; ahora, él estaba investido de majestad y, en su presencia, yo estaba obligado a descubrirme el hombro y a quitarme los zapatos en señal de respeto. Otumfuo Opoku Ware II, como se lo conoció, vivió en un palacio mucho más grande, que construyó junto al edificio donde habíamos pasado los domingos sentados en el porche con su predecesor, y devolvió la grandeza al palacio de Manhyia, una grandeza perdida cuando los británicos destruyeron el antiguo al término de las guerras anglo-ashanti.

Como mi padre era el jefe de aquella familia —recordemos que los ashanti somos matrilineales y que la mujer de mi tío y madre de mis primos era hermana de mi padre—, fue él el encargado de supervisar la educación de aquellos niños de la realeza, comentaba con ellos sus notas escolares y desempeñó un papel importante en sus vidas. Y crecimos juntos. La pertenencia a la familia real tenía que ver con la sangre, la ascendencia y el honor, no tanto con la riqueza, o al menos no en términos obvios.[11] Teníamos un montón de primos que no eran especialmente ricos, vivían en casas humildes, dormían dos o tres o hasta cuatro en una misma habitación; pero, igual que ocurre con esos aristócratas ingleses que están sin blanca y carecen de tierras, sabían cómo comportarse en los grandes círculos. A finales del siglo XIX, en Ashanti, igual que ocurría en Gran Bretaña, a la aristocracia militar y cortesana se unieron una serie de hombres y mujeres cuya riqueza provenía de los negocios y no de la posesión de tierras ni del poder sobre los demás; se los llamó *asikafo*, la gente del oro, personas de dinero. Pero la verdadera aristocracia la formaban la familia real y los jefes supremos, que recordaban la larga línea de los linajes, los títulos y la tierra que acarreaba todo ello.

Lamentablemente, allá donde existe la nobleza siempre existe su contrario: quienes, en razón de su origen son estigmatizados y no encumbrados. Cuando era niño, una vez le pregunté a mi padre, en una sala llena de gente, por la relación que nos unía con una mujer que conocíamos y a la que apreciaba, y que vivía en una de las casas de la familia. De hecho, yo pensaba en ella como una de mis muchísimas tías. Mi padre soslayó la pregunta, molesto. Solo después, cuando nos quedamos solos, me explicó que nunca debe preguntarse en público por los antepasados de la gente. Aquella mujer, como todos los adultos de la familia sabían, descendía de un esclavo de la familia y era, por tanto, de un estatus inferior al nuestro. De niños teníamos la obligación de tratar con educación a todos los adultos, incluso a los de rango más bajo, pero eso no significaba que no fueran inferiores. No estoy hablando aquí de lo que mi padre o yo pensáramos sobre el estatus de aquella mujer. Él intentaba no avergonzarla; pero no pensaba, sin duda, que su ascendencia fuera algo vergonzoso. Pero, a menudo, el modo en que la trataban otras personas que conocíamos hacía ver que la consideraban de estatus inferior. Y sospecho que aquí la verdad más importante está en cómo pensara ella en sí misma. Y ella pensaba que estaba por debajo de un mundo poblado de otras personas superiores. Aceptar el sistema de clases ha hecho que lleguemos a considerar tales formas de desprecio hacia uno mismo como algo natural.

Estos privilegios podían conllevar también la capacidad de hacer daño a los subordinados de formas más activas que el simple desprecio. En el Kumasi del siglo XIX, las diferencias de rango social se hacían manifiestas en los diferentes castigos que se aplicaban en las condenas por adulterio. Si se tenía un *affaire* con una de las esposas del *asantehene*, el rey, lo que esperaba era la muerte por medio de una lenta agonía. Por el contrario, si un hombre de alto rango tenía relaciones con la mujer de un plebeyo, era suficiente con pagar una multa en absoluto onerosa.[12] Aquí, género y clase se entrecruzan de una forma conocida, a pesar de tratarse de una sociedad en la cual las mujeres de la realeza ostentaban un grado enorme de poder y autoridad, y aun aquellas que no eran de la realeza podían amasar grandes fortunas dedicándose a los negocios. Pero lo fundamental se mantenía inmutable; las clases altas gozaban de unos grandes privilegios sociales que les otorgaban poder sobre la vida ajena.

Una dinámica similar, que nos habla de los privilegios de las clases altas de la Inglaterra de ese mismo periodo, queda ilustrada en este relato que aparece en *The Diary of Frances, Lady Shelley*. La autora relata un día de 1819 que su esposo pasó cazando aves junto con el duque de Wellington, quien, por cierto, no era demasiado buen cazador. Después de «herir a uno de los perros» y «acribillar» los zapatos de un guardabosque, Wellington culminó su catálogo de percances disparando a una anciana, que se había mostrado tan imprudente como para ponerse a hacer la colada junto a la ventana abierta de su casa, situada en la finca de caza. «Estoy herida, milady», gritó la mujer. «Buena mujer —le respondió lady Shelley—, este debería ser el momento más honrado de tu vida. ¡Has tenido el honor de ser herida por el gran duque de Wellington!»[13]

EL ESTILO AMERICANO

Muchos estadounidenses, como la mayoría de los ingleses, conocen un poco cómo funcionaba el antiguo orden de clase británico gracias a series televisivas como *Downton Abbey*. Pero en Estados Unidos, dicho orden se ve como algo pintoresco e incluso extraño, como si se tratara de un documental de *National Geographic* sobre alguna tribu ignota, y, en algunos aspectos, tan exótico como pueda ser el mundo de la corte de Ashanti. Desde el principio, Estados Unidos repudió la misma idea de la existencia de una aristocracia distinguida por títulos nobiliarios. El artículo 1 de la Constitución de los Estados Unidos declara abiertamente que «Estados Unidos no otorgará ningún título nobiliario». Aquí, en Estados Unidos, los únicos títulos que se emplean son los democráticos «señor», «señora», «señorita», el académico «catedrático», el profesional «doctor», y los oficiales «señoría», «senador» y «congresista». Cuando John Adams propuso ante el Senado que el presidente de Estados Unidos recibiera el tratamiento de «alteza», Thomas Jefferson escribió a James Madison diciéndole que era «la cosa más superlativamente ridícula que he oído jamás». Desde entonces, los presidentes estadounidenses han sido simplemente «señor presidente». Un desconocido puede dirigirse a ti formalmente como «señor» o «señora», como reconocimiento de la igualdad de todas las personas. Thomas Paine, uno de los grandes teóricos de la Revolución estadounidense, escribió que lo que él llamaba «pomposos títulos conferidos a hombres indignos [...] intimidan al vulgo supersticioso y le impiden preguntarse por el verdadero carácter de su poseedor».[14]

Pero esta referencia al «vulgo supersticioso» subraya el hecho de que la hostilidad que los padres fundadores estadounidenses sentían ante la corrupción moral que asociaban con estos títulos hereditarios no suponía en absoluto un rechazo de las diferencias de clase. En los primeros tiempos de la república, la nueva élite política estaba plagada de hombres que deseaban preservar su condición de caballeros, por ejemplo, retando a otros a duelo y aceptando, a su vez, retos. Es sabido que Alexander Hamilton, el primer secretario del Tesoro del país y creador del sistema bancario nacional, murió en un duelo con el vicepresidente Aaron Burr, y que hasta entonces se había batido en duelo casi una docena de veces. Batirse en duelo, una cuestión de honor, era, por definición, una práctica exclusiva de caballeros. De hecho, quizá entre las razones que manejara Hamilton para aceptar un duelo podía estar, en parte, la inseguridad que pudiera sentir en lo relativo a su propio estatus, en su calidad de hijo ilegítimo de un escocés emigrado al Caribe. Rechazar los títulos no significaba, evidentemente, desechar el concepto del honor ni la idea de que algunas personas son honorables por nacimiento. Uno de los mejores libros sobre la cultura política de los primeros años de la república estadounidense se titula *Affairs of Honor*.[15]

En Estados Unidos, igual que en Inglaterra, a comienzos del siglo XIX existían caballeros y damas, por un lado, y órdenes inferiores, por otro. De hecho, en la primera época de la república, muchas personas quedaron asignadas, por razones de nacimiento, a los puestos inferiores de diversas jerarquías. Tal como escribió Thomas Jefferson a su compatriota virginiano Samuel Kercheval en una carta de 1816, incluso en una democracia pura habría aún algunas personas que quedarían «excluidas del debate público; 1, los niños, hasta que alcancen la edad para tener discernimiento; 2, las mujeres, quienes, para evitar la depravación moral y la ambigüedad, no pueden mezclarse de forma promiscua en las reuniones públicas de los hombres; 3, los esclavos, a quienes nuestro desafortunado estado de cosas priva de los derechos de voluntad y propiedad».[16] Por tanto, a los esclavos y las mujeres se les negaba el derecho al voto como una cuestión legislativa; aunque la Constitución de Estados Unidos, supuestamente democrática, tampoco garantizaba el voto a todos los hombres blancos. A muchos de ellos se les negaba porque no cumplían con el requisito de ser propietarios, que también rigió para los votantes ingleses hasta 1918, o porque no podían pagar el impuesto de capitación. El efecto que dichas reglas producían era el fortalecimiento del poder político de las clases pudientes. Tras la guerra civil estadounidense, se extendió a los negros el derecho de voto en las elecciones nacionales; en 1920, también a las mujeres. Solo en 1964 llegó a prohibirse el uso del impuesto de capitación para negar el derecho al voto.[17]

Pero, en el siglo XIX, como observó Alexis de Tocqueville, la distribución de la riqueza era más uniforme en Estados Unidos que en Europa y gran parte de ella estaba en manos de personas que la habían adquirido por sí mismas. «La fortuna —escribió—, circula allí con una incomparable rapidez, y la experiencia enseña que es raro ver a dos generaciones recibir igualmente sus favores». Como resultado, entre lo que él llamaba los angloamericanos, es decir, la población blanca, las relaciones sociales eran más igualitarias que en las sociedades del Viejo Mundo. Para Tocqueville, la democracia era, en gran medida, una condición de la sociedad en la que los hombres se trataban unos a otros como iguales. Tenía que ver con la cuestión del voto solo indirectamente. Tal como observó en *La democracia en América*: «Lo más importante para la democracia no es que no existan las grandes fortunas, sino que las grandes fortunas no estén concentradas en las mismas manos. De esta manera, existen los ricos, pero no forman una clase».[18]

Visto desde dentro, la experiencia no era necesariamente esta. Puede que lo que haya actuado como palanca en la historia política del país haya asido la inestabilidad de esta estructura de clases, pero no su inexistencia. Cuando Estados Unidos empezó a convertirse en un centro manufacturero, andado algunas décadas el siglo XIX, los retoños de las prósperas familias del norte comenzaron a verse social y políticamente desplazados. Se los había educado como élite gobernante, afirma el historiador estadounidense David Herbert Donald, pero se encontraron sin seguidores; el poder estaba cambiando del mundo agrícola a un emergente mundo empresarial en el que «una educación demasiado cortés o una moral demasiado amable constituían una desventaja». Y, así, los miembros de esta generación, que alcanzó la mayoría de edad en la década de 1830, se hicieron reformadores, en opinión de Donald, como un intento de reclamar su dominio social perdido. «Algunos lucharon por la reforma de las prisiones, otras por los derechos de las mujeres, otros por la paz mundial pero, en última instancia, la mayoría hicieron esa identificación natural entre aristocracia adinerada, fabricación textil y algodón cultivado por los esclavos del sur —afirma—. Atacar la esclavitud era su mejor arma, aunque lo fuera

de forma inconsciente, contra el nuevo sistema industrial [...].
La reforma dio sentido a las vidas de esta élite social desplaza-
da.»[19] Un análisis de las motivaciones basado en la clase a duras
penas puede resultar halagador, pero los ideales morales que
defendieron los reformistas tuvieron un arraigo genuino. Y mantuvieron viva la imagen de una política entre iguales que algunos
consideraban consustancial a la república estadounidense.

Lo cual no quiere decir que dicha política se lograra realmente. Y si la política de iguales resultó esquiva, también lo fue
el ideal de la sociedad de iguales. En Estados Unidos, la raza lo
complica y lo divide todo pero, entre los blancos, así como entre
los negros, existían jerarquías de estatus vinculadas a diferencias
de *habitus* entre aquellos que provenían de familias sin estudios,
en las que los hombres y las mujeres trabajaban con las manos, y
quienes venían de familias cultivadas y no se ganaban la vida
haciendo trabajos manuales. A principios de la década de 1970,
un sociólogo estadounidense hablaba de un fontanero de Boston
que ganaba el doble de dinero que su vecino, que era profesor;
«cuando se encuentran, el fontanero llama "señor" al profesor y
este se dirige al fontanero por su nombre de pila».[20] Me temo
que el respeto a los profesores ha decaído desde entonces.

Con la popularización masiva de la educación universitaria
después de la Segunda Guerra Mundial, que alcanzó antes a los
blancos que a los negros, y con el aumento de los puestos de
trabajo para los que era necesario tener una formación universitaria, o al menos así se consideraba, aumentó también la división sustancial entre las personas cuya educación reglada terminaba en el instituto y quienes la continuaban. Durante una
época, esa división fue cada vez más una cuestión de ingresos
personales y de estilo de vida, y no era probable que la pertenencia familiar tuviera algo que ver en ello. Esto puede considerarse, con cierta justicia, como la democratización de las oportunidades. Pero no pensemos ni por un momento que supuso
la erradicación de las jerarquías.

RECIPROCIDAD

Hablar de clase alta y clase baja es invocar un sistema en el que se supone que esta última debe una especie de deferencia social a la primera; asimismo, hablar de clase media es dibujarla como si estuviera ubicada entre ambas, mirando de arriba abajo, como las clases altas, a la que está por debajo; y mirando de abajo arriba, como las clases bajas, a la que está por encima. Un sistema de clases conlleva inevitablemente unos elementos jerárquicos en los que la relación entre estas es asimétrica. Esto no significa que las personas ubicadas en las franjas superiores de la jerarquía gocen de libertad para tratar a los de abajo de cualquier manera; hay determinadas formas de respeto que, por así decirlo, miran tanto hacia abajo como hacia arriba. Pero, en general, siempre va a existir un patrón por el que aquellos que se encuentren en los rangos superiores de un sistema de estatus —quienes tienen más alto *standing*— reciben muestras de deferencia de quienes gozan de un estatus menor, y es posible esperar que sus necesidades e intereses tengan también más peso.

Sin embargo, hablar aquí de «sistema» resultará un poco equívoco. No todo el mundo va a aceptar la jerarquía que presuponen los demás. Tal como dije al comienzo de este libro, las etiquetas se impugnan y también el significado normativo de dichas etiquetas. Quienesquiera que se encuentren en un lugar determinado de esta jerarquía tendrán, con frecuencia, una opinión sobre cuáles son las cosas que importan muy distinta de la que ostenten quienes están supuestamente mucho más arriba o más abajo.

En un estudio de 1957, *Family and Kinship in East London*, que Michael Young publicó con Peter Willmott, junto con el que había fundado el Institute for Community Studies, se recogía cómo las familias de clase trabajadora de Bethnal Green, en el East End londinense, mantenían una actitud ambivalente hacia los trabajadores de cuello blanco. Por un lado, cuando hablaban de sus propios hijos decían cosas como: «No quiero que haga un trabajo manual. Preferiría que trabajara con el cerebro en vez de con las manos». Pero sus comentarios también podían tener un aguijón en la cola: «Me gustaría que se dedicara a la química. Es algo completamente improductivo, así que está bien pagado». Y muchos de ellos mantenían opiniones acerca del prestigio relativo de diversas ocupaciones que hubieran asombrado (y espantado) a la mayoría de los miembros de las clases que oficialmente estaban por encima de la suya. Young y Willmott escriben:

> Una minoría considerable de los hombres de Bethnal Green tiene una opinión sobre el estatus del trabajo manual muy distinta de la que tienen los trabajadores de cuello blanco; ponen empleos como el de director de empresa y el de economista contable en la parte inferior de la escala y los empleos manuales, como el de trabajador agrícola, minero de carbón o albañil en la parte superior. Tienen una opinión negativa de los gerentes empresariales porque «no hacen nada. Ganan dinero solo por pasearse», y, en cuanto a los funcionarios públicos, «podría encontrar una forma mejor de usar mi dinero». A los trabajadores agrícolas, por otro lado, los valoran enormemente porque «no se puede vivir sin papeo», a los mineros del carbón porque «sin carbón, la industria se para» y a los albañiles porque «se necesita comida y, después, se necesitan casas».

Aun así, la mayoría de ellos aceptaban como una realidad que las perspectivas económicas de sus hijos serían mejores si consiguieran eludir los colegios públicos estándar y acceder a «una *grammar school** o a una escuela técnica, cualquier cosa excepto lo que una mujer llamaba "lo ordinario"».[21] Podían burlarse de las jerarquías adoptando valores antagónicos a los de las clases situadas «por encima» de ellos, pero no hacer como si el propio orden jerárquico no existiera.

Eso se debe a que uno de los más básicos de los bienes humanos es el respeto, tanto por uno mismo como por los demás.

---

* Las *grammar school*, en Reino Unido, son centros selectivos de educación secundaria, diferenciados del sistema general de las *comprehensive schools*. (*N. de la T.*)

El respeto, en términos generales, supone el mantenimiento de una actitud positiva hacia una persona, provocado por algo que esta tiene; por eso hablamos de «debido respeto». Entender los códigos de una sociedad implica comprender qué tipo de hechos relativos a las personas se considera que las hacen merecedoras de dicha actitud positiva, así como las correspondientes formas de tratamiento «respetuoso». En la vida social, una forma fundamental de respeto es la deferencia que otorgamos a las personas cuyas identidades ocupan una posición social más alta que la nuestra, algo que está en el corazón de sistemas de clase social como los que he conocido en Ashanti, en Inglaterra y en Estados Unidos. La clase implica un sistema de estatus y de derecho al respeto que está vinculado a la familia en la que se nace. Debido a que el honor tiene que ver fundamentalmente con la asignación social del derecho al respeto, la clase, en su forma primigenia, tenía que ver básicamente con la distribución del honor por derecho de nacimiento.[22] Así, podríamos pensar que a medida que la distribución del honor empezó a desvincularse del nacimiento y a vincularse con el logro personal, habríamos dejado atrás la clase, o que la hemos transformado más allá del reconocimiento. ¿Lo hemos hecho?

Pensemos en lo que, en el siglo XVIII, se llamaba «condescendencia». Se producía cuando una persona de un estatus superior trataba con generosidad a una persona de un estatus inferior, de un modo que podía hacer pensar que eran iguales. Samuel Johnson lo definió como «Sometimiento voluntario a la igualdad con los inferiores». Se trataba de una forma de bondad que, cuando funcionaba, complacía al beneficiario tanto como gratificaba la imagen que el benefactor se daba a sí mismo. El fenómeno nos recuerda que las damas y los caballeros estaban inmersos en redes de comportamientos recíprocos que funcionaban no solo entre ellos, sino también con aquellos a quienes consideraban inferiores.

En la novela epistolar *Evelina*, de Fanny Burney, publicada en 1778, se nos dice que un personaje de buena cuna

cree que es de su incumbencia apoyar la dignidad de su ascendencia. Por fortuna para el mundo en general, se le ha metido en
la cabeza que la condescendencia es la virtud más distinguida de la
vida elevada; de modo que el mismo orgullo de familia que a otros
vuelve imperiosos, es para ella motivo de afabilidad.

Podríamos pensar que no hay nada que marque tan claramente
la ruptura entre aquella época y la nuestra que esta vieja noción
de que la condescendencia es algo virtuoso, hoy en desuso.

Para la época en la que escribió Jane Austen, el término ya
podía despertar incomodidad o burlas. Cuando el señor Collins,
en *Orgullo y prejuicio*, novela publicada en 1813, exalta la «afabilidad y condescendencia» de lady Catherine, se recuerda a
los lectores que el clérigo es alguien a la vez esnob y obsequio-
so. Don Herzog, historiador experto en historia intelectual,
cuenta un encuentro entre el duque de Devonshire y John Pay-
ne Collier, su bibliotecario, a principios de la década de 1830.
El duque lleva el almuerzo al bibliotecario a la biblioteca de
Chatsworth, su hogar, que hoy continúa siendo una de las casas
de campo más magníficas de Inglaterra. En su diario, el señor
Collier escribe:

> Hace siempre todo lo posible por disminuir la distancia que exis-
> te entre nosotros, y para hacer que yo esté cómodo, al mismo nivel
> que él [...]. No lo llamo condescendencia (él no permitirá que
> usara esta palabra), sino amabilidad, y sería muy ingrato por mi
> parte no corresponderle cuanto esté en mi poder.[23]

Al negar que su trato hacia Collier fuera condescendiente, el
duque lo está tratando de un modo que presupone que son
iguales. Pero como ni Collier ni el duque creían esto realmente,
la negación era, en sí misma, una forma de condescendencia aún
mayor. Se puede ser condescendiente simulando que no se es
tal cosa.

En esta época nuestra, más democrática, la condescendencia
no es algo admisible; ni tampoco es confesable el placer que nos

provoca la condescendencia de nuestros superiores. No podemos aceptar estos sentimientos porque nunca nos atreveríamos a admitir que en realidad nos creemos mejores que otras personas, y mucho menos aún que creemos que otra persona sea mejor que nosotros. En el momento en que renunciamos a creer que el duque de Devonshire es superior a su bibliotecario —creencia que implicaba que cada vez que su excelencia trata a Collier como un igual está siendo condescendiente—, ya no podemos concebir tal condescendencia como un presente. Hoy en día, solemos percatarnos de que alguien está tratando a otra persona como si fuera inferior solo cuando creemos que no debería hacerlo. Cuando la gente trata a los demás como si estuvieran en una posición de inferioridad apropiadamente —como si le digo a un niño de cinco años: «¡Oh, qué listo eres!»—, nadie verá en ello un gesto condescendiente.

Sin embargo, los presupuestos de base de la jerarquía siguen estando ahí, por más que no queramos admitirlo.[24] Podemos verlo en este hecho; cualquier persona admitirá que la ofende la insolencia, y esta es una especie de imagen invertida de la condescendencia, dar a un superior trato de igual o incluso de inferior. Y, de hecho, hay algo muy parecido a la condescendencia del siglo XVIII que sigue siendo una práctica bastante común; lo único que ocurre es que hemos dejado de darle un nombre. Cuando, después de una conferencia, el director de una universidad se detiene para conversar amablemente con un estudiante, le está hablando de arriba abajo en la jerarquía académica, y es muy probable que el estudiante sienta cierta fascinación. Los legos católicos y las monjas obtienen el mismo tipo de gratificación cuando son objeto de las consideradas atenciones de un cardenal; el guardia de seguridad cuando uno de los directores del museo se acuerda de su nombre; el juez de la jefatura de tráfico por el trato amable del juez del Tribunal Supremo... Al relatar momentos como estos, es habitual que el beneficiario de las atenciones describa el comportamiento del superior como considerado, amable, humilde o llano, insinuando que es algo que no tiene por qué darse por hecho.

Cuando un inferior aborda a un superior, lo que espera de él es, precisamente, condescendencia en este sentido del siglo XVIII; quieren que el superior finja ser su igual, y la gratificación que obtienen cuando este lo hace es una prueba de esta superioridad que tácitamente se le atribuye. Lo que más les molestaría sería obtener la respuesta contraria, es decir, el desprecio. El desprecio puede estar lleno de odio o ser desdeñoso, intenso o sutil, divertido o iracundo; pero, igual que la condescendencia, requiere la existencia de un sistema de estatus. Su expresión natural —y el hecho de que tenga una expresión natural es importante— tiende a ser en forma de sarcasmo.

En la novela *Cecilia*, de Fanny Burney, escrita en 1782, la heroína epónima nos recuerda, con un comentario sobre el desprecio, algo crucial acerca de toda esta familia de prácticas y sentimientos asociados con la jerarquía. Delvile, su amante, le ha dicho que, si quieren casarse, tienen que fugarse, porque «mi familia [...] ¡nunca dará su consentimiento a nuestra unión!».

> Entonces, señor —exclamó Cecilia, con gran ímpetu—, ¡tampoco lo haré yo! [...]. No entraré en ninguna familia en contra de su deseo, no daré mi consentimiento a ninguna alianza que me exponga a la indignidad. ¡Nada hay tan contagioso como el desprecio! El ejemplo de sus amigos podría ejercer un poderoso influjo sobre usted, y ¿quién podrá a asegurarme que entonces no se contagiará de la infección?[25]

Contemplar la posibilidad de que el desprecio que muestra una persona pueda contagiarse a sus vecinos refleja la naturaleza social de estos sentimientos y actitudes. Así es como funcionan. Nos importa la posición que ocupamos entre nuestros iguales, lo que se refleja en los patrones de su respeto y su desprecio. Y estas contagiosas valoraciones siguen constituyendo una fuerza central en la configuración social del comportamiento humano. Una vez más, lo que resulta crítico aquí es que se trata de la valoración de quienes son mejores que nosotros. Si un científico que dirige un gran laboratorio se entera de que algunos miembros del personal subalterno piensan de él que es un imbécil arrogante, se exaspera, y se pregunta por qué sus subalternos no entienden que lo que ocurre es que, simplemente, tiene un alto nivel de exigencia; si se entera de que un Premio Nobel de su campo no lo considera muy buen científico, se pasa una semana sin dormir. En el seno de estas redes jerarquizadas, las personas distinguen claramente entre lo que supone soportar el resentimiento de quien tiene un estatus inferior y lo que supone soportar el desprecio de quien tiene un estatus superior. Una cosa es molesta; la otra, dolorosa.

Lo que nos sonará familiar, en lo tocante a la clase, es que el respeto que se manifiesta hacia los superiores no solo refleja las propiedades individuales de estos, sino también las del grupo de identidad —la clase social— al que pertenecen. Aquí, como con todas las identidades, vemos que el modo en que los demás se relacionan con nosotros está determinado no solo por nuestros propios actos, disposiciones, logros y ofensas, sino también por otros hechos complejos que tienen que ver con nuestros grupos de pertenencia.

LA IDENTIDAD DEL TRABAJO

Los sistemas de honor implican la adscripción social del derecho al respeto, pero no debemos creer que atañen solo a quienes son relativamente privilegiados; los campesinos tienen sus códigos de honor tanto como los aristócratas. Y las invocaciones al honor son una de las formas en las que los grupos han impugnado los patrones de desprecio de otros grupos.

«A los adultos la miseria les da grima, pero a los niños más todavía: porque ignoran que el concepto de pobreza no está reñido con el de trabajo, honradez e ingenio»,[26] reflexiona Jane Eyre en un momento del libro. La novela de Charlotte Brontë se publicó en 1847, dos años después de la aparición de *La situación de la clase obrera en Inglaterra* de Friedrich Engels, una denuncia devastadora de las consecuencias dañinas del trabajo fabril. Algo estaba cambiando. En Inglaterra, durante los últimos años del siglo XVIII y la primera mitad del siglo XIX, los miembros de lo que antiguamente se habían llamado los «órdenes inferiores» empezaron a desarrollar un creciente sentimiento de respeto por sí mismos, que se manifestó en la aparición de una clase obrera con conciencia de serlo. Una vez dejaron de definirse a sí mismos en términos negativos, a partir de su ubicación en la parte inferior de un sistema de estatus —por aquello que no eran—, los miembros de las asociaciones de hombres trabajadores de Reino Unido empezaron a ver el trabajo manual no solo como una fuente de ingresos, sino también de su dignidad y orgullo. En su forma de pensar, tal como resulta evidente en el hecho de que estos grupos se llamaran «asociaciones de *hombres*», entendían que a los hombres y a las mujeres de las clases trabajadoras les correspondían papeles distintos. Pero las mujeres de la clase trabajadora no solo se encargaban de cuidar y criar a los trabajadores; ellas también trabajaban. Este es uno de los muchos casos en los que la interseccionalidad es importante. En caso de que su trabajo no fuera agradable ni interesante, las personas trabajadoras de ambos sexos podían sentirse orgullosas de lo que producían y de lo que ganaban por él. La reconceptualización de su identidad social les permitió entonces movilizarse para hacer frente a la explotación y desafiar las injusticias.

A mediados del siglo XX, cuando yo era niño, la división de todos los integrantes de la economía moderna en las categorías de clase trabajadora, clase media, media baja, media alta y clase alta —por emplear la taxonomía surgida de la segunda mitad del siglo XIX— parecía suponer una compleja combinación de ingresos y estatus que derivaba, a su vez, de una compleja mezcla de consideraciones.[27] Puede que mi abuela materna tuviera la fortuna, el acento, las locuciones, los modales, e incluso el título de una aristócrata, pero, en su calidad de nieta de un farmacéutico que había hecho fortuna con las patentes médicas, pertenecía, definitivamente, a la clase media alta. En Estados Unidos, por su parte, existían distinciones económicas que dependían de más cosas que los ingresos concretos. Habitualmente, los obreros cobraban por hora trabajada, y por horas extras si trabajaban más de un cierto número de horas a la semana; las clases medias tenían un salario fijo, no cobraban por horas, aunque los honorarios de algunos profesionales, los abogados por ejemplo, también podían ser por hora. Pero, una vez fuera del reducido grupo de la aristocracia, los elementos clave de distinción de estatus tenían que ver, sobre todo, con una forma de hablar y de comportarse, el *habitus*, que provenía de la educación.

Igual que ocurrió en Estados Unidos, la asistencia a la universidad se disparó en Reino Unido después de la Segunda Guerra Mundial, y así, el hecho de haber asistido o no a la universidad empezó a ser uno de los principales indicadores de clase. Los bibliotecarios recibían salarios exiguos, pero se los consideraba de clase media, pues su empleo exigía estudios posteriores a la secundaria; los obreros de una cadena de montaje, con mejores salarios, eran clase obrera, pues su empleo no presentaba tal exigencia. Y, de nuevo, aquellos trabajos que exigían poco esfuerzo físico y permitían mantener las manos limpias estaban asociados al estatus de clase media, con relativa independencia de los ingresos que reportaran. La conciencia de clase obrera —reflejada en el propio nombre del Partido Laborista británico, fundado en 1900—, nos hablaba de movilizaciones de clase, de la existencia de unos trabajadores que defendían sus intereses. La era de la educación creciente nos hablaba de movilidad de clase, de que el cuello azul daba paso al cuello blanco. ¿Terminaría la movilidad por socavar la conciencia de clase?

Estas eran las cuestiones que tenía en mente Michael Young, el antiguo alumno de Dartington Hall, cuando estuvo en posición de hacer algo al respecto. No ocurrió de un día para otro. Young había estudiado Derecho y asistido a algunos cursos en la London School of Economics. Allí se cruzó por primera vez con mi abuelo materno, Stafford Cripps, quien, tal como escribió Young, iba «vestido de negro riguroso, con una elegante corbata de topos, la última persona de la que podría imaginarse que es socialista».[28] Finalmente, decidió cursar económicas en la LSE. Por tanto, estaba bien surtido de credenciales y contactos.

Era también, como suele decirse, un hombre de izquierdas. Al acabar su carrera de económicas, empezó a trabajar para un grupo de investigación política no partidista llamado PEP (Political and Economic Planning), concebido en una reunión en Dartington en la época en la que Young estudiaba allí. (Los Elmhirsts colaboraron en la financiación del PEP.) Young no pudo servir en el ejército debido a su asma y pasó la Segunda Guerra Mundial escribiendo y pensando sobre políticas públicas —pero también aprendió cosas sobre el mundo de la industria, pues durante un año trabajó como gerente en una fábrica de munición— antes de volver a la dirección del PEP. En 1942, en una reunión en Dartington, Young volvió a ver a mi abuelo, que en aquel momento era miembro del gabinete de guerra de Churchill y andaba meditando sobre su futuro en la posguerra. Mi abuelo había dejado el Partido Laborista y era entonces un parlamentario independiente. Había desafiado el liderazgo del partido al colaborar en la formación de una alianza de todo el espectro político contra el fascismo, frente a la actitud conciliadora que mantenía el Gobierno. Young fue una de las personas que lo persuadió para que volviera a incorporarse a su antiguo partido. Por eso, cuando el Partido Laborista ganó las primeras elecciones después de la guerra, mi abuelo pudo servir como canciller de la Hacienda.

Michael Young había redactado gran parte del manifiesto con el que el Partido Laborista ganó aquellas elecciones, tras haber dejado el PEP para incorporarse al departamento de investigación del partido en 1945. El manifiesto, *Let Us Face the Future*, proclamaba que «su objetivo en política interior» era «el establecimiento de la mancomunidad socialista de Gran Bretaña; libre, democrática, eficiente, progresista, de vocación pública, que ponga sus recursos materiales al servicio del pueblo británico».[29] El partido proponía elevar la edad de la educación obligatoria hasta los dieciséis años, aumentar el nivel educativo de los adultos, mejorar la vivienda pública, hacer gratuita la educación pública secundaria, crear un servicio nacional de salud, crear una seguridad social universal, garantizar el pleno empleo y reclamar la propiedad pública del combustible y de la energía, el transporte público, el hierro y el acero. Está claro que al manifiesto no le faltaba ambición, y el partido logró más objetivos de lo que muchos creían posible.

Como resultado, la vida de la clase obrera inglesa empezó a mejorar radicalmente. Los sindicatos y la legislación laboral redujeron el número de horas de trabajo de los obreros manuales, lo que aumentó su espacio para el tiempo de ocio. El incremento de los salarios les permitió adquirir televisores y refrigeradores. Los hombres empezaron a pasar más noches en casa frente a la tele, bebiendo cerveza enfriada en la nevera, en lugar de con sus colegas en el pub. Este tipo de cambios —que se describen en el libro *Family and Kinship in East London*, basado en el trabajo por el que Young recibió un doctorado en sociología por la Universidad de Londres en 1954—, se filtraron también hacia las capas inferiores de la jerarquía de los ingresos. Los cambios, impulsados en parte por los nuevos impuestos a la propiedad, se estaban produciendo también en las capas superiores. En 1949, siendo mi abuelo canciller de la Hacienda, se creó un impuesto que llegó hasta el 80 por ciento en las haciendas de un millón de libras o más.[30] Si te dan pena los pobres ricos, piensa que esto equivale a 32 millones de libras esterlinas, ajustadas a la inflación de 2017. A partir de ahí, durante un par de generaciones, estos proyectos de reforma social protegieron a los miembros de las clases trabajadoras y permitieron que un número cada vez mayor de sus hijos ascendieran por la escalera social del empleo y los ingresos y, por tanto, hasta cierto punto, de estatus. Young era muy consciente de estos logros; al igual que también era extremadamente consciente de sus limitaciones.

CAPITAL CULTURAL, SOCIAL Y HUMANO

Para entender lo que supusieron esas reformas y lo que no llegaron a suponer, tendremos que volver sobre algunos de los elementos que intervienen en la fijación del significado social de la clase. Antes me he preguntado por qué, teniendo en cuenta que la clase no puede reducirse a una mera cuestión de renta, no podíamos despejar sin más del análisis la variable económica. Una de las razones es que todo el mundo necesita dinero, y que, generalmente, desearía poseer más de lo que tiene, y aquí resuena el eco de la competencia de estatus. En los primeros años del siglo pasado, en un seminario en la London School of Economics plantearon al teórico social L. T. Hobhouse la pregunta de cuál era el nivel de vida ideal, a lo que este respondió: «Un diez por ciento más de lo que uno tiene».[31] Al tiempo, la existencia del estereotipo del nuevo rico es algo antiguo y universal, aparece ya en el escepticismo que mostraban los romanos hacia el *novus homo*, el hombre nuevo, el primero de una familia en ser elegido cónsul, y llega hasta la sátira no tan benévola de Kevin Kwan de los *Locos, ricos y asiáticos* de Singapur, que son despreciados (como ocurre habitualmente) por las fortunas tradicionales, que son, en este caso, las familias chinas de larga tradición, con sus antigüedades de valor incalculable discretamente escondidas en haciendas secretas.

Pero aunque la riqueza —el capital económico— sea una cosa y la clase otra, siempre han existido formas de emplear una para obtener la otra. Tanto en Ashanti como en Inglaterra, si uno se hacía rico podía tomar una serie de medidas para asegurarse de que los miembros de la siguiente generación de la familia tuvieran los modales, la *hexis* y el *habitus* de la aristocracia (en Inglaterra, enviando a los hijos a la escuela adecuada y poniendo a las hijas una institutriz y, en Ashanti, colocando a la propia progenie en un puesto en la corte, o buscándoles un cónyuge allí). También existe una asociación intrínseca entre clase y dinero; los indicadores de estatus que tienen que ver con el comportamiento son los elementos que más se asocian con un linaje de luenga fortuna. Y aunque el estatus de clase alta no siempre implica que se tenga dinero, sí implica cierta proximidad social al dinero. Se ha observado que la pobreza real tiene que ver tanto con las privaciones materiales como con el aislamiento social; los pobres no cuentan con el tipo de redes de amistad que están al alcance de los privilegiados.[32] Esa es la razón que hace que no califiquemos como «pobre» a un estudiante de posgrado que está sin blanca. La clase también es una forma en que uno puede sacar provecho de la cuenta bancaria de amigos y conocidos.

De hecho, si pensamos que la clase es solo una cuestión de desigualdad estaremos obviando algo importante sobre nuestro sistema de clases. La razón es que las clases producen tanto igualdad como desigualdad. La identidad de clase, como cualquier identidad, genera un endogrupo e incorpora los mecanismos mediante los cuales los miembros del mismo se reconocen entre sí. Nancy Mitford, hija de un noble inglés y hermana de la duquesa de Devonshire, escandalizó a los miembros de su clase al revelar, en un ensayo titulado *La aristocracia inglesa*, parte del vocabulario con el que se reconocían unos a otros. Dado que lo que iba a contar estaba condenado, como ella misma reconoció, a parecer esnob, optó por distanciar su análisis, poniéndolo en boca de Alan Ross, un profesor de lingüística: «El profesor, señalando que hoy en día las clases altas se distinguen únicamente por su lenguaje (pues ya no son ni más limpias, ni más ricas ni tienen mejor educación que los demás), ha inventado una fórmula útil: los hablantes de U (de *upper class*, clase alta) frente a los no hablantes de U».

Mitford mostraba algunos de los ejemplos de Ross:

«Papel higiénico»: término no U para el U «papel de baño».
«Adinerados»: término no U para el U «ricos».

Y añadía un par de su propia cosecha:

«Dulce»: término no U para el U «pudding».
«Prótesis dental»: término no U para el U «dentadura postiza».[33]

Las elecciones de los no U suenan, naturalmente, como eufemismos. La idea que se transmite es que los no U —las esforzadas e inseguras clases medias— intentan en todo momento mostrar su refinamiento; las clases altas no lo necesitan. Tales patrones de comportamiento son parte de una dimensión de la clase que va más allá de la jerarquía, porque la pertenencia a una clase, igual que la etnicidad, conlleva imbricaciones sociales. Los miembros empobrecidos de las clases altas inglesas, como en el caso de Jane Eyre, poseían algo de lo que los pobres de otras clases carecían, esto es, contactos. No tenían capital económico pero sí un capital social. En un momento del libro se pregunta a Jane, una huérfana que vive, maltratada, en una gran casa, si aceptaría irse a vivir con algún pariente si, aunque este fuera pobre, ella supiera que iba a tratarla bien, y ella contesta negativamente. «No me consideraba tan heroica como para comprar la libertad al precio de un cambio de raza», dice. La proximidad de Jane a los privilegiados, conferida, aunque no asegurada, por la «noble cuna» de su madre, es lo que le da acceso a la educación que le permite convertirse en institutriz, el empleo que la llevará a Thornfield Hall, hogar del señor Rochester. Esto es posible gracias a los vínculos garantizados por su pertenencia de clase, por los lazos que la atan a su propia clase y la conectan con el resto de sus miembros.[34]

Expresado de forma un poco abstracta, se puede decir que Jane Eyre toma su capital social y, a través de su formación y su buena educación, lo convierte en capital cultural, en el *habitus* y la *hexis* corporal de una mujer culta de su clase y de su tiempo. Hay trabajos que Jane Eyre jamás se plantearía hacer —por ejemplo, costurera en una fábrica—, porque no concuerdan con su clase, aunque no le suponga ningún problema la costura doméstica. Este *habitus* hace de ella no solo una maestra adecuada, sino también una compañía conveniente para su joven pupila. Su postura corporal y su modo de expresarse, su capacidad para hablar de historia, tocar el piano y pintar acuarelas, identifican su clase y la distinguen de las doncellas y las amas que la rodean, así como de los trabajadores de la finca.

Y su educación le proporciona algo más. No solo estatus y contactos, sino también competencias; los conocimientos que la convierten en una profesora apropiada para su pupila. Esos

conocimientos tienen un valor real, por tanto, más allá del estatus y del respeto que puedan granjearle. Puede recurrir a ellos
para ganarse la vida. Es parte de lo que un economista llamaría
su capital humano, los conocimientos, las habilidades y los atri-
butos físicos que repercuten en el valor del trabajo.[35]

El hecho de que el capital económico, el capital social y el
capital cultural sean cosas distintas es una de las razones por las
que los empeños en reducir la clase a una única forma de jerarquía resultan inútiles. Antes he afirmado que la teoría de la
estratificación social de Weber nos deja ante la dificultad de que
no nos ofrece un sistema de graduaciones medibles, que nos
permita asignar a todas las personas a un rango de clase. La
propuesta que yo defiendo no pretende resolver ese problema.
Muy al contrario, su objetivo demostrar por qué no puede resolverse. El filósofo de Oxford Isaiah Berlin se refería a menudo a los valores como «inconmensurables»; el valor de la libertad
y el valor de la igualdad no son medibles en la misma escala.
Algo parecido ocurre con estos distintos vectores del capital.

Aun con todo, existen formas de segmentación o de agrupación que pueden resultar más esclarecedoras que otras, siempre
que tengamos claro que no estamos (parafraseando a Platón)
dividiendo la idea «por las articulaciones naturales». La Great
British Class Survey de 2011 es el mayor estudio sobre clases
que se ha realizado en Reino Unido e incluía mediciones refe-
ridas a las tres formas de capital. En las conclusiones de este
sondeo, el sociólogo inglés Mike Savage y sus colegas exponen
que, en la sociedad actual, no existen tres clases, sino siete. En
la capa superior sigue habiendo una élite, dotada de riqueza,
contactos y educación, y con la capacidad de transmitir ese capital económico, social y cultural a sus descendientes. El nivel
de ingresos anuales de este 6 por ciento de la población está, de
media, por encima de las 89.000 libras esterlinas (unos 100.000
euros), se forman en universidades de élite como Oxford y Cambridge, y su red de relaciones sociales los mantiene conectados
entre sí y también con la antigua aristocracia. En la capa inferior,
también seguimos encontrando un tramo bien definido, el 15 por

ciento de la población británica que forma lo que Savage y sus colegas definieron como «precariado», con bajos ingresos, por lo general un poco más de 8.000 libras netas (unos 9.000 euros), empleos inestables e intermitentes, escasos ahorros y pocos contactos entre las clases sociales superiores. Solo en torno al 3 por ciento de los hijos de este precariado tienen una educación universitaria.[36]

Pero entre estas dos clases, Savage identificó otros cinco grupos diferenciados, conglomerados de capital económico, social y cultural, que no podrían situarse fácilmente en una escala comparativa; una clase emergente de trabajadores de servicios, como, por ejemplo, cocineros o asistentes de producción, que asisten a conciertos, hacen deporte o van habitualmente al gimnasio y usan las redes sociales; una clase obrera tradicional, como camioneros y trabajadoras de servicios de limpieza, que en su mayoría no suelen hacer ninguna de las cosas anteriores; una nueva clase de trabajadores acomodados; una clase media técnica, y una clase media establecida, que por lo común está conformada por profesiones liberales o en puestos de alta gerencia. Estos grupos no tienen la misma consideración acerca del tipo de actividades que reportan estatus —la lectura o los videojuegos, la música clásica o la música popular contemporánea, el críquet o el fútbol, etcétera—, y tampoco existe el más mínimo consenso sobre el prestigio relativo de sus empleos. En Reino Unido, la clase no es una escalera. Es una montaña, con múltiples rutas de ascenso y descenso. Sin embargo, sí se alza desde un único valle hasta un único pico.

PONGA ESTE LADO HACIA ARRIBA

Suele decirse que en Estados Unidos, en cambio, todo el mundo es clase media. Pero resulta que no es esto lo que en realidad piensan los propios estadounidenses. En 2014, en una de las encuestas regulares del National Opinion Research Center, se les pidió que eligieran entre estas cuatro opciones: clase baja, clase trabajadora, clase media y clase alta. Casi el 8 por ciento afirmó ser de clase baja; el 47 por ciento, de clase trabajadora, y el 2,7 por ciento se declaró de clase alta; menos de la mitad, solo el 42,4 por ciento, para ser exactos, se identificó con el estatus de clase media. Esto ocurría incluso entre aquellos que tenían títulos de posgrado; de estos, las tres cuartas partes dijeron que eran de clase media; el 1,7 por ciento dijo que era de clase baja; el 16,4, de clase trabajadora, y el 8 por ciento de clase alta.[37]

Sin duda, si las categorías hubieran sido otras, las respuestas también habrían sido distintas. Y la nomenclatura que otorgamos a la identidad de clase no es una prerrogativa de los científicos sociales. Hay muchos estadounidenses que aún invocan con orgullo la identidad de clase trabajadora identificada por el término *blue-collar* («cuello azul»). La palabra *redneck* («cuello rojo»), un término antiguo y despectivo para designar a los trabajadores agrícolas blancos, en referencia al cuello quemado por el sol de trabajar al aire libre, hoy también puede reivindicarse, al menos en tono jocoso, como una identidad de clase, aunque, como tantas cosas en la sociedad estadounidense, es una identidad sombreada por la carga racial (de nuevo la interseccionalidad). Muchas de las personas que poseen riqueza, educación y un estatus profesional admitirían pertenecer a la clase media alta, aunque, como hemos visto, solo unas pocas se identificarían con la clase alta. Aun así, tal como estos resultados nos recuerdan, el hecho de que los estadounidenses no hablen demasiado sobre la clase no significa que no exista una buena dosis de conciencia de clase. En el país donde ahora vivo, los sistemas de estatus social del siglo XXI son muy similares a aquellos que dieron su forma a los mundos en los que crecí. Uno de los vectores de la explosión populista que alzó a Donald Trump al poder (pero solo uno de ellos, desde luego) fue la expresión de resentimiento contra una clase que se define por su educación y sus valores; esa gente cosmopolita, con un montón de títulos universitarios en su haber, que, en nuestro país, domina los medios de comunicación, la cultura pública y el mundo de las profesiones liberales. Los populistas creen que estas élites desdeñan a los estadounidenses comunes, que ignoran sus necesidades y que utilizan su poder en beneficio propio. Quizá no los llamen clase alta, pero los marcadores que los populistas emplean para definirlos —el dinero, la educación, las redes de contactos, el poder— son los mismos que habrían distinguido a las antiguas clase alta y media alta del siglo pasado.[38]

Este tipo de resentimiento, tal como nos enseñó Nietzsche, puede ser una reacción debida a un sentimiento de inferioridad. Naturalmente, hay estadounidenses que repudian ese sistema de valores que menosprecia a quien tiene menos estudios, y algunos contemplan a las «élites liberales» con desdén más que con inquina. Sin embargo, muchos votantes blancos de clase trabajadora albergan un sentimiento de subordinación derivado de la falta de educación formal, lo que puede pesar en sus decisiones políticas. A principios de la década de 1970, Richard Sennett y Jonathan Cobb grabaron algunas conversaciones con hombres de la clase trabajadora de Boston, en las que pueden escucharse cosas como esta que sigue. Aquí tenemos a un joven pintor de casas conversando con el entrevistador, que es titulado universitario:

> Hum, deja que te explique por qué estaba tan nervioso al principio de la entrevista. No es por ti, tú eres majo, pero mira... hum... siempre que estoy con gente que tiene estudios, ya sabes, o gente que no es de mi tipo... hum... tengo la sensación de que si actúo de forma natural voy a quedar como un idiota, ¿sabes?[39]

El estudio clásico de Sennett y Cobb tiene el inolvidable título de *The Hidden Injuries of Class*. Estas heridas no se han cerrado. En su éxito de ventas de 2016, en el que habla de su educación como lo que él mismo llama un *hillbilly*,* J. D. Vance refiere numerosos momentos en los que acusa esa misma sensación de

---

* El término *hillbilly* se emplea en Estados Unidos para calificar de forma despectiva a los habitantes de determinadas zonas rurales y remotas, y connota también su relativo aislamiento del progreso social. (*N. de la T.*)

ansiedad, derivada de ser el raro estudiante blanco de clase trabajadora en la Facultad de Derecho de Yale.[40]

Hemos visto insistentemente que el significado de las identidades está siempre en impugnación. Así que este sentimiento de inferioridad es perfectamente congruente con la posibilidad de sentirse superior en otros sentidos. J. D. Vance tiene derecho a estar más orgulloso de sus logros que aquellos a quienes se los han dado servidos en la bandeja de la clase media alta. Haber nacido en la línea de meta no es un logro. Las actitudes y los valores son parte de lo que distingue a unas clases de otras. A menudo, los hombres de clase trabajadora consideran que los hombres de las clases media y alta son poco varoniles o que son indignos de lo que tienen. Recordemos a aquel trabajador de Bethnal Green que quería que su hijo se dedicara a la química porque «es algo completamente improductivo y, en consecuencia, está bien pagado».

Pero a una parte significativa de lo que hemos dado en llamar la clase trabajadora blanca estadounidense se la ha persuadido de que, de algún modo, no es merecedora de las oportunidades que se le han negado. Es posible que estas personas protesten porque consideran que se está favoreciendo injustamente a los negros y a otras minorías raciales en términos de competitividad laboral y en el reparto de las ayudas públicas. Asimismo, algunos hombres creen que se está favoreciendo injustamente a las mujeres. Sin embargo, no creen que haya ninguna injusticia en el hecho de no obtener un empleo para el que creen no estar cualificados, ni en que los empleos para los que sí lo están se vean, habitualmente, peor remunerados. Piensan que los negros y otras minorías están recibiendo ayudas, pero no creen que la solución sea pedir ayudas a su vez. Y, con toda probabilidad, consideran que este tratamiento a las minorías raciales es la excepción en una regla que es, en términos generales, correcta; creen que Estados Unidos es en su mayor parte una sociedad en la que las oportunidades pertenecen a quienes se las han ganado y que, sin duda, así debe ser.

Los empleos que exigen estar en posesión de un gran capital cultural siguen clasificándose como superiores a los que son típicos de las clases trabajadora y media baja. En una encuesta de 2012 sobre prestigio laboral, los estadounidenses ubicaron a los profesores muy cerca de los alcaldes de las grandes ciudades, un poco por debajo de los médicos y por encima de los abogados.[41] Los académicos ocupamos un extraño lugar en el sistema de clases contemporáneo. Nuestra amplia formación nos otorga un gran capital cultural, que a veces también puede traducirse en redes de contactos y en dinero —capital social y económico—. Pero muchos de los estadounidenses que han obtenido un título de doctorado no tienen mucho dinero y trabajan una gran cantidad de horas en empleos que dan pocos beneficios. Puede que estos hombres y mujeres se afilien a un sindicato, pero, aun así, su capital cultural hace que sea muy poco probable que se los identifique como clase obrera. En realidad, la formación universitaria puede desembocar en un tipo de empleos que están remunerados solo moderadamente, pero que acumulan un gran prestigio, como el de periodista o editor en los grandes medios de comunicación o en el mundo editorial. Y así, algunos estadounidenses se encuentran regularmente en actos sociales con gente mucho más rica que ellos, personas que han sacado partido a su educación o a sus redes de contactos en los niveles más altos del mundo empresarial y financiero.

Si hay algo en todo esto que esté mal, así lo creen muchos estadounidenses, no es el propio hecho de que quienes hayan estudiado tengan un estatus más alto o que haya trabajos que reporten unos ingresos elevados; es el de que la regulación del acceso al reparto educativo y económico no es justa. Si la clase implicara un respeto por quienes han trabajado duramente para dotarse de una formación o para ganar dinero, ¿qué habría de malo? Lo importante no es la igualdad, sino que la desigualdad sea merecida.

Esta es una opinión muy actual, pero también viene de antiguo. Ya Sócrates, en el siglo v antes de la era común, reprendió a quienes afirmaban ser superiores por nacimiento, acusando a quienes se enorgullecían de sus antepasados de ser demasiado ignorantes, «incapaces de atender al conjunto y calcular que cada hombre ha tenido infinidad de abuelos y de antepasados, y que entre los de cualquier advenedizo ha podido haber ricos y pobres, reyes y esclavos, griegos y bárbaros». Lo que quería decir no es que casi todo el mundo tenga reyes y esclavos entre sus antepasados —cosa que bien podría ser cierta—, sino que lo que debería ser objeto natural de honor no es la ascendencia, sino el mérito personal. Horacio, hijo de un esclavo liberado, hizo una observación similar cuatro siglos después, cuando elogió a Mecenas, el más rico patrocinador romano de las artes de la época de Augusto, por pensar que «niegas que importe de cuál padre cada quien haya nacido, mientras sea honesto».[42] Aproximadamente un siglo después del nacimiento de Horacio, Séneca escribió en sus epístolas que «si algo bueno hay en la filosofía, es esto: no mira el árbol genealógico».[43] Cierto es que la clase puede garantizar respeto, pero si esta proviene únicamente de la ascendencia, es difícil ver por qué nadie, incluido uno mismo, debería considerar que ese respeto es algo a lo que de verdad se tiene derecho. ¿No deberíamos dar más importancia a las formas de estima que reflejan las cosas que hemos logrado por nosotros mismos? Este ideal puede no ser novedoso, pero ha llegado a alcanzar su mayor capacidad de influencia en la forma de un término moderno, el de meritocracia.

LA NUEVA CLASE GOBERNANTE

Merece la pena recordar aquí que la palabra «meritocracia» surgió de un libro satírico, *The Rise of the Meritocracy* de Michael Young. El libro, publicado en 1958, no era un tratado sociológico sino una obra de ficción que simulaba ser un estudio sociológico de 2033, en el que se analizaba el desarrollo histórico de una nueva sociedad británica. En ese futuro lejano, y a diferencia de lo que ocurría en la sociedad de clases de la década de 1950, la riqueza y la pertenencia a la élite gobernante no eran algo hereditario, se obtenían por méritos propios. La nueva clase gobernante estaba determinada por la fórmula «c. i. + esfuerzo = mérito».[44] Desde ese futuro, el *alter ego* de Michael Young en la ficción extrae algunas conclusiones a partir del desarrollo de más de medio siglo de experiencia social ficcionada:

> Hoy reconocemos con honestidad que la democracia no puede ser más que una aspiración, y que no es tanto el pueblo quien debe gobernar, sino los más inteligentes; no una aristocracia de cuna, no una plutocracia económica, sino una verdadera meritocracia de talento.[45]

Esta es la primera vez que aparece la palabra «meritocracia». El libro pretendía mostrar cómo sería una sociedad regida por este principio. La visión distópica de Young dibuja un mundo en el que, puesto que la riqueza es, cada vez más, reflejo de la distribución innata de un talento natural, y los ricos se casan, cada vez más, entre ellos, la sociedad termina divida en dos clases fundamentales en las que todo el mundo acepta que tiene más o menos lo que se merece. Una Inglaterra en la que

> los notables saben que el éxito es una justa recompensa a sus propias capacidades, su propio esfuerzo... En cuanto a las clases bajas, su situación es distinta. Hoy todas las personas, por humildes que sean, saben que han tenido a su alcance todas las oportunidades. Se las pone a prueba, una y otra vez [...], si repetidamente se las califica como «lentas», ya no pueden fingir; su imagen de sí mismas es más que nada un reflejo poco halagador de la realidad.[46]

Los antiguos sistemas de clase que he descrito se denominan en ocasiones sistemas de castas. Mis antepasados, de Ashanti y de Inglaterra, tenían un estatus que no habían pedido y del que tampoco podían zafarse fácilmente. A este respecto, las viejas clases funcionaban igual que las castas de la India. Se nacía dentro de una estructura (en la India, una estructura extremadamente compleja) de jerarquías de estatus. De vez en cuando, gracias a una combinación de talento, esfuerzo y buena suerte, se podía ascender; también era posible, por ineptitud, pereza o mala suerte, descender. Las revoluciones sociales que tuvieron lugar a finales del siglo XVIII en Francia y en Estados Unidos iniciaron un largo proceso de desplazamiento gradual de la clase dominante hereditaria. La igualdad proclamada por la Revolución francesa tenía que ver también con la eliminación de los obstáculos que se interponían ante quienes no pertenecían a la aristocracia del Antiguo Régimen. Puede que Napoleón volviera a instaurar la monarquía, pero, tal como después relató su cirujano irlandés de Santa Elena, la consideraba regida por el ideal de la «*carrière ouverte au talents* ["la carrera abierta al talento"], sin distinción de cuna o fortuna, y este sistema igualitario es la razón por la cual vuestra oligarquía me odia de tal modo».[47]

Hemos visto que en los primeros años de la república estadounidense se mantuvo la vieja distinción hereditaria entre caballeros y damas, de una parte, y otra clase inferior a ellos. Pero en todos estos lugares, el componente de casta del estatus fue declinando a lo largo de los dos siglos siguientes. La política progresista de finales del siglo XX estuvo guiada por el deseo no solo de reducir las jerarquías de estatus hereditarias, sino también de hacer accesible a todo el mundo, fueran cuales fuesen su «cuna o fortuna», una educación que permitiera desarrollar sus talentos.

Sin embargo, tal como Michael Young reconocía, este ideal estaba condenado a entrar en conflicto con una fuerza que opera en la vida humana de forma tan inevitable y tan convincente como la idea de que hay algunas personas más meritorias que otras; se trata del deseo de las familias de transmitir a sus descendientes los elementos que les supongan una ventaja. Tal como recogió en *The Rise of the Meritocracy*, «casi todos los progenitores tratarán de obtener ventajas injustas para sus retoños».[48] Y, cuando existe desigualdad de renta, una cosa que las personas con más dinero pueden hacer es perseguir ese objetivo.

No hay nada malo en mimar a los hijos. Pero una sociedad decente, regida por el ideal del mérito, tendría que poner un límite a la medida en la que este impulso natural ha hecho que terminemos por minar el propio ideal. Si las recompensas económicas de la vida social no dependen únicamente del talento y del esfuerzo individual, sino también de las aportaciones económicas y sociales de los propios padres, no estaremos viviendo según la fórmula «c. i. + esfuerzo = mérito».

Los temores de Young han demostrado ser fundados. Consideremos el hecho de que, entre 1979 y 2013, los ingresos brutos del quinto superior del total de hogares estadounidenses reflejaron un aumento de cuatro billones de dólares; un billón de dólares más que los de todo el resto sumado. Sin duda, no hay cantidad de dinero o estatus suficiente que pueda garantizar que tus hijos van a terminar en el mismo sitio que tú; según el estudio más completo del que hoy disponemos, solo el 37 por ciento de los hijos de ese quinto superior permanecerán en él. Con todo, en un libro titulado provocadoramente *Dream Hoarders*, Richard V. Reeves, de la Brookings Institution, ha observado que «por debajo del octogésimo percentil no se ha producido un aumento de la desigualdad. Toda la acción en términos de desigualdad se desarrolla por encima de ese baremo».

Reeves señala que, entre los «mecanismos de acaparamiento» por los que esta quinta parte de la población acumula la mayor parte del crecimiento del producto social, se encuentra la «zonificación excluyente en áreas residenciales» y los «injustos mecanismos de admisión universitaria».[49] Tal como ha explicado un experto legal, la zonificación excluyente combina la tenencia de una casa de alto precio, junto con la oportunidad de vivir en un «buen barrio» y de enviar a los hijos a una buena escuela pública. Los niños de familias pobres que asisten a escuelas de élite acabarán obteniendo unos ingresos similares a los de sus compañeros de clase de familias ricas. Pero los investigadores han desvelado que muchas de las escuelas de élite —entre ellas Brown, Dartmouth, Penn, Princeton y Yale—, admiten a un número mayor de estudiantes que provienen del 1 por ciento superior de las franjas de distribución de renta que de todo el 60 por ciento inferior.[50]

«La meritocracia estadounidense —afirma Daniel Markovits, profesor de derecho de Yale, basándose en investigaciones similares—, se ha convertido precisamente en aquello que pretendía combatir, en un mecanismo que asegura la transmisión dinástica de la riqueza y los privilegios de generación en generación». En la medida en que es posible pronosticar que un número desproporcionado de los hijos de las élites conseguirán acceder a un puesto en los niveles superiores de renta, poder y privilegios, así como que un número desproporcionado de los hijos del precariado no lo hará, lo que nos queda es algo que se parece demasiado a la transmisión intergeneracional de estatus que caracteriza a los sistemas de casta. En opinión de Markovits, «la meritocracia constituye hoy una aristocracia moderna, podría decirse, incluso, que se diseñó a propósito para un mundo en el que la mayor fuente de riqueza no son ya la tierra ni las fábricas, sino el capital humano, el trabajo libre de los trabajadores cualificados».[51]

Después de la elección de Donald Trump, en 2016, en Estados Unidos todas estas cuestiones fueron merecedoras de cierta atención; hay quienes piensan que el distanciamiento mostrado por los blancos más pobres hacia las «élites costeras» es, en parte, resultado de que consideren que han amañado las cosas para favorecer a sus familias. Pero no se trata de un problema exclusivamente estadounidense. También en China, la riqueza y el estatus vienen determinados en un 80 por ciento por la riqueza y el estatus de los padres, según un estudio, aún más en el caso de las mujeres.[52] Y esto en una sociedad en la que el partido gobernante se propuso oficialmente abolir las clases hace casi un siglo. En Reino Unido, el distanciamiento mostrado por el precariado hacia las élites cosmopolitas que habitan, principalmente, en Londres —distanciamiento que se hizo manifiesto en el patrón de voto sobre el Brexit— es el reflejo de una concentración similar de los tres tipos de capital en manos de una clase alta que se perpetúa a sí misma.

Michael Young, que llegó a vivir hasta los ochenta y seis años, pudo ver lo que estaba sucediendo. En los textos que escribió a comienzos del nuevo siglo, un año antes de morir, en 2002, lamenta que las instituciones educativas se hayan convertido también en partícipes de una nueva forma de calcificación de la estratificación social. «Con una asombrosa batería de certificados y titulaciones a su disposición —observaba—, el sistema educativo ha puesto su sello de aprobado en una minoría y el de suspenso en los muchos que no llegan a brillar desde el momento en que son relegados a las capas inferiores a la edad de siete años o antes.» Lo que deberían haber sido mecanismos de movilidad se habían convertido en fortalezas del privilegio. Se fijó en las élites hipertituladas que habían llegado a copar el Gobierno británico y las comparó con el gabinete laborista de Clement Attlee en 1945: Ernest Bevin, el ministro de Exteriores, había dejado el colegio a los once años y trabajado como chico de los recados y cochero antes de comenzar su actividad en el sindicato de estibadores de Bristol; Herbert Morrison, viceprimer ministro, había dejado el colegio a los catorce años y ejercido como dependiente y operador de centralita antes de implicarse en la política local. Estos eran los miembros de los Cinco Grandes (un grupo que también incluía a mi abuelo, a Hugh Dalton y al propio Attlee) que tenían el objetivo de combatir unas desigualdades sociales cuyas cargas conocían por experiencia directa.

También en otros ámbitos vio Young la emergencia de una cohorte de meritócratas mercantiles que «pueden llegar a ser insoportablemente engreídos, mucho más incluso que aquellas personas que sabían que habían logrado sus ventajas no por méritos propios sino por ser hijos o hijas de alguien, beneficiarios del nepotismo. Estos recién llegados pueden llegar a creer de verdad que tienen la moral de su parte. Hasta tal punto se siente segura esta élite que no hay apenas límite en las recompensas que se arroga a sí misma».[53] Mientras se disparaban los salarios y los honorarios profesionales y proliferaban las opciones sobre acciones, la desigualdad aumentaba, y lo único que hacía la cobertura del «mérito», afirmaba Young, era vacunar a los ganadores de ese sistema contra la vergüenza y la reprobación.

Por lo que parecía, la clase había cooptado meritocracia, y Young lo lamentaba. Para él, era algo personal. Porque ningún otro científico social había hecho más que él por intentar airear y sanar las heridas de la clase. «Michael Young era como Cadmo —escribió célebremente Noel Annan, el historiador de la intelectualidad británica—. Cualquiera que fuera el campo que cultivaba, si plantaba dientes de dragón, brotaban del suelo hombres armados para formar una organización y corregir los abusos o estimular las virtudes que hubiera descubierto.»[54] Después de dirigir el PEP, fundó una asociación de defensa de los consumidores enormemente eficaz. Sus ideas guiaron la creación, en 1965, de la Open University, que transmitía sus clases por radio y televisión en la BBC y que, durante el medio siglo siguiente, ofreció educación a distancia a más de un millón y medio de estudiantes.[55] Y a los ochenta años fundó la Escuela de Emprendedores Sociales en Bethnal Green, el mismo barrio londinense en el que, décadas antes, había desarrollado la investigación de su tesis doctoral. Cuando entonces miraba a su alrededor, podía ver los retrocesos sufridos en lo que había sido el trabajo de su vida, así como que estaba ocurriendo exactamente lo que él había predicho.

Sin embargo, si resultara que se está formando un nuevo sistema dinástico, podríamos concluir que la meritocracia ha fracasado por no ser lo bastante meritocrática. Si solo los segmentos de niveles altos de renta consiguen capitalizar eficazmente el talento, podríamos concluir que, simplemente, no hemos logramos alcanzar el ideal meritocrático. Entonces, intentaríamos ser más rigurosos con los méritos, asegurándonos de que todos los niños tienen acceso a las ventajas educativas y pueden aprender los trucos sociales que las familias de éxito acaparan ahora para sus propios hijos. ¿No constituiría esto la respuesta correcta?

ACCIÓN DE CLASE

De acuerdo con Michael Young, no. Él veía que el problema existiría aun si la clase superior no aprovechara sus ventajas para garantizar a sus hijos las oportunidades que a otros se les niegan.

El problema no estaba solo en el modo de distribución de las recompensas de la vida social; sino en las propias recompensas. En su opinión, un sistema de clases que estuviera filtrado por la meritocracia seguiría siendo un sistema de clases, es decir, implicaría una jerarquía de respeto social, que granjearía dignidad a quienes se encuentren en su cima y negaría el respeto y la autoestima a quienes no heredasen el talento y la capacidad de esfuerzo que, combinados con una educación adecuada, les darían acceso a los puestos de trabajo mejor remunerados. Por esta razón, los autores del manifiesto de ficción —el «Manifiesto de Chelsea»— que aparece en *The Rise of the Meritocracy* como último signo de resistencia al nuevo orden, exigen una sociedad sin clases:

> La sociedad sin clases poseería y actuaría bajo valores plurales. Si tuviéramos que evaluar a las personas no solo según su inteligencia y su educación, su trabajo y su poder, sino por su bondad y su valor, su imaginación y su sensibilidad, su simpatía y su generosidad, no podrían existir las clases [...]. Todos los seres humanos tendrían las mismas oportunidades, no para escalar en el mundo a la luz de una forma matemática de medición, sino para desarrollar sus propias capacidades especiales que les permitirán llevar una vida rica.[56]

En una meritocracia, las identidades de clase reducen a las personas a una sola escala de valor, afirma este argumento, y solo alguien con una visión muy limitada podría creer que el valor humano se puede reducir a una sola escala. Así, el manifiesto propone una visión alternativa en la que nuestra sociedad reconoce muchas formas de excelencia.

Esta visión, en la que cada uno de nosotros emplea los talentos con los que ha nacido para perseguir un conjunto específico y propio de logros, junto con el respeto por uno mismo que acarrean, la había adquirido Michael Young de su educación en Dartington Hall, donde se alentaba a cada alumno a que encontrara su propio camino. Young cuenta la anécdota, tal vez, admite, apócrifa, de una «niña pequeña de Dartington que un día dijo: "Dios mío, ¿tengo que volver a pasarme el día haciendo una y otra vez lo que quiera hacer?"».[57] Por encima de todo, a los estudiantes de Dartington se les enseñaba a considerar a los demás como iguales. A algunos se les daba mejor la cerámica, la poesía, la carpintería, la química, la geografía o la jardinería. Ninguna de esas cosas los convertía en alguien más importante.

Este profundo compromiso con la igualdad social de personas de talentos muy diversos puede sonar quijotesco, pero está arraigado en una imagen filosófica más profunda. La tarea central de la ética es preguntarse qué es una buena vida humana. La respuesta, creo, es que llevar una vida buena significa saber hacer frente a los retos planteados por tres cosas; las propias capacidades, las circunstancias en las que se haya nacido y los proyectos a los que se decide dar importancia. Hacer la vida, escribió una vez mi amigo, el filósofo y académico del derecho Ronald Dworkin, es «una actuación que exige cierta habilidad» y «el desafío más completo e importante al que vamos a enfrentarnos».[58] Pero, puesto que cada cual está equipado con talentos distintos y nace en circunstancias diferentes, y puesto que cada persona debe elegir su propio proyecto, esto quiere decir que cada uno de nosotros se enfrenta a un reto particular, un reto que es, en última instancia, único. Así que no existiría una respuesta sensata a la pregunta de si una persona está haciendo frente mejor o peor que otra al reto que tiene por delante. ¿Tuvo Bertrand Russell una vida mejor que la de Mozart? La única respuesta sensata es que Russell fue mejor filósofo y Mozart mejor músico. Yo sé lo que significa que mi vida vaya mejor o peor, pero no tendría ningún sentido plantearse si mi vida es mejor que la de otro. Y esto significa que no hay ni una medida comparativa ni una única escala del valor humano. Como resultado, no es posible diseñar un sistema de selección para el acceso al empleo y a las oportunidades educativas en función de quién sea más digno, porque, tal como explicó Michael Young en el «Manifiesto de Chelsea», no existe una única escala de méritos según la cual clasificarlos. De hecho, dado que cada uno tenemos por delante un reto específico, lo que importa al final no es en absoluto cómo nos posicionamos frente a los demás. No es necesario que encontremos algo en lo que seamos los mejores; lo importante es simplemente que hagamos aquello que se nos da mejor. Cada uno de nosotros, como escribió Herder, expresando uno de los grandes *leitmotivs* del Romanticismo, tiene su propia medida.[59] John Stuart Mill expresó un pensamiento similar al escribir, en el maravilloso tercer capítulo de *Sobre la libertad*, que «se dice de una persona que tiene carácter cuando manifiesta deseos e impulsos propios, que son expresión de su propia naturaleza, tal y como ha sido desarrollada y modificada por su propia cultura...».[60] Y si se tiene carácter y se tiene una medida propia, los estándares más importantes que hay que cumplir son enteramente personales.

Por tanto, el ideal de la meritocracia confunde dos intereses distintos. Uno tiene que ver con una cuestión de eficiencia; el otro con una cuestión de valor humano. Si queremos que la gente pueda desempeñar trabajos difíciles que requieren talento, educación, esfuerzo, capacitación y práctica, debemos ser capaces de identificar a los candidatos que tengan la combinación adecuada de talento y voluntad de esfuerzo, y proporcionarles los incentivos para que se formen y desarrollen sus habilidades. Por tanto, diseñamos escuelas y universidades, y seleccionamos a quienes deben acceder a ellas. Cuando las instituciones funcionan correctamente y no se limitan meramente a otorgar titulaciones, lo cual es siempre un peligro, construyen capital humano. Después fomentamos el emprendimiento, social y empresarial; y ofrecemos empleos con buenos salarios y otras ventajas —tareas interesantes, autonomía en tus funciones, respeto por tu labor, vacaciones, pensiones, seguros de salud— y seleccionamos también a quienes deben ocupar estos puestos. Planteamos una carrera abierta, tal como lo formulara Napoleón, al talento desarrollado.

Pero, a fin de cuentas, la oferta de oportunidades educativas y laborales será limitada, y tendremos que dotarnos de una forma de asignarlas. Y a medida que las máquinas inteligentes dominen cada vez más actividades, la oferta puede reducirse. Tanto en el ámbito académico como en el laboral, tendremos que emplear ciertos principios de selección para vincular personas y puestos. Esos principios deben diseñarse de forma que el sistema educativo produzca un suministro de personas con la capacitación adecuada y que los puestos de trabajo terminen en manos de quienes están preparados para ocuparlos.

Pero está claro que tanto los empleos como los centros académicos deben hacer algo más que producir personas que sean útiles para los demás. El trabajo debe tener un significado; la educación debe prepararnos para desarrollar una vida como ciudadanos y como personas —para llevar una vida humana de valor—, y no solo como alguien que puede ganarse la vida. Estas consideraciones también deben tenerse en cuenta en la selección de las personas que acceden a los colegios y universidades y al mundo laboral. Si estos principios de selección se han diseñado razonablemente, entonces podríamos decir, si queremos, que quienes cumplen con los criterios para acceder a los estudios y a los puestos de trabajo «merecen» dichos puestos. Se trata, por invocar la útil jerga de algunos filósofos, de una cuestión de «desierto institucional». La gente merece estos puestos en el mismo sentido en que quienes compran billetes de lotería que resultarán premiados merecen su premio; los han obtenido mediante la adecuada aplicación de las reglas.

MÉRITOS Y RECOMPENSAS

El desierto institucional, sin embargo, no tiene nada que ver con la valía intrínseca de las personas que acceden a la universidad o que obtienen un puesto de trabajo, del mismo modo que ni quienes ganan la lotería son personas especialmente meritorias ni quienes no lo hacen son de alguna forma menos dignos. Incluso si decidimos recompensar a quienes trabajan duramente, debemos saber que esta capacidad para el esfuerzo es, en sí misma, resultado tanto de la dotación natural tanto como de la educación. Así que ni el talento ni el esfuerzo, las dos cosas que determinan las recompensas en el mundo de la meritocracia, son algo que uno se gane. Una persona a la que, tal como se recoge con crudeza en *The Rise of the Meritocracy*, se haya calificado repetidamente de «lenta», sigue teniendo capacidades y aptitudes, y su reto es construirse una vida plena de significado.

La única forma decente de seleccionar a las personas en el reparto de oportunidades educativas y laborales es preguntarse cuál es el objetivo de las escuelas y los puestos de trabajo y decidir, a partir de ahí, quienes contribuirían mejor al cumplimiento de dichos objetivos si fueran admitidos. Los objetivos de una escuela o una universidad son complejos; y la mayoría de los empleos entrañan una variedad de dimensiones que dificultan la identificación de una persona específica como la idónea para su desarrollo. Sería mala idea admitir en una universidad únicamente a estudiantes que van a destacar en los estudios de literatura o matemáticas. Si se quiere formar a médicos, habrá que buscar a gente que pueda estar feliz con un destino en distintos lugares, ya que en todas partes se necesitan médicos. Si se quieren abogados para incorporarlos a un despacho, el temperamento tendrá tanta importancia como el historial en los juicios, pues la actitud afectará también a las contribuciones que puedan hacer los demás. Dado un grupo de candidatos con distintos historiales y temperamentos, rara vez va a haber forma de equilibrar los intereses; por lo general, se presentarán muchos principios de selección razonables. Pero existen restricciones en el tipo de principios de selección que son moralmente admisibles. El origen social no constituye, en sí mismo, una base admisible para impedir el acceso de nadie a la universidad. Tampoco la raza, el género ni la religión. Aunque en un mundo que se encuentra envenenado de prejuicios ante ciertas identidades, sí puede ser conveniente tomar en consideración las particularidades de dichas identidades en el diseño de los procesos de selección, con la intención de poner freno a la discriminación.

Y, mientras lo hagamos de una manera racional y moralmente permisible, puede resultar que hay personas de clase trabajadora, negros, mujeres, musulmanes, que merecen, pensando en términos de institución, ocupar algunos lugares que otras personas igualmente cualificadas de clase alta o blancas o cristianas o que son hombres no se merecen.

En ese punto, será inútil subrayar que estos otros ameritan esas oportunidades tanto como los demás. Es cierto que las vidas de quienes obtienen las oportunidades no tienen más valor que las de quienes no las obtienen. Pero esto no se debe, insisto, a que tengamos una escala de valor humano por la que los hayamos sopesado y hayamos juzgado que son equivalentes. Se debe a que tal escala no existe. Por tanto, es cierto que las vidas de quienes no han tenido tanto éxito como otros no son menos valiosas. Pero no porque sean igual de valiosas o más valiosas. Simplemente, no hay una forma sensata de comparar el valor de las vidas humanas.

Quizá la que sigue sea una imagen mejor. El dinero y el estatus son recompensas sociales que pueden animar a la gente a desarrollar una serie de tareas que deben llevarse a cabo. Heredar las capacidades cuyo desarrollo se ve recompensado en la sociedad en la que se ha nacido es cuestión de suerte; y aún será más suerte si las capacidades que llegamos a desarrollar están bien recompensadas. Por supuesto, también se puede responder a los mensajes del mercado y formarse. Una sociedad bien diseñada generará y desplegará el talento desarrollado de modo eficaz.

Con todo, sé que la posición relativamente elevada que ocupo en el actual sistema de clases de Ghana no habría estado asegurada en el Ashanti del siglo XIX, ya que estoy bastante seguro de no haber heredado el temperamento para triunfar como general. Las intuiciones matemáticas y físicas de Einstein no habrían resultado muy útiles entre los nukak de la Amazonia. Y el éxito de Mozart habría sido improbable en una sociedad en la que el único instrumento musical fuera el tambor.

El poeta inglés Thomas Gray, en su apreciada «Elegy Written in a Country Churchyard», de 1751, escribió sobre el talento que se desperdicia en una sociedad que no capacita a todos los jóvenes:

> Demasiadas gemas de rayo sereno de la mayor pureza,
> Guardan las oscuras cuevas insondables del océano.
> Demasiadas flores nacen para ruborizarse sin ser vistas,
> y desperdician su dulzura en el aire del desierto.

La sociedad en la que Gray vivía no había alcanzado, por supuesto, la educación universal, y ni mucho menos había imaginado la posibilidad de eliminar las barreras del éxito que se basan en el mero hecho accidental del nacimiento. Y, así, imaginaba Gray, como resultado de lo anterior, tal vez debajo de una lápida esté descansando un «Milton mudo y glorioso» o «algún Cromwell inocente de la sangre de su país». Uno se acuerda también de la poderosa figura de Judith Shakespeare, la hija gemela «de extraordinario talento» del bardo evocada por Virginia Woolf en *Una habitación propia*.

> Tenía el mismo espíritu de aventura, la misma imaginación, la misma ansia de ver el mundo que él. Pero no la mandaron a la escuela. No tuvo oportunidad de aprender la gramática ni la lógica, ya no digamos leer a Horacio ni a Virgilio. De vez en cuando cogía un libro, uno de su hermano quizá, y leía unas cuantas páginas. Pero entonces entraban sus padres y le decían que se zurciera las medias o vigilara el guisado y no perdiera el tiempo con libros y papeles.[61]

Gray, Woolf, y no pocos otros conjuraron, con poderosa justicia, la existencia de un talento natural ahogado y silenciado.

El panorama que presenta ese cementerio de la iglesia puede tentarnos a suponer que, en ausencia de penurias y limitaciones, todas las personas a quienes se dote de una educación adecuada alcanzarán el nivel determinado por su talento natural, que todo poeta natural encontrará a su Milton interior y todo tirano a su Cromwell. Lo que aquí falta, sin embargo, es la vastísima contingencia de la vida humana. Sin saber quién podría terminar siendo un Milton, no sabemos cuáles son los padres que deberían sumergir a sus hijos en el vasto océano de la poesía mundial; para preparar al próximo Einstein, tendríamos que saber cuáles son los talentos que van a requerir los próximos grandes avances en la física. Y si lo supiéramos, no necesitaríamos al próximo Einstein.

Yo he gozado de una vida dedicada al campo de la filosofía, que se inició, creo, por la pura casualidad de tener algunos amigos y un par de profesores que conocí en un momento de mi vida en el que me preguntaba por mi fe religiosa y mi lugar en el mundo. Una razón para que, en aquella época, pudiera leer y apreciar a Kant, Camus, Sartre y Ayer es que me había pasado gran parte de la infancia leyendo los libros, algunos de ellos bastante difíciles, de la biblioteca de mis padres, a instancias de mi madre. Pero si hubiera asistido a una escuela diferente, si hubiera tenido unos amigos distintos, unos padres distintos o una biblioteca distinta, o ninguna en absoluto, mi vida habría sido distinta.

Aprecio mucho la vida que he tenido, pero seguramente hay muchas otras que podría haber vivido y apreciado. Sin duda, esto es igualmente cierto en los casos de Milton y Cromwell. La mayoría de la gente tendría múltiples vidas gratificantes si construyéramos un mundo que respetara las vidas bien vividas, una vida en la que las personas diéramos a los demás lo que merecen, en la que tuviéramos relaciones gratificantes con nuestros familiares, amigos y conciudadanos y persiguiéramos los proyectos que elegimos con entrega y dedicación. Inevitablemente, las recompensas sociales de la riqueza y el honor siempre van a estar repartidas de forma desigual, porque es el único modo en que pueden cumplir su función como incentivos del comportamiento humano. Pero no es necesario negar la dignidad de aquellos a quienes la suerte de la lotería genética o de las contingencias históricas de su situación ha dejado una recompensa menor.

Caigan como caigan los dados, es inevitable que las personas quieran compartir el dinero y el estatus con sus seres queridos, e intentarán conseguir recompensas económicas y sociales para sus hijos. La legislación en materia de herencias nos permite dejar dinero a nuestros hijos; la clase nos permite transferir el estatus mediante el sistema educativo, ampliando su capital cultural, y nos permite, al compartir nuestra red relacional, mejorar su capital social. Pero nuestras formas de asegurarles ventajas no deberían impedir que los hijos de los demás tengan una vida decente. Todos los niños deberían tener acceso a una buena educación; todos deberían poder mirarse a sí mismos con respeto. Tradicionalmente, hemos utilizado el impuesto de sucesiones para contribuir a equilibrar las oportunidades, porque si bien es cierto que el hecho de poder legar dinero a los hijos es un incentivo para los padres, no lo es para los hijos. Sabemos cómo seguir democratizando las oportunidades de ascenso social, aunque el estado actual de la política en Reino Unido y Estados Unidos ha hecho cada vez más improbable avanzar en ese sentido. Pero también debemos trabajar para conseguir algo que aún no sabemos muy bien cómo hacer, esto es, erradicar el desprecio por aquellos que no se han visto favorecidos por la ética de la competencia del esfuerzo. Quienes buscan cultivar la conciencia de clase suelen pensar que los trabajadores se comprometen en la acción colectiva en beneficio propio; quienes buscan enfriar la conciencia de clase piensan en las prerrogativas sociales de los privilegiados, a costa de los desagravios a los menos privilegiados. Young quiso, con acierto, tener en cuenta ambos vectores. Nosotros deberíamos hacerlo también.

LORD DARTINGTON

«Designar a personas concretas para un trabajo en función de sus méritos es algo sensato —escribió Young—. Todo lo contrario que cuando aquellos de quienes se ha considerado que tienen algún mérito particular se calcifican en una nueva clase social en la que no caben los demás.»⁶² El objetivo no es erradicar las jerarquías y convertir todas las montañas en una meseta de sal; vivimos inmersos en una plétora inconmensurable de jerarquías, y la circulación de la estima social va a ir siempre en beneficio del mejor novelista, el matemático más importante, el hombre de negocios más avispado, el corredor más veloz, el emprendedor social más eficaz. No podemos controlar por completo la distribución del capital económico, social y humano, ni erradicar los intrincados patrones de Moiré que emanan de estas redes solapadas. Pero las identidades de clase no tienen por qué internalizar las heridas de clase; revisar las etiquetas, las normas y las formas de tratamiento asociadas a ellas sigue siendo un esfuerzo colectivo que debemos emprender con urgencia, en beneficio de lo que podríamos llamar igualdad moral.

Si todo esto suena utópico, tengamos en cuenta que no ha existido nadie con una mentalidad más práctica que Michael Young, el creador de instituciones por excelencia. Es cierto que lo que estimulaba la conciencia de Young tenía que ver tanto con lo personal como con lo sistémico; con frecuencia podía entregar el contenido de su billetera a cualquier persona sin hogar que se encontrara por la calle. Cuando estaba en el hospital, muriéndose de cáncer, se preocupaba por si los inmigrantes africanos que llevaban los carros de comida, empleados por una empresa subcontratada, cobraban el salario mínimo. Pero toda su capacidad de compasión estaba arraigada en un fuerte sentido de lo posible. No solo soñaba con reducir los privilegios heredados; también ideó medidas concretas para asegurar esto, con la esperanza de que todos los ciudadanos tuvieran oportunidad de desarrollar sus «propias capacidades especiales para llevar una vida rica». No hay duda de que él mismo lo había conseguido. En el futuro imaginario de *The Rise of the Meritocracy*, seguía habiendo una Cámara de los Lores, pero estaba formada exclusivamente por personas que se habían ganado su puesto gracias a haber prestado algún servicio público distinguido. Si alguien hubiera merecido un lugar en esa legislatura imaginaria, esa persona sería Michael Young.

Este no era en absoluto el caso de la Cámara de los Lores con la que creció Michael Young, hecho que probablemente fue una de las razones por las que su mecenas, Leonard Elmhirst, declinó el título nobiliario que le ofrecieron en la década de 1940. Como dijo sin rodeos, en los círculos en los que él se movía «la aceptación ni me sería fácil de explicar ni le sería fácil de entender a mis amistades».[63] Resulta, pues, bastante irónico que cuando a Michael Young, el gran igualitario, le ofrecieron un título nobiliario en 1978, sí lo aceptara. Naturalmente, eligió el título de barón Young de Dartington, en honor a la institución de la que había sido patrono desde los treinta años. Como era de esperar, aprovechó la ocasión para hablar sobre los problemas que lo motivaban en la cámara alta del Parlamento británico. Pero hay aún una ironía final más. Una razón importante por la que aceptó («con cautela», como dijo a sus amigos) el título era que tenía dificultades para pagar los gastos de los desplazamientos a Londres desde su casa en el campo. Los miembros de la Cámara de los Lores no recibían únicamente una asignación diaria si asistían a la cámara; también tenían un pase para viajar gratis en los ferrocarriles. Michael Young entró a formar parte de la aristocracia porque necesitaba el dinero.[64]

6
Cultura

Nuestros libros nos han enseñado que por primera vez se honró en Grecia la caballería y también la clerecía. Pasó luego la caballería a Roma, y también lo mejor de la clerecía, que ahora han llegado a Francia.

CHRÉTIEN DE TROYES, *Cligès*, 1176

Como muchos otros ingleses que, en el siglo XIX, padecieron tuberculosis, sir Edward Burnett Tylor viajó, por consejo médico, en busca del aire seco de regiones más cálidas. Puesto que Tylor provenía de una próspera familia cuáquera dedicada a los negocios, contaba con los recursos necesarios para realizar un largo viaje. En 1855, con poco más de veinte años, se fue a Estados Unidos y, a principios del año siguiente, viajó a Cuba, donde conoció a otro rico cuáquero inglés, Henry Christy; ambos terminaron viajando juntos por las ciudades y el campo mexicano, visitando ruinas aztecas y pueblos polvorientos.

Christy era ya un arqueólogo experimentado. Bajo su tutela, Tylor aprendió a hacer trabajo de campo. Quedó impresionado por lo que denominó «las pruebas de la existencia de una inmensa población antigua, demostrada por la abundancia de restos de obras de arte».[1] A su regreso a Inglaterra, Tylor publicó un extenso relato de su viaje a México, pero su estancia allí había hecho brotar en él un entusiasmo por el estudio de las sociedades lejanas, antiguas y modernas, que mantuvo el resto de su vida. En 1871, escribió su obra maestra, *Primitive Culture* (*Cultura primitiva*), que puede reivindicarse como la primera obra de la antropología moderna. A lo largo de las décadas siguientes, a medida que su barba se iba transformando de un lustroso estilo Garibaldi en un vasto cumulonimbo plateado que habría despertado los celos de Gandalf, Tylor amplió sus conocimientos sobre los pueblos del mundo, estudiando en museos y bibliotecas.

En algunos aspectos, *Cultura primitiva* era una impugnación de otro libro que llevaba en su título la palabra «cultura», *Cultura y anarquía*, de Matthew Arnold, que había aparecido solo dos años antes. Sí, se trata del mismo Matthew Arnold que conocimos un par de capítulos atrás como ejemplo de fijación racial. Para Arnold, poeta y crítico literario, la cultura era «la búsqueda de nuestra total perfección por medio de llegar a conocer lo mejor que se ha pensado y dicho en el mundo acerca de todos los asuntos que más nos interesan». A Arnold no le interesaba nada tan limitado como la acumulación escolar de conocimientos artísticos; el dueto de flauta posprandial, la recitación de un soneto de Keats. Lo que tenía en mente era un ideal moral y estético que encontraba su expresión en el arte, la literatura, la música y la filosofía.[2]

Pero Tylor creía que la palabra «cultura» podía significar algo muy diferente. Y, en parte por razones institucionales, pudo asegurarse de que así fuera, pues fue nombrado director del Museo de la Universidad de Oxford y, más tarde, en 1896, se convirtió en el primer profesor de antropología de la misma institución. Es a Tylor, más que a nadie, a quien debemos la idea de la antropología como el estudio de algo llamado «cultura», que definió como «ese todo complejo que incluye conocimientos, creencias, artes, moral, leyes, costumbres y cualesquiera otras capacidades y hábitos adquiridos por el hombre en tanto que miembro de una sociedad».[3] La civilización era simplemente una de las muchas formas de la cultura.

Hoy en día, cuando la gente habla de cultura, suele tener en mente la idea de Tylor o la de Arnold. Ambos conceptos de la cultura son, en algunos aspectos, antagónicos; el ideal de Arnold era el de «el hombre de cultura», y él habría considerado la mera idea de «cultura primitiva» como un oxímoron; el modelo de Tylor niega la posibilidad de que exista una persona sin cultura. Sin embargo, en nuestro concepto de cultura occidental, que, muchos creen, define la identidad de los modernos occidentales, estas nociones antagónicas de la cultura se encuentran imbricadas de formas que exploraremos a continuación. En este último capítulo, voy a hablar sobre la cultura como fuente de identidad y trataré de desembrollar algunas de las ideas confusas, tanto tylorianas como arnoldianas, sobre la cultura de lo que hemos dado en llamar Occidente.

Es posible que el lector haya oído antes esta historia; cuando le preguntaron a Mahatma Gandhi lo que pensaba de la civilización occidental, respondió: «Creo que sería una muy buena idea». Como la mayoría de todas las buenas historias, probablemente sea apócrifa, por desgracia; pero también, como muchas de las mejores historias, ha sobrevivido porque tiene el sabor de la verdad. Hasta ahora he presentado una serie de argumentos en defensa de la idea de que muchas de las cosas que pensamos sobre las identidades que nos definen son engañosas, y que podríamos comprender mejor los verdaderos retos a los que nos enfrentamos si pensáramos en ellas de una forma nueva. En este último capítulo quiero plantear una idea aún más inflexible sobre la posibilidad de la existencia de una identidad «occidental». Tanto ante quienes la reivindican, como es el caso de muchas personas de Europa y América, como ante quienes la repudian, como es el caso de muchas personas en otras partes del mundo, creo que lo que habría que hacer es abandonar la idea misma de civilización occidental. En el mejor de los casos, es fuente de una gran confusión y, en el peor, un obstáculo para hacer frente a algunos de los grandes retos políticos de nuestro tiempo. Vacilo ante la perspectiva de estar en desacuerdo con el legendario Gandhi, pero creo que la civilización occidental no es en absoluto una buena idea, y la cultura occidental tampoco es que suponga una mejora.

Una de las razones de que la noción de «cultura occidental» genere confusiones tiene que ver con la propia confusión reinante sobre lo que es Occidente. Hemos empleado el término «Occidente» con una variedad de funciones muy distintas. Rudyard Kipling, el poeta del Imperio británico, escribió: «Oh,

Oriente es Oriente y Occidente es Occidente, y nunca los dos se han de encontrar», marcando un contraste entre Europa y Asia e ignorando la existencia del resto de los lugares del mundo.[4] Durante la Guerra Fría, «Occidente» fue un lado del Telón de Acero y «Europa Oriental» su contrario y su enemigo. Este empleo del concepto también dejaba fuera en términos efectivos a la mayor parte del mundo. En los últimos años, «Occidente» ha significado habitualmente el Atlántico Norte, Europa y sus antiguas colonias de América del Norte. Aquí, lo contrario sería el mundo no occidental de África, Asia y América Latina —ahora denominado «Sur Global»—, aunque muchas personas de América Latina también reclaman una herencia occidental. Esta forma de entender la expresión sí toma en consideración al mundo entero, pero mete en el mismo saco a una gran cantidad de sociedades extremadamente distintas; además, siluetea con una delicada línea a los australianos, neozelandeses y sudafricanos no indígenas, de modo que «occidental» puede acabar pareciendo un simple eufemismo para «blanco».

Y, como todo el mundo sabe, hoy también hablamos del mundo occidental para ponerlo en contraste no tanto con el sur como con el mundo musulmán. Los propios pensadores musulmanes usan a veces un paralelismo, distinguiendo entre Dar al-Islam, el «hogar del Islam», y Dar al-Kufr, el «hogar de los no creyentes».[5] Este es el contraste en el que desearía profundizar en este último capítulo. Los actuales debates europeos y estadounidenses sobre si la cultura occidental es o no fundamentalmente cristiana han heredado, como veremos, una genealogía en la que una idea inicial de «cristiandad» fue reemplazada por la de «Europa» y después por la de «Occidente».

LA CREACIÓN DE LO EUROPEO

Para el historiador griego Heródoto, que escribió en el siglo v antes de la era común, toda la tierra habitada se dividía en tres partes. Al este se encontraba Asia; al sur, un continente al que se llamaba Libia, y el resto era Europa. Heródoto sabía que las personas, los bienes y las ideas podían viajar entre los continentes sin demasiados obstáculos; él mismo remontó el Nilo hasta llegar a Asuán y recorrió ambos lados del Helesponto, la frontera tradicional entre Europa y Asia. Herodoto, el padre de la historia, admitía sentirse desconcertado ante la cuestión de «por qué la tierra, que es solo una, tiene tres nombres, todos ellos de mujer».[6] Sin embargo, para los griegos y para sus herederos romanos, estos continentes representaban las grandes divisiones geográficas significativas del mundo. Y nosotros hemos heredado esa división.

Y he aquí lo importante del asunto; a Heródoto no se le hubiera ocurrido pensar que aquellos tres nombres se correspondían con tres tipos de pueblos, los europeos, los asiáticos y los africanos. Él había nacido en Halicarnaso, el Bodrum de la Turquía moderna. Pero haber nacido en Asia Menor no lo convertía en asiático; Heródoto seguía siendo griego. Y los celtas —de quienes solo dice que viven «más allá de las columnas de Hércules», en el extremo occidental de Europa—, eran para él mucho más ignotos que los persas o los egipcios, a quienes conocía bien. Heródoto emplea la palabra «europeo» solo como adjetivo, nunca como sustantivo. Se trataba de un lugar, no de una identidad. Y hasta más de un milenio después de su época, no hubo nadie que hablara de los europeos en el sentido de pueblo.

La geografía que conoció Heródoto fue más tarde radicalmente remodelada por el auge del islam, que emergió en la península arábica en el siglo VII y se expandió con asombrosa rapidez hacia el norte, este y oeste. Tras la muerte del Profeta, en el año 632 de la era común, los árabes lograron derrotar en solo treinta años a los dos grandes imperios del norte, lo que quedaba de Roma en Bizancio y el Imperio persa, que se extendía por Asia central hasta la India.

La dinastía de los Omeyas, que tiene su origen en el año 661, avanzó por el oeste hacia el norte de África y por el este hacia Asia Central. A principios de 711, su ejército atravesó el estrecho de Gibraltar hasta España, lo que los árabes llamarían al-Ándalus, y atacó a los visigodos, que durante dos siglos habían gobernado gran parte de las antiguas provincias romanas hispanas. Siete años después, la mayor parte de la península ibérica estaba bajo dominio musulmán; y no fue sino hasta 1492, casi ochocientos años después, que toda la península llegó a estar bajo soberanía cristiana de nuevo.[7]

El plan de los conquistadores musulmanes de España no era detenerse en los Pirineos, y durante los primeros años hicieron intentos periódicos de seguir avanzando hacia el norte. Pero en 732, Carlos Martel, el abuelo de Carlomagno, derrotó en Tours a las fuerzas de Abd al-Rahman al-Ghafiqi, gobernador de al-Ándalus, y esta fue la batalla decisiva que puso fin a los intentos árabes de conquistar la Europa de los francos. Edward Gibbon, seguramente exagerando un poco, decía que si los árabes hubieran ganado en Tours, podrían haber navegado hasta el Támesis. «Quizá —añadía—, en las facultades de Oxford se enseñaría hoy la interpretación del Corán, y desde los púlpitos de la universidad podría ilustrarse a un pueblo circuncidado sobre la santidad y la verdad de las revelaciones de Mahoma.»[8]

Lo relevante para nuestros propósitos es que, en esta conflictiva historia, parece estar el primer momento del que hay registro en que se emplea un término en referencia a los europeos como un tipo determinado de persona. Una crónica latina, escrita en España en el año 754, habla de los vencedores de la batalla de Tours como «europenses», esto es, europeos. En pocas palabras, la idea misma de «europeo» se empleó por primera vez para diferenciar a cristianos de musulmanes.[9]

En la Europa medieval, nadie habría usado la palabra «occidental» para contraponer a europeos y musulmanes. En primer lugar, el punto más occidental de Marruecos, hogar de los «moros», está más al oeste que Irlanda. El mundo musulmán se extendía desde el oeste de la Europa occidental hasta el centro y el sur de Asia; y gran parte de él, si en algo nos importan los puntos de la brújula, estaba al sur de Europa. Además, como acabamos de ver, partes de la península ibérica —que, indiscutiblemente, forma parte del continente que Heródoto llamaba Europa— estuvieron bajo dominio árabe o bereber musulmán de 711 a 1492. El contraste natural no residía en la separación entre el islam y Occidente, sino entre la cristiandad y Dar al-Islam, cada uno de los cuales consideraba infiel al otro, definido por la falta de fe.

Ninguno de estos dos términos nombraba a un solo Estado; en el año 750, el mundo musulmán se dividía políticamente en dos grandes estados —el omeya y el abasí— y gradualmente se fue dividiendo aún más a medida que se extendió hacia el este. La cristiandad estaba dividida entre aún más gobernantes, aunque en Europa la gran mayoría de ellos respetaba, en cierta medida, la autoridad del papa de Roma. Cada una de estas dos religiones cubría vastas áreas; el Imperio omeya, en su apogeo, comprendía más de once millones de kilómetros cuadrados y albergaba a casi el 30 por ciento de la población mundial; el Sacro Imperio Romano de Carlomagno se extendía por algo más de un millón de kilómetros cuadrados en Europa Occidental, y el Imperio bizantino, heredero oriental del Imperio romano, era, a la muerte de Carlomagno, en 814, solo un poco más pequeño.

A finales del siglo XI, la primera cruzada abrió otro frente militar entre los cristianos europeos y el mundo musulmán. En 1095, el papa Urbano II, a instancias de Alejo I Comneno, emperador de Bizancio, hizo una declaración en Clermont, en Francia, en la que aseguraba que cualquiera que «en bien de la devoción, pero no por dinero u honor», se dispusiera a liberar Jerusalén del control musulmán no tendría que volver a hacer penitencia por sus pecados. Lo que siguió fueron toda una serie de invasiones de Tierra Santa por parte de los ejércitos cristianos de toda Europa, que reconquistaron Jerusalén en 1099 y establecieron allí y en otras partes de Palestina y Siria una serie de estados cruzados. Al tiempo, durante los trescientos años siguientes, los turcos, que habían creado el Imperio otomano, extendieron gradualmente su dominio por algunas partes de Europa, como Bulgaria, Grecia, los Balcanes y Hungría. En aquella época, Europa Oriental y Asia Menor eran un puzle de estados musulmanes y cristianos que se habían creado y mantenían su integridad por medio de guerras feroces y que se hallaban sumidos en la intolerancia. Solo en 1529, con la derrota del ejército de Solimán el Magnífico en Viena a manos de las fuerzas del emperador del Sacro Imperio Romano, comenzó la reconquista de Europa del Este. Fue un proceso lento. Los otomanos no perdieron sus posesiones húngaras por completo hasta 1699; Grecia solo llegó a independizarse en 1830, y Bulgaria, aún más tarde.

Queda clara, entonces, la idea de que la Europa cristiana, la cristiandad, llegó a definirse a sí misma por oposición. Y una forma de entender lo que queremos decir cuando hablamos de cultura occidental es pensar el término «cultura» en el sentido en que lo hacía Tylor, como el «conocimiento, las creencias, las artes, la moral, las leyes, las costumbres» y demás capacidades transmitidas socialmente que han derivado de la Europa cristiana.

LA PEPITA DE ORO

Sin embargo, los eruditos de la Europa cristiana habían heredado, inevitablemente, muchas de las ideas que estaban presentes en las sociedades paganas que los habían precedido. Así, aunque la división entre Occidente y el islam tuvo su origen en un conflicto religioso, no se ha de entender que todo aquello que refiere a la civilización occidental sea cristiano, idea que viene de antiguo. A finales del siglo XII, Chrétien de Troyes, que nació a unos ciento cincuenta kilómetros al suroeste de París, ya celebraba estas raíces ancestrales: «Por primera vez se honró en Grecia la caballería y también la clerecía —escribió—. Pasó luego la caballería a Roma, y también lo mejor de la clerecía, que ahora han llegado a Francia». La idea de que lo mejor de la cultura de Grecia se había transmitido, a través de Roma, a la Europa Occidental de la Edad Media fue convirtiéndose gradualmente en un lugar común. De hecho, ese proceso tenía un nombre. Se llamaba *translatio studii*, la «transferencia del conocimiento». Y llegó a ser, también, una idea asombrosamente persistente. Más de seis siglos después, Hegel, el gran filósofo alemán, dirigiéndose a los alumnos de la escuela de Núremberg de la que era director, afirmaba que «la literatura griega de un modo especial, y después también la latina, han de constituir los fundamentos de los estudios superiores», y permanecer como tales.[10]

Por tanto, desde finales de la Edad Media y, a través de Hegel, hasta ahora, se ha pensado que las obras de mayor excelencia de la cultura griega y romana son parte de la herencia europea, que se transmite como una preciosa pepita de oro, extraída de la tierra por los griegos y transferida a Roma tras la conquista del Imperio romano, que la lustró convenientemente. Por último, se dividió entre las cortes flamencas y florentinas y la República de Venecia en el Renacimiento, y sus fragmentos pasaron por ciudades como Aviñón, París, Amsterdam, Weimar, Edimburgo o Londres, para reunirse, finalmente, en las academias europeas y estadounidenses. Este tesoro de valor incalculable está, sin duda, guardado hoy en algún lugar de la academia estadounidense donde yo trabajo, quizá en la biblioteca de la universidad, a la vuelta del pasillo. Y su contenido es la cultura de Occidente arnoldiana, no los hábitos de la vida cotidiana que son, en gran parte, lo que Tylor tenía en mente.

Hay muchas formas de embellecer la historia de la pepita de oro. Pero todas ellas se encuentran con un problema histórico, al menos si lo que se busca es convertirla en el núcleo de una civilización occidental enfrentada al islam. Porque esta herencia clásica también la compartieron los sabios musulmanes. En el siglo IX, en la Bayt al-Hikmah o Casa de la Sabiduría de Bagdad, la biblioteca de palacio que fundaron los califas abasíes, se tradujeron al árabe las obras de Platón, Aristóteles, Pitágoras y Euclides, que se convirtieron en la base de una tradición de pensamiento que los árabes llamaron *falsafa*, adaptando la palabra griega para filosofía. Durante los siglos que Petrarca dio en llamar la Edad Oscura, durante los cuales la Europa cristiana hizo muy pocas contribuciones al estudio de la filosofía clásica griega y muchos de sus textos se perdieron, quienes preservaron estas obras y la capacidad de interpretarlas fueron los eruditos musulmanes. Y gran parte de lo que ahora sabemos sobre los textos de la filosofía clásica y sobre cómo leerlos, ha llegado hasta nosotros tan solo porque los sabios europeos del Renacimiento recuperaron ese conocimiento de manos de los árabes.

Según el cronista cristiano, como hemos visto, en la batalla de Tours se enfrentaron los europeos y el islam; pero para los musulmanes de al-Ándalus, por belicosos que fueran, disputarse un territorio no tenía por qué significar que no se pudiera compartir ideas. Sin duda, ni siquiera en su época de más próspero apogeo, bajo Abd al-Rahman III, que gobernó de 912 a 966 y se proclamó califa de Córdoba, fue al-Ándalus un paraíso de pluralismo; el carácter autocrático del Estado no debía desafiarse. Aun así, hacia finales del primer milenio, tanto en Córdoba, entonces la mayor ciudad de Europa, como en otras ciudades del Califato, judíos, cristianos y musulmanes, árabes, bereberes, visigodos, eslavos e innumerables otros formaron el tipo de *gulash* —una especiada mezcla de ingredientes diversos— cultural que garantiza la existencia de un cosmopolitismo genuino.[11] El propio califa, cuya madre era originaria del norte cristiano, igual que lo había sido la de su padre, tenía los ojos azules y el cabello rubio; en al-Ándalus la mezcla no era tan solo cultural.

En la corte de Carlomagno no había rabinos ni sabios musulmanes reconocidos; pero en las ciudades de al-Ándalus, por el contrario, había obispos y sinagogas. Recemundo, obispo católico de Elvira, fue el embajador de Córdoba ante Constantino VII, el gobernante bizantino de Constantinopla, y ante Otón I, el emperador del Sacro Imperio Romano, en Aquisgrán. Hasday ibn Shaprut, líder de la comunidad judía de Córdoba a mediados del siglo x, no solo era un gran erudito de la medicina, fue además el presidente del consejo médico del califa; cuando el emperador Constantino de Bizancio envió al califa una copia del libro *De materia medica* de Dioscórides, este siguió la sugerencia

de Ibn Shaprut de buscar a un monje griego para que colabora-
ra en la traducción al árabe. Todo este conocimiento acumulado
convirtió a Córdoba en uno de los grandes centros del conocimiento médico en Europa y en todo el mundo musulmán.[12]

La traducción latina de las obras de Ibn Rushd, nacido en
Córdoba en el siglo XII, fue fundamental para el redescubri-
miento europeo de Aristóteles. Ibn Rushd nació en una familia
distinguida —su padre y su abuelo ocuparon el cargo de jueces
principales de Córdoba— pero, aunque fue educado, igual que
ellos, como un erudito en las leyes musulmanas, dedicó la mayor
parte de su energía intelectual a recuperar las ideas originales
de Aristóteles, limpiándolas de las incrustaciones de ideas asociadas con el platonismo. Se le conoció con el nombre latino de
Averroes o, más comúnmente, como el Comentador, debido a
sus extensos comentarios sobre Aristóteles. Por ejemplo, en torno al 1230, el libro *De anima* (*Sobre el alma*) de Aristóteles,
inexistente entonces en latín (que fue el lenguaje de la erudición
durante la Edad Media y en etapas posteriores), se tradujo desde el árabe al latín junto con los comentarios de Averroes. El
autor de esta traducción fue, probablemente, el astrólogo de la
corte de Federico II, emperador del Sacro Imperio Romano,
uno de cuyos títulos era rey de Jerusalén. La traducción se terminó en la época en que Federico se recuperaba del fracaso
desastroso de la quinta cruzada y se preparaba para la sexta. *De
anima* se convirtió en una parte importante de los estudios de
filosofía en las universidades europeas medievales. Así pues, esa
tradición clásica que, supuestamente, debía distinguir a la civilización occidental de los herederos de los califatos constituye
en realidad un punto de afinidad entre ellos.

También las fronteras posteriores de la cristiandad resultan
ser más complejas de lo que habitualmente pensamos. Nos imaginamos que, durante la época de apogeo del Imperio otomano,
nuestros frentes de batalla estuvieron en el este. Pero a finales
del siglo XVI, la reina Isabel de Inglaterra se alió con el sultán
otomano Murad III, en parte porque, como protestante, se encontraba aislada de las grandes potencias de la Europa conti-

nental. Había en su corte quienes compartían con Murad el escepticismo acerca de la cuestión de si el catolicismo romano conseguía evitar la idolatría. El propio obispo de Winchester declararía que el Papa era «un enemigo más peligroso para Cristo que el turco, y el papado más idólatra que los turcos».[13] También existió una alianza franco-otomana, que se mantuvo, con interrupciones esporádicas, durante tres siglos —desde la época de Solimán el Magnífico hasta la de Napoleón—, por la que soldados cristianos y musulmanes luchaban codo con codo, unidos en gran parte por oposición a un mismo enemigo, los Habsburgo.[14]

El relato de la pepita de oro presenta la cultura occidental como la expresión de una esencia que, en su periplo histórico, ha ido pasando de mano en mano. Y en estas páginas ya hemos visto cuáles son las trampas en las que cae recurrentemente este tipo de esencialismo. En el segundo capítulo indagamos en la creencia de que las escrituras de una religión determinan su naturaleza inmutable. En el tercero, fue la nación, unida a lo largo de los tiempos por la lengua y la costumbre. En el cuarto, tratamos de una esencia racial compartida por todos los negros o por todos los blancos. En el capítulo anterior, hemos visto lo inútil que es buscar la esencia de una clase.

En todos estos casos, veíamos cómo la gente asume que, si una identidad ha sobrevivido a lo largo del tiempo y del espacio, debe de ser porque está sustentada por una cualidad común de amplio alcance; una esencia que todas sus instancias comparten. Pero no se trata más que de una idea equivocada. ¿Cómo era Inglaterra en tiempos de Chaucer, «el padre de la literatura inglesa», que murió hace más de seiscientos años? Pensemos en cualquier cosa que creamos distintiva de ese momento, cualquier combinación de costumbres, ideas y objetos materiales que hicieran a la Inglaterra de aquella época típicamente inglesa. Lo que elijamos para distinguir qué es lo inglés hoy, no va a ser nada de eso. Más bien, a medida que pasa el tiempo, cada generación hereda la etiqueta de una anterior, y, en cada generación, esa etiqueta viene con un legado. Pero, a medida que los legados se pierden o se intercambian por otros tesoros, la etiqueta sigue evolucionando. Y así, cuando algunos de los miembros de una generación dejan el territorio al que estaba vinculada la identidad inglesa y se trasladan a otro —se van, por ejemplo, a Nueva Inglaterra—, se hace posible que la etiqueta viaje incluso más allá de dicho territorio. En resumen, las identidades pueden mantenerse vertebradas a través de narrativas sin que exista ninguna esencia; si se denomina a alguien «inglés», no es por ninguna esencia que se siga de esa etiqueta; se es inglés porque las reglas que nos hemos dado determinan que se tiene derecho a la aplicación de esta etiqueta: que se tiene una conexión adecuada con un lugar llamado Inglaterra.

Entonces, ¿cómo llegaron las personas de Nueva York y del viejo York, del Londres de Ontario y del Londres de Inglaterra o del Paris de Texas y del París de Francia a verse conectadas en un reino que llamamos Occidente y a adquirir una identidad como miembros de algo llamado cultura occidental?

CÓMO SE TEJIÓ OCCIDENTE

En inglés, el propio concepto de «Occidente», aplicado tanto a una tradición cultural como a un objeto de estudio, no aparece realmente hasta las décadas de 1880 y 1890, durante la época álgida del imperialismo, y no llega a popularizarse hasta el siglo XX. Así, la existencia de un concepto tan antiguo con un nombre tan reciente puede plantear preguntas. En realidad, también el concepto de «civilizaciones», en plural, es un desarrollo del siglo XIX. Cuando los académicos de finales del siglo XIX trazaron su mapa de la civilización occidental, ese trazado no concordaba del todo con el nuestro. Ellos hubieran dicho que las raíces de la civilización occidental se encontraban en Egipto y Fenicia, o que la cuna estaba en las ciudades portuarias griegas (porque habían unido elementos de las civilizaciones egipcia, siria, persa e india), o que la civilización había viajado de oriente a occidente.[15]

El término asociado de «cultura occidental» es también sorprendentemente moderno, sin duda más reciente que, por ejemplo, el fonógrafo de Edison, aunque ya hemos visto que existen algunas ideas precursoras del mismo en los conceptos de «cristiandad» y de «Europa». En el capítulo anterior, señalé, a propósito del concepto de «clase», que la historia de un término no siempre constituye una guía para comprender la historia de aquello a lo que hace referencia, pero en este caso existe un verdadero vínculo íntimo entre la etiqueta y aquello que etiqueta. Es significativo que Tylor, por ejemplo, no hablara nunca de cultura occidental. En realidad, no tenía ninguna razón para hacerlo, pues él era profundamente consciente de la diversidad cultural interna que existía incluso en su propio país. En 1871, contó que había encontrado evidencias de la práctica de brujería en una zona rural de Somerset. Estando en un pub, una ráfaga de viento había sacado rodando unas cebollas asadas y asaeteadas con alfileres de dentro de la chimenea. «Una de ellas llevaba el nombre de un hermano mío que es magistrado, a quien el hechicero, que era el dueño de la cervecería, tenía especial ojeriza —relataba Tylor—, y de quien aparentemente había planeado librarse por el método de asaetear y asar una cebolla que lo representaba.»[16] Cultura primitiva, ni más ni menos.

La decadencia de Occidente, escrito por Oswald Spengler en la época de la Primera Guerra Mundial, fue la obra que presentó el concepto a muchos lectores de todo el mundo. De hecho, Spengler la tituló *Der Untergang des Abendlandes*, literalmente, «el declive de las tierras de la noche», las más cercanas al sol poniente, término que, en tiempos, había hecho referencia a las provincias occidentales del Imperio romano. Pero su concepción de Occidente era sorprendentemente distinta de la que hoy conforma nuestro lugar común. Spengler se mofaba de la idea de que entre la cultura occidental y el mundo clásico existiera una continuidad. «La palabra "Europa" debería ser borrada de la historia —declaraba—. En términos históricos no existe un "tipo europeo".»[17] Para él, Occidente se definía, de forma fundamental, por contraste con la cultura del mundo clásico, con la cultura de los antiguos cristianos (y judíos y musulmanes) y con la cultura «semidesarrollada» de los eslavos. Para otros, sin embargo, las incursiones otomanas siguieron desempeñando un papel clave en su imaginación. Durante una visita a los Balcanes, a finales de la década de 1930, Rebecca West recogía la impresión de su marido de que «el golpe que habría destrozado toda nuestra cultura occidental es incómodamente reciente». El «reciente golpe» en cuestión era el asedio turco de Viena en 1683.

Igual que la noción de cristiandad fue el artefacto de una prolongada serie de batallas militares contra las fuerzas musulmanas, nuestro actual concepto de cultura occidental adquirió en gran medida su forma actual a finales de la década de los cuarenta y a lo largo de los cincuenta, durante la Guerra Fría. En el fragor de la batalla, forjamos un gran relato «de Platón a la OTAN» sobre la democracia ateniense, la Carta Magna, la revolución copernicana, etcétera.[18] La cultura occidental se dibujaba, en esencia, como individualista y democrática, tolerante y defensora de la libertad, progresista, racional y científica. No importa que la Europa premoderna no fuera ninguna de aquellas cosas, y que hasta el siglo pasado la democracia fuera una excepción en el continente, además de un concepto sobre el que pocos incondicionales del pensamiento occidental tenían algo bueno que decir. La idea de que la tolerancia fuera un elemento constitutivo de algo llamado cultura occidental habría sorprendido sin duda a Edward Burnett Tylor, quien, al ser cuáquero, había tenido que ver cómo se le prohibía asistir a las grandes universidades de Inglaterra. Los nombramientos de Tylor en Oxford tuvieron lugar después de la aprobación de la Ley de Pruebas Universitarias de 1871, que abría el acceso a Oxford y Cambridge a quienes no eran anglicanos. De hecho, podemos tener la sensación de que, si la cultura occidental fuera algo real, no dedicaríamos tanto tiempo a hablar de ella. La «cultura», excelente o no, ha descendido sobre nosotros como una niebla, y se le han achacado toda una diversidad de funciones. Admito que, a veces, me he preguntado si en realidad el concepto de cultura, igual que aquel éter luminífero que los físicos del siglo xix describieron como el medio por el que viajan las ondas de luz, no explicará bastante menos de lo que nos gustaría.

Aun así, tales caprichos históricos e intelectuales no impidieron que algunos eruditos genuinamente distinguidos aceptaran el relato «de Platón a la OTAN». «La esencia de la cultura occidental, la base de su éxito, el secreto de su amplia influencia, es la libertad», declaró el teórico político francés Raymond Aron en los años cincuenta. En fechas más recientes, la especialista en historia intelectual Gertrude Himmelfarb ha sostenido que la justicia, la razón y el amor a la humanidad «son, de hecho, predominantemente, y quizá incluso exclusivamente, valores occidentales».[19]

Y una vez que la cultura occidental pasó a ser un término laudatorio, estaba condenada a convertirse, también, en un término reprobatorio. Como si se tratara de un negativo fotográfico que intercambia las zonas luminosas con las oscuras, los críticos de la cultura occidental ponen su énfasis en cuestiones como la esclavitud, la subyugación, el racismo, el militarismo y el genocidio, haciendo gala de la misma actitud esencialista, aunque ellos no vean una pepita de oro sino de arsénico.

ESPEJITO, ESPEJITO

Como ya hemos visto, la afirmación de una identidad se produce siempre por contraste u oposición. Los críticos están a menudo interesados en otro supuesto clima cultural, el de África. En su batalla contra la ideología victoriana del «eurocentrismo», algunos se han convertido en abanderados del «afrocentrismo». Sin embargo, estos afrocentristas no siempre han tenido claro si la cultura occidental era una carga de la que había que deshacerse o un premio que había que reclamar. A partir de la década de 1950, Cheikh Anta Diop, hombre de letras senegalés, afirmó insistentemente que la civilización griega tenía orígenes africanos. Mantenía que sus logros se derivaban de una civilización egipcia más avanzada, y que los antiguos egipcios eran negros. Esto dejó a sus seguidores algunas conclusiones incómodas. Si Occidente fue engendrado por Grecia, y esta a su vez había sido engendrada por Egipto, ¿no tendrían que asumir las personas de raza negra la responsabilidad moral de su legado etnocéntrico? Otros afrocentristas defendían un desarrollo distinto y renunciaban a Grecia sin problemas, para ensalzar aquellos logros civilizatorios característicamente africanos. De cualquier manera, este modelo de cultura basado en linajes se enfrenta a un problema. Si la ideología de la «cultura occidental» postula una unidad implacable, que incluye por igual a Alejandro Magno, Alfredo el Grande y Federico el Grande, la ideología del afrocentrismo tendría que hacer una vindicación similar en pro de la unidad cultural de África.

¿Dónde podría encontrarse esta esencia unificadora? Muchas personas se inspiraron en *Muntu: African Cultures and the Western World*, de Janheinz Jahn, una obra que apareció en Estados Unidos, con gran éxito, a principios de la década de 1960. Su autor era un teórico de la literatura alemán que, en parte debido a su amistad con el poeta y estadista senegalés Léopold Sédar Senghor, se convirtió en defensor de la negritud, un movimiento que enfatizaba el parentesco cultural y racial que comparten las personas afrodescendientes. Curiosamente, sin embargo, el núcleo de potencia de la cultura africana que Jahn descubrió estaba al otro lado del continente, en el concepto de NTU, que sería la última sílaba de las palabras kinyaruanda-bantú *muntu* («persona»), *kintu* («cosa»), *hantu* («espacio y tiempo») y *kuntu* («modalidad»). «NTU —concluía Jahn—, es la propia fuerza universal.» Para el africano, la fuerza y la materia están íntegramente unidas, y es en la «fuerza universal cósmica» de NTU donde «se unen el ser y los seres». Así, en el corazón del mundo conceptual africano, residía una verdad que el racionalismo occidental había desechado, el reconocimiento profundo de la armonía y la coherencia de todas las cosas.[20]

Recuerdo que, cuando me topé con estos argumentos, desarrollé una fantasía en la que una académica africana regresaba a Lagos después de una estancia en Londres con la importante noticia de que había descubierto la clave de la cultura occidental. De próxima publicación, *THING: Western Culture and the African World*, era una obra que exponía la filosofía del ING, tan visible en la lengua inglesa. Porque, para los euroamericanos, el ING sería la esencia dinámica interna del mundo. En la misma estructura de los términos ingleses *doing* («hacer»), *making* («fabricar») y *meaning* («significado»), los ingleses (y, por extensión, todos los occidentales) estarían expresando el profundo compromiso con este concepto, aunque el corazón secreto de la materia se plasmaría en la categoría ontológica primaria de *th-ing* («cosa»); las cosas —o los seres *(be-ing)*, tal como denominan los sabios a la materia en el vocabulario más especializado de una de sus sociedades secretas— no son estables, sino que se encuentran en constante cambio. Y aquí tenemos la explicación fundamental de la extraordinaria neofilia de la cultura occidental, su sentido de que la realidad es cambio.

Por supuesto, estoy haciendo una caricatura de una caricatura. Cuando nos movemos en estos niveles de abstracción, puede hacerse casi cualquier afirmación y su contraria acerca de lo que demos en llamar una cultura. Cuando se ensalza a las culturas no occidentales por su espíritu colectivo y de cooperación y por su nivel de iluminación espiritual, se hace normalmente para criticar a Occidente por los vicios complementarios del materialismo rampante, el individualismo egoísta y la explotación rapaz. Este gesto también es, en sí mismo, algo habitual en el repertorio cultural de Europa Occidental. El papel de ventrílocuo de la perspectiva de los interlocutores no occidentales ha sido, a menudo, una herramienta para hacer crítica social, en particular en obras epistolares ficticias como las *Cartas persas*, de 1721, de Montesquieu —en las cuales uno de los viajeros persas informa secamente de que «nunca ha habido reino donde hayan ocurrido tantas guerras civiles como en el de Cristo»— o *Un ciudadano del mundo*, de Oliver Goldsmith, escrito en 1761 —en el que un filósofo chino que visita Londres se maravilla de que, mientras que «los pactos para la paz se elaboran con la mayor precisión y se ratifican con la mayor solemnidad [...], el pueblo europeo está casi continuamente en guerra»).[21] El objetivo es, en palabras de Burns, «vernos a nosotros mismos tal como otros nos ven» o como imaginamos que podrían hacerlo.

TENTACIONES ORGÁNICAS

Simplemente por una cuestión de escala, hablar de «cultura occidental» presenta inmediatamente un hecho poco convincente que habría que superar. Ubica en el corazón de su identidad todo tipo de exaltación de los logros intelectuales y artísticos, como la filosofía, la literatura, el arte y la música, las cosas que Arnold valoraba y que estudian los humanistas. Pero, si la cultura occidental ya existía a finales del siglo XII en Troyes, en vida de Chrétien, poco tenía que ver con la vida de la mayor parte de sus conciudadanos, que no sabían latín ni griego y no había oído hablar jamás de Platón. En los Estados Unidos de hoy, esta herencia clásica no tiene un papel mucho más importante en la vida cotidiana de la mayoría de la gente. Si observamos nuestras metrópolis modernas, que podrían considerarse el paradigma de los centros de la civilización occidental, veremos grandes museos, grandes bibliotecas, grandes teatros o buena música de todos los géneros. ¿Son esos logros arnoldianos lo que une a los habitantes de las ciudades? Claro que no. Lo que nos mantiene unidos, sin ninguna duda, es el sentido amplio de cultura de Tylor, nuestras costumbres, nuestra forma de vestir y de saludarnos, los hábitos de comportamiento que conforman las relaciones entre hombres y mujeres, padres e hijos, policía y civiles, dependientes de tiendas y consumidores. Los intelectuales como yo tendemos a dar por hecho que las cosas que nos importan a nosotros son las más importantes. Y no digo que no sean importantes, pero lo son menos de lo que sugiere la historia de la pepita de oro.

Entonces, ¿cómo hemos hecho para tender este puente sobre el vacío y llegar hasta aquí? ¿Cómo hemos llegado a convencernos de que somos los legítimos herederos de Platón, de Tomás de Aquino y de Kant, cuando la materia de la que se compone nuestra existencia la forman más bien Justin Bieber y Kim Kardashian? Pues bien, fusionando las imágenes tyloriana y arnoldiana de la cultura, los ámbitos de lo cotidiano y de lo ideal. Y la clave es algo que ya estaba presente en la obra de Tylor.

Recordemos su célebre definición, en la que comenzaba diciendo que la cultura es un «todo complejo».[22] Lo que ahí vemos es algo que podríamos llamar organicismo. Una visión de la cultura no como un conjunto disperso de fragmentos dispares sino como una unidad orgánica donde cada uno de los componentes, como ocurre con los órganos de un cuerpo, está cuidadosamente adaptado para implantarse en un lugar concreto, y en la que cada una de las partes es imprescindible para el funcionamiento del todo. El concurso de Eurovisión, los recortes de Matisse o los *Diálogos* de Platón son partes de un todo mayor. Como tal, cada uno constituye, por así decirlo, una entrada de nuestra biblioteca cultural, aunque nunca le hayamos dado ni un vistazo. Son nuestra herencia, nuestra posesión. Lo que el organicismo nos explica es que nuestro yo cotidiano está cubierto de polvo dorado.

El problema está en que esa gran totalidad llamada cultura, que mantiene orgánicamente unidas todas estas partes, sencillamente, no existe. En nuestra vida cultural hay, sin duda, totalidades orgánicas, como la música, las palabras, la escenografía y la coreografía de una ópera, pensadas para que todo encaje. Es, por emplear el término de Richard Wagner, una *Gesamtkunstwerk*, una «obra de arte total». Pero las culturas tylorianas del Atlántico Norte no se compusieron juntas. No son un todo orgánico. España, en el corazón de Occidente, no conoció la democracia liberal hasta dos generaciones después de que esta se implantara en la India o en Japón, en Asia del Este, hogar del despotismo oriental. La herencia cultural de Jefferson —la libertad ateniense, la libertad de tipo anglosajón— no impidió la creación de una república esclavista en Estados Unidos;

ni tampoco le impidió su herencia cristiana, contraria al adulterio, tener hijos con Sally Hemings, su esclava. Al mismo tiempo, Franz Kafka y Miles Davis pueden convivir con tanta facilidad, o quizá incluso más, que Kafka y su compatriota austrohúngaro Johann Strauss, el rey del vals. (Las parábolas cómicas y sombrías del primero no marcan un compás de ¾.) Podemos escuchar hip hop en las calles de Tokio, Takoradi y Tallin. Y lo mismo ocurre con la cocina. Cuando yo era joven, los británicos intercambiaron el *fish and chips* por el pollo *tikka masala* (un intercambio muy sabio).[23]

Si dejamos de lado el organicismo, podremos aceptar una imagen más cosmopolita en la que cada elemento de la cultura —desde la filosofía o la cocina hasta el estilo de nuestros movimientos corporales— puede, en principio, separarse de todos los demás; de verdad es posible caminar y hablar de un modo reconociblemente afroamericano y además comulgar con Immanuel Kant y George Eliot, y también con Bessie Smith y Martin Luther King Jr. No hay ninguna esencia musulmana que impida a los habitantes individuales de Dar al-Islam adoptar cualquier elemento del currículum de la civilización occidental, incluida la democracia. No hay una esencia occidental que impida a un neoyorquino, de la ascendencia que sea, adoptar el islam. Donde sea que vivamos, en cualquier parte del mundo, Li Po puede ser uno de nuestros poetas favoritos, incluso sin haberse acercado nunca lo más mínimo a China.

DELITOS CONTRA LA PROPIEDAD

En algunos de los rincones más oscuros de internet, quienes defienden la idea de que Norteamérica o Europa son el hogar de la raza blanca celebran los logros que defienden como propios de Occidente como si fueran suyos. Reivindican el nacionalsocialismo y a Shakespeare, la eugenesia y a Euclides, la democracia y a Dante. El movimiento alemán de extrema derecha Pegida (Patriotas Europeos Contra la Islamización de Occidente)

ha llamado a la «preservación y protección de la cultura judeo-
cristiana occidental», dibujando un amable compuesto en el que
un simple guion viene a enmascarar toda una historia de masa-
cres, expulsiones y asesinatos masivos.[24] Dejo con gusto a los
nacionalistas blancos que se queden el nazismo y la eugenesia
para ellos solos; pero no voy a privar a nadie de disfrutar las
cosas que yo también aprecio, porque, igual que Arnold, soy
capaz de disfrutar de lo mejor de cualquier tradición y, al mismo
tiempo, compartirlo alegremente con los demás. Pero si creen
que en su interior llevan algo, una esencia racial, que los conecta de algún modo con una suerte de núcleo orgánico, un *Geist*,
que impregna toda la cultura occidental, es que no comprenden
ni la raza ni la civilización. Porque, en la cultura arnoldiana, lo
mejor es transversal al color, al espacio y al tiempo. Una de las
grandes antologías poéticas elaboradas por Goethe, el *West-
östlicher Divan*, está inspirada en la poesía de Hafez, poeta persa del siglo XIV, cuya tumba en Shiraz continúa siendo un lugar
de peregrinación. *Diwan*, en farsi, designa una colección de
poesía, por lo que el título de Goethe expresa explícitamente la
intención de cerrar una brecha. Matsuo Basho, magnífico maestro del haiku del siglo XVII, se formó en gran medida en el
budismo zen, por lo que un indio —Siddhartha Gautama, el
Buda— es parte de su herencia. *Trono de sangre*, de Kurosawa
—con las oscuras murallas del castillo en el monte Fuji envuel-
tas por la niebla—, es una potente representación cinematográ-
fica de Macbeth.

Por eso deberíamos evitar el uso del término «apropiación
cultural» en tono acusatorio. Todas las prácticas y objetos culturales son mudables; les gusta expandirse, y casi todos son en
sí mismos producto de la mezcla. En Ashanti, el *kente* se hacía
primero con hilo de seda teñido, importado de Oriente. Tomamos algo hecho por otros y lo hicimos nuestro. O más bien, lo
hicieron en el pueblo de Bonwire. Entonces, ¿se apropiaron los
ashanti de Kumasi de algo que era propiedad cultural de Bonwire, el lugar donde se había hecho por primera vez? Los supuestos propietarios pueden ser, a su vez, apropiadores.

El verdadero problema no es que sea difícil decidir a quién pertenece la cultura; es que la idea misma de propiedad constituye un modelo equivocado. La cláusula de Copyright de la Constitución de los Estados Unidos ofrece una razón plausible para defender la propiedad de las palabras y las ideas: «Promover el progreso de la ciencia y las artes útiles, asegurando a autores e inventores, por un tiempo limitado, el derecho exclusivo a sus respectivos escritos y descubrimientos». Pero, en todas las culturas tradicionales del mundo, las artes han progresado perfectamente bien sin esta protección, mientras que la mejor forma de entender los productos y prácticas tradicionales de un grupo —sus canciones, sus relatos e incluso sus secretos— no es en tanto que propiedad. Tampoco estos se vuelven más útiles por estar exclusivamente atados a sus supuestos orígenes.

Durante siglos, los habitantes de la isla veneciana de Murano se han ganado la vida con el arte útil que perfeccionaron allí los fabricantes de cristal. Sus cuentas, con filamentos multicolores, algunos de oro, se contaban entre las maravillas artísticas del mundo. Para mantener su ventaja comercial, el Estado veneciano prohibió a los fabricantes de vidrio que transmitieran sus secretos; la pena por revelarlos a un extraño era la muerte. Bien para Murano y sus ganancias, mal para todos los demás. (En última instancia, muchos de aquellos hábiles artesanos se escaparon de todos modos y expandieron sus conocimientos por un mundo europeo más amplio.) A finales del siglo XVII, las cuentas venecianas ya se estaban importando a la Costa de Oro africana a través del Sáhara, donde se convirtieron en una parte fundamental de los intercambios con los que el imperio de Mali había alcanzado su éxito comercial siglos antes.

Allí, una vez trituradas y sinterizadas para hacer nuevas cuentas, se convirtieron en el distintivo *bodom* que aún hoy puede verse en Ghana, cuentas que coleccionaban mi madre y mi madrastra y con las que confeccionaban pulseras y collares.[25] ¿Qué progreso habría supuesto insistir en que los venecianos eran los propietarios de la idea de las cuentas de vidrio y prohibir su uso? Por desgracia, el vigoroso trabajo de presión de las grandes corporaciones ha hecho que la idea de propiedad intelectual se vuelva imperial; parece haber conquistado el mundo. Aceptar la noción de apropiación cultural es admitir el régimen que defienden estas corporaciones, en el que unas entidades corporativas que actúan como guardianes culturales «poseen» un tesoro de propiedad intelectual y cobran un peaje para permitir su uso a otros.

Esto no quiere decir que las acusaciones de apropiación cultural no contengan en su origen, y en ocasiones, una ofensa real. Habitualmente, cuando el problema merece atención, suele tener que ver con formas de falta de respeto que se ven agravadas por una desigualdad de poder; «apropiación cultural» no es más que un diagnóstico equivocado. Cuando Paul Simon hace caja con la música mbaqanga de Sudáfrica, podemos preguntarnos si el estadounidense adinerado pagó una parte justa de los ingresos a los africanos que le enseñaron, mucho más pobres. En caso de que no lo hiciera, el problema no estaría en el robo cultural sino en la explotación. Un sioux sabe que su pueblo está siendo ridiculizado si los chavales de una fraternidad parodian el tocado de sus antepasados y se ponen a dar alaridos. Pero, de nuevo, el problema no está en que se trate de un robo, sino en la falta de respeto. Imaginemos cómo se sentiría un rabino judío ortodoxo si un músico pop multimillonario y gentil hiciera un vídeo musical en el que usara el *kadish* en duelo por un Maserati. La ofensa no es la apropiación; es el insulto que implica trivializar lo que otro grupo considera sagrado. Quienes analizan estas transgresiones en términos de propiedad están aceptando un sistema comercial ajeno a las tradiciones que creen proteger, han permitido que un régimen de propiedad moderno se apropie de ellos.

LA CULTURA COMO PROYECTO

Aunque la noción de cultura de Tylor contribuyera a crear la que tenemos hoy, no era exactamente como la nuestra. A diferencia de muchos de sus colegas, Tylor veía la cultura como algo que podía adquirirse y transmitirse, no como una característica de la herencia racial. Sin embargo, nunca usó «cultura» en plural; era un progresista (como Arnold, a este respecto) que pensaba en términos de etapas, de un avance desde el salvajismo a un estado más feliz de civilización. Con todo, su fascinación por la diversidad cultural de la humanidad daba, precisamente, cuenta de la condición humana de aquellos a quienes estudiaba, y con ello terminó por reformular la disciplina. Para él, la cultura no era algo vaporoso. Apreciaba los artefactos materiales que coleccionaba, aunque una vez se enredó su enorme barba con un arco que estaba enseñando a sus alumnos, y sus intentos de encender fuego con piedras de pedernal no siempre terminaban bien. Cuando se jubiló de Oxford, entregó al comité de antropología de la universidad su vasta biblioteca sobre el tema; estaba convencido de que, independientemente de los orígenes, todo el mundo tiene la capacidad de adentrarse profundamente en otras formas de vida, pero es necesario esforzarse.

Nosotros también debemos hacerlo. Este proyecto puede empezar reconociendo que la cultura es algo desordenado y embrollado, nunca prístino y puro. El hecho de que no exista una esencia es lo que nos hace libres. Sin duda, las historias que contamos y que conectan a Platón, Aristóteles, Cicerón o san Agustín con el mundo contemporáneo estadounidense o europeo encierran algo de verdad. Estos grandes arcos narrativos están sustentados por tradiciones autoconscientes de estudio y argumentación. Recordemos a los cristianos medievales que indagaban en los textos de Averroes en busca de Aristóteles o a Chrétien reclamando el origen romano de la caballería. Lo que es una ilusión es creer que con tener acceso a estos valores es suficiente, como si fueran canciones en una lista de reproducción de Spotify que nunca escuchamos las suficientes veces. Puede que estos pensadores formen parte de nuestra cultura arnoldiana, pero no tenemos ninguna garantía de que lo mejor de ellos vaya a seguir significando algo para los hijos de quienes hoy los recuerdan, al menos no en mayor medida de lo que la centralidad que tuvo Aristóteles en el pensamiento musulmán durante cientos de años le garantiza un lugar importante en las comunidades musulmanas actuales.

Los valores no son un derecho de nacimiento; hace falta cuidarlos. Vivir en Occidente, se defina como se defina —ser occidental, se defina como se defina— no es garantía ninguna de que vaya a importarte la civilización occidental. Los valores que los humanistas europeos pretenden abrazar pueden pertenecer, tanto como a un europeo, a cualquier africano o asiático que los adopte con entusiasmo. Por la misma lógica, a quien no pertenecen es a un europeo que no se haya tomado la molestia de comprenderlos y hacerlos suyos. Y, por supuesto, lo mismo ocurre con lo que llamamos culturas no occidentales. La historia de la pepita de oro sugiere que no podemos evitar dar importancia a las tradiciones de «Occidente» porque son nuestras, pero, en realidad, lo cierto es lo contrario. Son nuestras solo si les damos importancia. Una cultura de libertad, tolerancia e investigación racional; eso sí que sería una buena idea. Pero estos valores son elecciones que podemos hacer o no, no un camino designado por una especie de destino occidental.

En 1917, el año en que murió Edward Burnett Tylor, lo que nos han enseñado a llamar civilización occidental había entrado en un duelo a muerte consigo misma, en el que los aliados y las potencias centrales se arrojaban cadáveres unos a otros, enviando a los jóvenes a la muerte «en defensa de la civilización». Los campos empapados de sangre y las trincheras envenenadas de gas debieron conmocionar las esperanzas evolutivas y progresistas de Tylor y confirmado los peores temores de Arnold sobre lo que realmente significaba la civilización. Arnold y Tylor habrían estado de acuerdo, al menos, en que la cultura no es una lista de verificación del cuestionario de la humanidad, sino un proceso al que nos unimos al vivir una vida con los demás.

Coda

Y ahora ya sin bárbaros ¿qué será de nosotros?
Esos hombres eran una cierta solución.

C. P. CAVAFIS,
«Esperando a los bárbaros», 1898[1]

Es posible que el lector conozca este poema. Constantino Cavafis —si se me permite presentar un personaje más en este cierre— fue un escritor cuya identidad venía acompañada de un asterisco, cualidad que compartía con Svevo. Nació dos años después que este y murió pocos años después que él. Cavafis fue un griego que nunca vivió en Grecia. Tuvo una educación cristiana ortodoxa oriental y fue funcionario del gobierno en un Estado tributario de un imperio musulmán que, durante la mayor parte de su existencia, estuvo bajo ocupación británica. Pasaba sus noches caminando, en busca de dioses paganos encarnados en su versión física. Fue un poeta que se resistió a publicar, salvo por los pasquines que hacía circular entre sus amigos íntimos; un hombre cuya patria fueron un barrio y un sueño. Gran parte de su poesía es un mapa de Alejandría solapado sobre un mapa del mundo clásico —la Alejandría moderna y la Atenas antigua— de igual modo que bajo el Dublín de Leopold Bloom subyace la Ítaca de Ulises. No hay otra frase que retrate mejor a este genio alejandrino que la evocación que de él hizo E. M. Forster como «un caballero griego con un sombrero de paja, de pie, absolutamente inmóvil, en ligero ángulo con el universo».[2] Y conjuro aquí a Cavafis, al final de nuestro viaje, porque deseo argumentar que, precisamente en toda su aparente anomalía, es representativo.

Los poemas, como las identidades, nunca tienen una sola interpretación. Pero en «Esperando a los bárbaros» de Cavafis yo veo una reflexión sobre las promesas y los peligros de la identidad. A lo largo del día se acumulan la anticipación y la ansiedad, mientras los lugareños esperan la llegada de los bárbaros, que vienen a apoderarse de la ciudad. El emperador con su corona, los cónsules vestidos con las togas escarlata, el Senado silencioso y los oradores mudos aguardan, junto con las masas que se han reunido para aceptar su llegada. Y después, cuando cae la noche y los bárbaros no aparecen, lo que queda es solo desilusión. A los bárbaros no llegamos a verlos nunca. Nunca llegamos a descubrir cómo son en realidad. Pero lo que sí vemos es el poder de nuestra forma de imaginar al extraño. Y lo que insinúa Cavafis es que quizá la mera perspectiva de su llegada podría haber servido para salvarnos de nosotros mismos.

Como hemos comprobado a lo largo de estas páginas, las etiquetas que nos adherimos y las etiquetas que, queramos o no, se nos adhieren funcionan a través de y a pesar de los errores que cometemos al concebirlas. Cavafis no era exactamente gay, tampoco era exactamente griego ni egipcio, ni exactamente ortodoxo o pagano. Pero cada una de esas etiquetas nos dirá algo sobre él si sabemos escuchar con cuidado la inflexión que imprimía a estos modos de ser. Y la Alejandría de Cavafis, como la Trieste de Svevo, como la ciudad maravillosa en la que yo vivo, era exactamente el tipo de mezcolanza cultural que podía dejarle el espacio necesario para ser cada una de estas cosas a su manera. Negociando con sus amigos y conocidos, forcejeando con su ciudad pudo moldear un yo que no estaba solo preso sino también liberado por las identidades que lo enredaban. En el capítulo final de este libro, he defendido que nuestras identidades culturales más amplias tienen el poder de liberarnos solo si reconocemos que debemos construir sus significados juntos y por nosotros mismos. No se llega a ser occidental sin haber elegido un camino entre una miríada de opciones, igual que no se llega a ser cristiano o budista, estadounidense o ghanés, gay o heterosexual, ni siquiera hombre o mujer, sin reconocer que todas estas identidades pueden vivirse de más de una forma.

La propia comunidad de Cavafis —la Alejandría cosmopolita— hace tiempo que desapareció; el fin del protectorado británico y el auge del nacionalismo árabe crearon una ciudad menos hospitalaria para el variopinto grupo de extraños que alojaba. En la novela *Miramar*, de Naguib Mahfouz, escrita en 1967, una griega de Alejandría, propietaria de la *pensione* epónima, reflexiona sobre su gente: «Se han ido, todos ellos». El señor Amer, viejo amigo e inquilino egipcio, trata de consolarla. «Ahora nosotros somos su gente —le dice—. Estas cosas están pasando en todas partes.»[3] Así es, sin duda. Pero, por desgracia, también se está produciendo un movimiento en dirección contraria; la insistencia en una pureza imaginaria, el apego a una esencia irreal, la defensa de un significado único para unas etiquetas cuyos significados deberían mantenerse abiertos y en discusión. Si el esencialismo supone un paso en falso en los ámbitos de las creencias, el color, el país, la clase y la cultura, como lo es en los dominios del género y la sexualidad, no sería, pues, cierto que la identidad nos deje sin opciones. Los existencialistas tenían razón; la existencia precede a la esencia, antes de ser algo en particular, somos. Pero el hecho de que las identidades carezcan de esencia no significa que carezcan de enredos. Así como el que tengan que interpretarse y negociarse no significa que cada uno de nosotros pueda hacer con ellas lo que desee.

Porque esas etiquetas pertenecen a las comunidades; son una posesión social. Y tanto la moral como la prudencia política requieren que intentemos que nos sirvan a todos. En el transcurso de mi vida, he observado, aprendido y participado del proceso de remodelación de lo que significa ser mujer u hombre (y en ocasiones no ser, de hecho, ninguno de los dos) en los diversos lugares interconectados en los que he vivido. Sin esta reformulación del género que poco a poco nos va liberando de los viejos dictados patriarcales, yo no podría haber vivido mi vida como un hombre gay que está casado con otro hombre, construyendo una vida en común en público y en privado. Llevar esa vida ha sido posible gracias a las luchas, grandes y pequeñas, de otras personas, así como también porque he asumido pequeños riesgos en mi relación con mis amigos, mis jefes y mis familiares. Si me hubiera quedado en Ghana, el lugar donde crecí, aún tendría por delante, igual que otros gais y lesbianas ghaneses, un largo camino por recorrer. Pero, mientras tanto, las mujeres de Ashanti, que siempre gozaron de mayor autonomía que las de muchos otros lugares del mundo, han visto cómo sus opciones crecían y mejoraban, en parte gracias al reconocimiento de que muchas de las cosas que se catalogaban como imposibles para las mujeres por el mero hecho de ser mujeres (por aquello que una mujer es en esencia), podían *hacerse* posibles, y que un mundo de mujeres empoderadas es también enriquecedor para los hombres.

Existe una fantasía liberal en la que las identidades simplemente se eligen y en la que, por tanto, todos somos libres de ser lo que queramos ser. Pero las identidades sin requisitos serían inútiles. Las identidades funcionan solo porque, una vez caen sobre nosotros, nos dan órdenes, nos hablan como una voz interior, y los demás, al ver lo que creen que somos, también nos interpelan de ese modo. Si a uno no le gusta la forma que adoptan sus identidades, no es tan sencillo rechazarlas sin más, porque no son solo de quien las lleva. Para poder reenmarcarlas, para que encajen mejor, hay que trabajar con los demás, con quienes están dentro del grupo que lleva esa etiqueta y con quienes están fuera de él. Un trabajo colectivo que solo puede hacerse asumiendo que los resultados deben ser útiles también a los demás.

En su poema «Murallas», Cavafis dice:

> Sin miramiento, sin pudor, sin lástima,
> altas y sólidas murallas me han levantado en torno.
> Y ahora, heme aquí, quieto y desesperándome.
> No pienso en otra cosa: este destino me devora el alma;
> porque yo muchas cosas tenía que hacer fuera.[4]

Todos tenemos muchas cosas que «hacer fuera», en el mundo. Y el problema no son tanto las murallas en sí, como el que las murallas nos dejen cercados; unas murallas sin puertas ni ventanas, en cuyo diseño no participamos, que nos bloquean la vista y nos obstruyen el camino, unas murallas que no dejan pasar el aire fresco y vivificante.

Las formas de identidad que hemos analizado aquí pueden convertirse en formas de confinamiento, en errores de concepto que originan errores morales. Pero también pueden servir para perfilar nuestra libertad, tal como, en diversas partes del mundo, lo han hecho las luchas de las identidades LGBTQ, de la clase obrera, nacionales o religiosas. Las mujeres, estableciendo pactos de forma interseccional, han conseguido trabajar juntas por encima de las diferencias de clase, de lengua, de religión o de nación, en su lucha global contra la opresión y la desigualdad. Las identidades sociales vinculan la escala relativamente pequeña en la que desarrollamos nuestras vidas, junto con la gente cercana a nosotros, con unos movimientos, unas causas y unos intereses de mayor alcance. Las identidades hacen inteligible, vivo y urgente un mundo más extenso. Pueden expandir nuestros horizontes hasta comunidades más amplias que aquellas que habitamos. Y nuestras vidas también deben tener sentido en la mayor de todas las escalas. Habitamos una época en la que nuestras acciones, tanto en el ámbito de la ideología como en el de la tecnología, tienen, cada vez más, efectos globales. Y al medir el alcance de nuestros intereses y nuestra compasión, el conjunto entero de la humanidad no es un horizonte exageradamente amplio.

Convivimos, en un planeta pequeño y cada vez más calentado, con otros siete mil millones de seres humanos. El impulso cosmopolita que responde a nuestra humanidad común ha dejado de ser un lujo; se ha convertido en una necesidad. Y, para sintetizar este antiguo ideal, puedo echar mano de una presencia frecuente en los cursos sobre civilización occidental, el dramaturgo Terencio, esclavo en el África romana, intérprete latino de las comedias griegas y escritor de la Europa clásica que se hacía llamar, igual que Anton Wilhelm Amo, el Africano. De este modo lo expresó Publius Terentius Afer, hace más de dos milenios:

Homo sum, humani nihil a me alienum puto.

(«Soy humano, nada de lo humano me es extraño.»)

Esta es una identidad que debería unirnos a todos y a todas.

AGRADECIMIENTOS

Este libro tuvo su origen en las Reith Lectures de la BBC, en 2016, bajo el título de *Mistaken Identities*, y estoy enormemente agradecido a Gwyneth Williams, controladora de Radio 4 de la BBC, quien primero conversó conmigo sobre la posibilidad de impartir estas conferencias y, después, me ayudó a dar forma a mis ideas. También tengo una deuda profunda con Hugh Levinson y Jim Frank, que editaron y produjeron la serie. Estos profesionales de la radio saben hasta qué punto su trabajo consiguió mejorar los primeros borradores que les envié. También lo sabe Bob Weil, mi editor, cuyas notas, copiosas y alentadoras, guiaron mis revisiones finales. Henry Finder, mi marido, es siempre mi primer y mejor lector, y aunque una vez le prometí que compartiríamos todos nuestros bienes terrenales, me temo que debo reclamar como propios todos los errores que haya en este libro.

La redacción final comenzó durante el verano de 2016 en el Bellagio Center de la Fundación Rockefeller, donde unas pocas semanas de trabajo prácticamente ininterrumpidas me permitieron redactar tres de las cuatro conferencias y comenzar la cuarta. Estoy muy agradecido al personal del centro, que se asegura de que los visitantes reciban tres deliciosas comidas diarias y de que, por lo demás, no se les moleste. Durante las semanas que estuve allí, las conversaciones que mantuve durante las comidas y en los seminarios con toda una variedad de invitados de todo el mundo, fueron un verdadero estímulo. Estoy especialmente agradecido a las diez o doce personas que me hicieron comentarios al primer ensayo de la conferencia sobre religión.

Las conferencias se impartieron en Londres, Glasgow, Accra y Nueva York, en un circuito cosmopolita sugerido por la BBC. Así que pude escuchar las respuestas de un público muy variado con distintas preocupaciones, y esto me ayudó a ver ángulos nuevos que he intentado capturar al reescribir y extender los argumentos iniciales. Sue Lawley, la presentadora del programa, hizo su habitual y enormemente profesional trabajo de guiar los debates que siguieron a cada una de las conferencias. Fue un placer pasar el tiempo con ella y con el público.

Henry Louis Gates Jr. me habló por primera vez de los problemas que aborda el capítulo sobre el color hace muchos años, ya que los había estudiado en la tesis doctoral que hizo en Cambridge en el 1978, *The History and Theory of Afro-American Literary Criticism, 1773-1831: The Arts, Aesthetic Theory and the Nature of the Africano*. Le estoy agradecido por la amistad que me ha brindado durante los últimos cuarenta años, pero, por lo que refiere a este libro, le estoy especialmente agradecido por nuestras muchas conversaciones sobre el concepto de raza.

Al desarrollar los argumentos de las conferencias en forma de libro, agregué un capítulo sobre la clase, que me parecía que era una ausencia obvia en estas, y amplié mi exposición sobre el género. Aprendí mucho sobre Singapur cuando lo visité como participante en la Foresight Conference of the Centre for Strategic Futures, en la Oficina del Primer Ministro, en julio de 2017. Agradezco especialmente a Han Fook Kwang la presentación que hizo en esa reunión sobre los inicios de la historia de las políticas de identidad en Singapur. También las conversaciones que mantuve con diversas personas que conocí fuera del grupo me resultaron iluminadoras, incluidas algunas voces rotunda, aunque discretamente, discrepantes.

Como espero que este libro deje claro, las familias en las que nací han sido una dicha. Mi abuela inglesa y mi abuelastra ghanesa me dieron mucho amor y también me enseñaron mucho más de lo que ellas creen. Mis padres están presentes en todo el libro, y les he dado las gracias muchas veces antes. Pero sin mis hermanas, mi vida habría sido mucho menos gratificante, porque son inteligentes, interesantes y leales, y, por supuesto, porque sin ellas no tendría los maravillosos sobrinos y sobrinas cuyos destinos sigo mientras avanzan por el mundo. Así que Isobel, Adwoa y Abena, gracias.

El libro está dedicado a vuestros nietos; son, como dice la dedicatoria, mi esperanza para el futuro, porque no tengo hijos ni, en consecuencia, nietos propios. Espero que el mundo en el que crecerán sea un mundo de identidades en constante evolución que les ofrezca, a ellos y a toda su generación, la combinación precisa de libertad y limitaciones que hace posible lo mejor en las vidas humanas. Olanitan, el primero de ellos, lleva un nombre Yoruba, que significa «el que tiene una rica historia». Nacido, como yo, en Londres —hijo de una madre nigeriana y un padre cuyos abuelos fueron de Inglaterra, de Ghana y de Nigeria— y criado, al menos por ahora, en Nigeria, ha heredado conexiones con aún más lugares que mis hermanas y yo. Sus primos hermanos cambiarán Noruega por Nigeria, pero agregarán Namibia y Rusia. Hay quienes piensan que esto hará de ellos unos desarraigados; para mí son, más bien, afortunados de tener raíces en tantos lugares, y los exhorto a poner de su parte para hacer buen uso de las identidades que han heredado. Tendrán mi ayuda, si la necesitan, y, en cualquier caso, mi bendición.

Habría, como siempre, mucho más que decir sobre cada uno de los temas que he abordado. Todos tienen aspectos complejos que no he podido sondear. T. S. Eliot escribió que «la mayor parte del trabajo de un escritor» es «la labor de tamizar, combinar, construir, expurgar, corregir, probar».[5] Siempre se puede hacer más, como sugiere, pero en algún momento hay que parar. Me consuela el hecho de que —como ya dije en mi último libro, *As if: Idealization and ideals*— las imágenes imperfectas sean las únicas herramientas útiles que tenemos para dar sentido al mundo. Pero parte del objetivo de un libro como este es permitir a sus lectores construir sus propias imágenes. Como dije al principio, mi propósito es iniciar conversaciones, no zanjarlas.

ADINKRA

Los símbolos *adinkra* (que aparecen a lo largo de este libro) son símbolos que emplean los pueblos akan de Ghana para expresar conceptos, aforismos o creencias complejos. Se han usado durante cientos de años y se encuentran habitualmente en textiles impresos, objetos de madera tallada, detalles arquitectónicos y joyas.

SANKOFA
«vuelve y cógelo»
aprender del pasado

ANANSE NTONTAN
«tela de araña»
sabiduría y creatividad

NYME NTI
«por la gracia de Dios»
fe

KNKYINKYIM
«sinuoso»
iniciativa, dinamismo, versatilidad

SUNSUM
«el alma»
espiritualidad y pureza

OHENE ADWA
«el banco del rey»
gobierno, jefatura

NSEREWA
riqueza y abundancia

NOTAS

CLASIFICACIÓN

1 Stendhal, *Rojo y negro*, trad. de María Teresa Gallego Urrutia, Madrid, Alba, 2014. *(N. de la T.)*

2 En los casos en los que cite clásicos literarios, ya sea en el texto o en los epígrafes, no se incluirá la referencia de los mismos en nota; en la era de Internet es posible localizar dichos pasajes en su contexto sin los detalles de la edición. Para las referencias a la Biblia cristiana, usaré la traducción de la Biblia del Rey Jacobo y, por norma general, indicaré el libro correspondiente. En el caso del Corán, usaré la edición de Classics of World Literature, con traducción al inglés de Abdullah Yusuf Ali (Londres, Wadsworth Editions, 2001). Cuando de los textos he usado traducciones que ya existían, el traductor aparece mencionado en las notas; si no se da el nombre de ningún traductor es porque la traducción es mía. [Para las citas de la biblia en castellano, se ha usado siempre la traducción de la Biblia de la Reina Valera, versión actualizada de 2015 (RVA-2015). Para las del Corán, se ha usado la traducción comentada de Muhammad Isa García (2013). Todas las citas extraídas de traducciones españolas están detalladas en las notas; aquellas que no tienen mención alguna son mías. *(N. de la T.)*]

3 Erik H. Erikson, «Autobiographic Notes on the Identity Crisis», *Daedalus*, 99, núm. 4, otoño de 1970, págs. 743, 747; Sue Erikson Bloland, *In the Shadow of Fame*, Nueva York, Viking, 2005, pág. 65.

4 Erik H. Erikson, *Childhood and Society*, Nueva York, W. W. Norton, 1985 (2.ª ed., publicado originalmente en 1950), pág. 282. [Hay trad. cast.: *Infancia y Sociedad*, Barcelona, Paidós Ibérica, 1983.]

5 Alvin W. Gouldner, «Cosmopolitans and Locals: Toward an Analysis of Latent Social Roles— I», *Administrative Science Quarterly*, 2, núm. 3, diciembre de 1957, págs. 282-283.

6 Paul Dundas, *The Jains*, Nueva York, Routledge y Kegan Paul, 2002 (2.ª ed.), págs. 158-159.

7 Kwame Anthony Appiah, *In My Father's House: Africa in the Philosophy of Culture*, Nueva York, Oxford University Press, 1992.

8 En el norte de la India, el término *kinnar* cumple la misma función; en Tamil-Nadu, en el sur, usan a menudo el término *aravani*. «Informe del Comité de Expertos sobre las cuestiones relacionadas con las personas transgénero», Ministerio de Justicia Social y Empoderamiento del Gobierno de la India, Apéndice 2, <http://socialjustice.nic.in/writereaddata/UploadFile/Binder2.pdf>.

9 *Ibid.*, pág. 102.

10 Hay que señalar que las *hijras* no son intersexuales típicas, aunque a menudo algunas intersexuales se identifican como *hijras*, o al menos lo hacían antiguamente.

11 Arundathi Roy, *The Ministry of Utmost Happiness*, Nueva York, Knopf, 2017, pág. 23. [Hay trad. cast.: *El ministerio de la felicidad suprema*, trad. de Cecilia Ceriani, Barcelona, Anagrama, 2017.]

12 Carolyn Apple, «A Navajo Worldview and Nádleehí: Implications for Western Categories», *Two-Spirit People: Native American Gender Identity, Sexuality, and Spirituality*, Sue-Ellen Jacobs, Wesley Thomas y Sabine Lang (eds.), Champaign, University of Illinois Press, 1997, págs. 174-191.

13 M. Blackless *et al.*, «How Sexually Dimorphic Are We? Review and Synthesis», *American Journal of Human Biology*, 12, núm. 2, marzo de 2000, págs. 151-166. Y cf. «How Common Is Intersex», Intersex Society of North America, <http://www.isna.org/faq/frequency>. Las estimaciones científicas dependen de las condiciones que se consideren intersexualidad, y varían enormemente, del 0,05 al 1,7 por ciento.

14 Las traducciones en castellano de las citas de Shakespeare, que aparecen en este libro están tomadas de las *Obras Completas* editadas por Aguilar, traducidas y anotadas por Luis Astrana Marín, quien, a propósito del término «yeomen» explica que se trata de «pequeños propietarios que formaban parte de la infantería». (*N. de la T.*)

15 Kimberlé W. Crenshaw, «Mapping the Margins: Intersectionality, Identity Politics, and Violence Against Women of Color», *Stanford Law Review*, 43, núm. 6, julio de 1991, págs. 1241-1299. [Hay trad. cast.: «Cartografiando los márgenes: Interseccionalidad, políticas identitarias y violencia contra las mujeres de color», en *Intersecciones: cuerpos y sexualidades en la encrucijada*, coordinado por Raquel (Lucas) Platero Méndez, Barcelona, Bellaterra, 2012.]

16 Véase, por ejemplo, «The Habitus and the Space of Life-Styles», en Pierre Bourdieu, *Distinctions*, Cambridge, Harvard University Press, 1987, pág. 169 y sigs. [Hay trad. cast.: *La distinción*, trad. de M.ª del Carmen Ruiz de Elvira, Barcelona, Taurus, 2012.] Y John B. Thompson, «Editor's Introduction», en Pierre Bourdieu, *Language and Symbolic Power*, Cambridge, Polity Press, 1991, pág. 12.

17 Pierre Bourdieu, *The Logic of Practice*, Stanford, Stanford University Press, 1980, págs. 69-70. [Hay trad. cast. *El sentido práctico*, trad. de Ariel Dilon y Pablo Tovillas, Madrid, Siglo XXI editores, 2008.] Thompson, en Bourdieu, *Language and Symbolic Power*, pág. 13.

18 «[...] *un nouveau parler des intellectuels, un peu hésitant, voire bredouillant, interrogatif ("non?") et entrecoupé*»; «[...] *l'ancien usage professoral (avec ses périodes, ses imparfaits du subjonctif, etc.)*», Pierre Bourdieu, *Ce que parler veut dire: l'économie des échanges linguistiques*, París, Fayard, 1982, pág. 56. [Hay trad. cast.: *¿Qué significa hablar? Economía de los intercambios lingüísticos*, trad. de Esperanza Martínez Pérez, Madrid, Akal, 2008.]

19 *The Encyclopedia of African-American Popular Culture*, Jesse Carney Smith (ed.), Santa Bárbara (California), Greenwood, 2011, vol. 3, pág. 1089.

20 Bourdieu, *Language and Symbolic Power*, págs. 86-89.

21 John Thompson, en Bourdieu, *Language and Symbolic Power*, págs. 17-18.

22 Claude Steele, *Whistling Vivaldi: And Other Clues to How Stereotypes Affect Us*, Nueva York, W. W. Norton, 2010, pág. 7. El alumno en cuestión, Brent Staples, se convirtió en un conocido columnista del *New York Times*.

23 Susan Gelman, «Psychological Essentialism in Children», *Trends in Cognitive Sciences*, 8, núm. 9, septiembre de 2004, págs. 404-409.

24 Sarah-Jane Leslie, «The Original Sin of Cognition: Fear, Prejudice, and Generalization», *Journal of Philosophy*, 114, núm. 8, agosto de 2017, págs. 393-421.

25 Marjorie Rhodes, Sarah-Jane Leslie y Christina M. Tworek, «Cultural Transmission of Social Essentialism», *Proceedings of the National Academy of Sciences*, 109, núm. 34, 21 de agosto de 2012, págs. 13526-13531. La idea de que hay algunos prejuicios raciales que surgen del propio funcionamiento normal de los mecanismos cognitivos básicos es la base del argumento de Sarah-Jane Leslie en «The Original-Sin».

26 Graham Robb, *The Discovery of France: A Historical Geography*, Nueva York, W. W. Norton, 2007, pág. 43-47. Robb sopesa varias conjeturas conocidas (¿eran los agotes descendientes de visigodos, invasores sarracenos, herejes cátaros, leprosos?) y plantea la teoría de que pueden haberse originado simplemente como un gremio de carpinteros medievales que fue estigmatizado por otros gremios rivales. En el siglo XIX, el escritor irlandés Thomas Colley Grattan, que había viajado mucho, los describió como «una casta rechazada, envuelta en un misterio que ninguna indagación es capaz de penetrar», y propuso: «Podríamos, imaginando la posibilidad de su mejora, conducir a planes para su alivio; y en lugar de esfuerzos inútiles para dar cuenta de sus miserias, hacer intentos prácticos para eliminarlas [...]. Mientras contemplamos con vergüenza el círculo estrecho en el que el hombre puede encarcelar a su prójimo, tenemos al menos el consuelo de saber que posee en sí mismo el poder de disolver los grilletes que ha forjado y de comprar la memoria de su propia injusticia, en un flujo inconsciente de caridad y expiación». Thomas Colley Grattan, *High-ways and By-ways:*

The Cagot's Hut, Londres, Henry Colburn y Richard Bentley, 1831, págs. 46, 48-49. Véase también Sean Thomas, «The Last Untouchable in Europe», *The Independent*, domingo 27 de julio de 2008, <http://www.independent.co.uk/news/world/europe/the-last-untouchable-in-europe-878705.html>.

27 Muzafer Sherif *et al.*, *The Robbers Cave Experiment: Intergroup Conflict and Cooperation*, Middletown (Connecticut), Wesleyan University Press, 1988, (publicado originalmente por el Institute of Group Relations, Universidad de Oklahoma, 1961), págs. 95-116. Este experimento lo he comentado en mi libro *The Ethics of Identity*, Princeton, Princeton University Press, 2005, págs. 84-85. [Hay trad. cast., Kwame Anthony Appiah, *La ética de la identidad*, trad. de María Lilia Moscón, Zaragoza, Katz Editores, 2007.]

28 Sherif *et al.*, *The Robbers Cave Experiment*, 116.

CREENCIAS

1 Los textos en castellano de las citas del *Ulises* que aparecen en este libro están tomadas de la traducción de J. Salas Subirats, revisada por Eduardo Chamorro, para la Editorial Planeta (1996). (*N. de la T.*)

2 Robert Emory, *History of the Discipline of the Methodist Episcopal Church*, revisado por W. P. Strickland, Nueva York, Carlton & Porter, 1857, pág. 55.

3 Filón de Alejandría, «On Monarchy», Libro 1, en *The Works of Philo Judaeus*, vol. 3, trad. al inglés de C. D. Yonge, Londres, Henry G. Bohn, 1855, pág. 182; *On the Creation: Allegorical Interpretation of Genesis 2 and 3*, trad. al inglés de F. H. Colson y G. H. Whitaker, Cambridge, Harvard University Press, 1929, pág. 135. [En castellano, las obras completas de Filón de Alejandría están recogidas en cinco volúmenes publicados por la editorial Trotta.]

4 Gore Vidal, *Julian*, Nueva York, Vintage International, 2003 (publicado originalmente en 1964), pág. 331. [Hay trad. cast.: *Juliano el apóstata*, trad. de Eduardo Masullo, Madrid, EDHASA, 2012.]

5   <http://www.alifta.net/fatawa/fatawaDetails.aspx?languagename
=en&View=Page&PageID=12069&PageNo=1&BookID=7>.

6   Véase, por ejemplo, Robert Frykenberg, «The Emergence of Modern "Hinduism" as a Concept and as an Institution: A Reapprai-
sal with Special Reference to South India», *Hinduism Reconsidered*,
G. D. Sontheimer y H. Kulke (eds.), Delhi, Manoh, 1989, págs.
29-49; Richard King, «Orientalism and the Modern Myth of
"Hinduism"», *Numen* 46, núm. 2, 1999, págs. 146-185; Harjot
Oberoi, *The Construction of Religious Boundaries: Culture, Identity,
and Diversity in the Sikh Tradition*, Chicago, University of Chicago Press, 1994, págs. 16-18; Pankaj Mishra, «The Invention of the
Hindu», *Axess Magazine*, junio de 2004; Wendy Doniger, *The Hin-
dus: An Alternative History*, Nueva York, Penguin Press, 2009. En
el lado totalmente contrario se encuentra David N. Lorenzen,
«Who Invented Hinduism?», *Comparative Studies in Society and
History*, 41, núm. 4, octubre de 1999, págs. 630-659.

7   «*Tantum religio potuit suadere malorum*» («¡A tantos crímenes pudo
inducir la religión!»), Lucrecio, *On the Nature of Things*, trad. al inglés
de A. E. Stallings, Nueva York, Penguin, 2007, Libro 1, línea 101.
[Existen diversas traducciones al castellano de este libro, una es, por
ejemplo, *De rerum natura. De la naturaleza*, trad. de Eduard Valen-
tí Fiol, Barcelona, Acantilado, 2012.] Pueden encontrarse valiosas
reflexiones sobre la formación del concepto de religión en Wilfred
Cantwell Smith, *The Meaning and End of Religion*, Nueva York,
Macmillan, 1963 [Hay trad. cast.: *El sentido y fin de la religión*, Barcelona, Editorial Kairós, 2005]; Talal Asad, *Genealogies of Religion:
Discipline and Reasons of Power in Christianity and Islam*, Baltimore,
Johns Hopkins University Press, 1993; Brian C. Wilson, « From the
Lexical to the Polythetic: A Brief History of the Definition of Re-
ligion», *What Is Religion? Origins, Definitions, and Explanations*,
Thomas A. Idinopulos y Brian C. Wilson (eds.), Leiden, Brill, 1998,
págs. 142-162; Daniel Dubuisson, *The Western Construction of Re-
ligion: Myths, Knowledge, and Ideology*, trad. al inglés de William
Sayers, Baltimore, Johns Hopkins University Press, 2003; Brent
Nongbri, *Before Religion: A History of a Modern Concept*, New Haven,
Yale University Press, 2013.

8   El iluminador libro de Robert Wright *The Evolution of God* (Nueva York, Little Brown, 2009) describe a los «deterministas de las escrituras» como «personas que piensan que las escrituras ejercen una influencia abrumadora en el pensamiento religioso de los creyentes y que sus circunstancias políticas y sociales importan poco o nada». Al inicio del capítulo 8, señala un ejemplo de este comportamiento: «El "determinismo de las escrituras" suena como a un paradigma académico arcano, también hacen gala de él personas de fuera de la academia, y de una forma que tiene consecuencias. Después de los atentados terroristas del 11 de septiembre de 2001, cuando los estadounidenses se esforzaban en comprender las fuerzas que los habían causado, aumentaron las ventas de varios tipos de libros. Algunos compraron libros sobre el islam, otros compraron libros sobre la historia reciente del Oriente Medio y otros compraron traducciones del Corán. Y claro que hubo quienes compraron más de un tipo de libro. Pero aquellos que adquirieron únicamente traducciones del Corán estaban mostrando signos de determinismo escritural. Parecían creer que es posible entender las motivaciones de los terroristas tan solo con leer las antiguas escrituras; solo hay que buscar en el Corán los pasajes que defienden la violencia contra los infieles y, una vez hecho, dar por finalizado el análisis, con la satisfacción de haber encontrado la causa fundamental del 11 de septiembre». [Hay trad. cast.: *La evolución de Dios*, Alcalá de Henares, Léeme, 2016.]

9   Una vez probé a traducir con Google Translate un verso de «L'après-midi d'une faune» de Mallarmé: «*Assoupi de sommeils touffus*» terminó como «*Sleepy with bushy sleep*» («Soñoliento con un sueño espeso»). En realidad significa algo así como «Aletargado con una densa somnolencia».

10   He profundizado con más detalle en estos temas académicos en «Respecting Gay People: Justice and the Interpretation of Scriptural Traditions», *Justice Through Diversity? A Philosophical and Theological Debate*, Michael Sweeny (ed.), Lanham, Rowman y Littlefield, 2016, págs. 551-572.

11   «καὶ ὃς ἂν κοιμηθῇ μετὰ ἄρσενος κοίτην γυναικός», Levítico 20:13. Para la Grecia clásica: K. J. Dover, *Greek Homosexuality*, Cam-

bridge, Harvard University Press, 1989 (publicado originalmente en 1978); para Roma: Craig Williams, *Roman Homosexuality: Ideologies of Masculinity in Classical Antiquity*, Nueva York, Oxford University Press, 1999.

12 Mi conocimiento de las cuestiones relacionadas con la historia de los textos bíblicos que aquí abordo a modo de ejemplo se lo debo en gran parte a Lee Martin McDonald, *The Biblical Canon: Its Origin, Transmission, and Authority*, Grand Rapids, Baker Academic, 2007. Aunque he examinado algunos de los textos que menciona, me baso en él en la mayoría de las afirmaciones históricas sobre textos. Lo que importa para mis propósitos es únicamente el hecho de que se trata de puntos de vista que cualquier cristiano razonable podría mantener, no que sean incontrovertiblemente ciertos. Pero esta lectura es, en gran medida, una lectura protestante, y no voy a comentar los puntos de vista católicos actuales sobre la formación del canon bíblico, algo distintos.

13 Lee Martin McDonald dice que parte de lo que Pablo escribe aquí podría provenir de la llamada «Ascensión de Isaías»: «Y este ángel me dijo: "Isaías, hijo de Amós [es suficiente para ti], porque estas [son] grandes cosas, porque tú has visto lo que nadie nacido de la carne ha visto». Aunque la «Ascensión de Isaías» fue compuesta con posterioridad a la época de san Pablo, es posible que haya incorporado textos anteriores. Véase «Ascension of Isaiah» 11:34, *The Old Testament Pseudepigrapha*, trad. al inglés de M. A. Knibb, en *Apocalyptic Literature: A Reader*, Mitchell G. Reddish (ed.), Nashville, Abingdon Press, 1990, págs. 280-290.

14 Jerome Murphy-O'Connor, «The Non-Pauline Character of 1 Corinthians 11:2–16?», *Journal of Biblical Literature* 95, no. 4, diciembre de 1976, pág. 615.

15 Véase Jeffrey S. Siker (ed.), *Homosexuality in the Church: Both Sides of the Debate*, Louisville, Westminster John Knox Press, 1994.

16 La jurisprudencia islámica puede caricaturizarse en la forma en la que muchos occidentales conciben la *sharía*, una guía divina para llevar una vida devota; el *fiqh*, su implementación humana, está concebido por eruditos que, basándose en el Corán y en los hadi-

ces, debaten y contrastan regularmente sus opiniones sobre cuestiones como el aborto y las leyes matrimoniales. Los eruditos del *fiqh* habitualmente dicen que los musulmanes deben respetar las leyes de los países no musulmanes en los que viven. Los estatutos decantados en el *fiqh* pueden ser retrógrados o progresistas. El enfoque no es muy distinto del de la teoría de la ley natural que deriva de Tomás de Aquino y que sostienen al menos uno y tal vez dos de los jueces del Tribunal Supremo de Estados Unidos que allí están sentados mientras escribo esto. Según esta tradición aquiniana, la ley natural proviene, en última instancia, de aquel que creó la naturaleza humana, y es el modo en que los humanos, a través de la razón, participan de la ley eterna. En la formulación de Tomás de Aquino: «La ley natural no es más que la participación de la criatura racional en la ley eterna» (*Summa* I-II, Q. 91, Art. 2.). Pero puesto que la razón humana, empleada adecuadamente, conoce la ley natural, esta es accesible a cualquier persona, sean cuales sean sus puntos de vista religiosos. También debemos tener en cuenta que el fallecido juez Scalia reconoció que los diez mandamientos eran un «símbolo del hecho de que el Gobierno recibe su autoridad de Dios». Margaret Talbot, «Supreme Confidence», *New Yorker*, 28 de marzo de 2005, pág. 53.

17 No hay duda de que la posición de la rabina Hurwitz no es aceptada por el Consejo Rabínico de Estados Unidos, la principal organización moderna ortodoxa. George Arnett ha escrito sobre el número de clérigas anglicanas que existe, «How Much of the Church of England Clergy Is Female?», *The Guardian*, 11 de febrero de 2014, <https://www.theguardian.com/news/datablog/2014/feb/11/how-much-church-of-england-clergy-female>.

18 *The Vimalakirti Sutra*, trad. al inglés de Burton Watson, Nueva York, Columbia University Press, 1997, pág. 91. [Hay trad. cast.: *Sutra de Vimalakirti*, Barcelona, Editorial Kairós, 2004.]

19 Filón, *Supplement II; Questions and Answers on Exodus*, trad. al inglés de Ralph Marcus, Cambridge, Harvard University Press, 1953, págs. 40-41.

PAÍS

1 Jan Morris, *Trieste and the Meaning of Nowhere*, Nueva York, Simon & Schuster, 2001, pág. 3 [Hay trad. cast.: *Trieste o el sentido de ninguna parte*, trad. de Lucía Barahona, Madrid, Gallo Nero, 2018.]

2 Igual que la forma de ser alemán de su padre no tenía mucho que ver con Alemania, para Schmitz ser judío no tenía mucho que ver con el judaísmo; véase Neil Davidson, *James Joyce, «Ulysses», and the Construction of Jewish Identity*, Cambridge, Cambridge University Press, 1996, cap. 7.

3 Georg Wilhelm Friedrich Hegel, «In dem Dasein eines Volkes *ist der substantielle Zweck, ein Staat zu sein und als solcher sich zu erhalten; ein Volk ohne Staatsbildung (ein* Nation *als solche) hat eigentlich keine Geschichte.*», en *Hegel Enzyklopädie der philosophischen Wissenschaften im Grundrisse* (1830), sec. 549. [Hay trad. cast.: *Enciclopedia de las ciencias filosóficas en compendio*, trad. de Ramón Valls Plana, Madrid, Alianza Editorial, 2005.]

4 Millard añade: «Sin embargo, documentar la descendencia propia desde Eduardo III es harina de otro costal». <https://community.dur.ac.uk/a.r.millard/genealogy/EdwardIIIDescent.php>.

5 Saadat Hasan Manto, «Toba Tek Singh», <http://www.wordswithoutborders.org/article/toba-tek-singh>.

6 Canadá, Australia y Sudáfrica obtuvieron la independencia de la corona británica en 1867, 1901 y 1910 respectivamente. Nueva Zelanda se ha estado autogobernando en términos efectivos desde 1853. Newfoundland se unió a Canadá en 1949. Irlanda fue dominio independiente desde 1922 hasta 1939 y después se separó por completo de la corona británica.

7 Sudán consiguió la independencia con anterioridad, en 1956, pero, estrictamente hablando, no era una colonia británica, sino un condominio anglo-egipcio.

8 «*Inferretque deos Latio, genus unde Latinum / Albanique patres, atque altae moenia Romae*», *Eneida*, Libro I, ll.6–7. «ξυνελών τε λέγω τήν τε πᾶσαν πόλιν τῆς Ἑλλάδος παίδευσιν εἶναι» («En resumen, afirmo que la ciudad entera es la maestra de Grecia»), Tucídides, *Historia de la Guerra del Peloponeso*, 2.41.

9   «*Graecia capta ferum victorem cepit et artes intulit agresti Latio*» («Grecia, cautiva, hizo cautivo a su salvaje víctor y llevó las artes a la rústica roma»), Horacio, *Epístolas*, 2.1.

10 «*There's themes enow in Caledonian story / Would shew the Tragic Muse in a' her glory*», Robert Burns, «Scots' Prologue for Mr. Sutherland», <http://www.robertburns.org/works/298.shtml>.

11 Stanley Price, «Schmitz to Svevo to Bloom», *Jewish Quarterly*, 63, núm. 1, enero de 2016, págs. 32-35.

12 Citado en P. N. Furbank, *Italo Svevo: The Man and the Writer*, Berkeley, University of California Press, 1966, pág. 19. Véase Victor Brombert, «Svevo's Witness», *American Scholar*, 6, núm. 3, verano de 1991, págs. 425-432.

13 Lady Isabel Burton, *The Life of Captain Sir Richard F. Burton*, vol. 2, Londres, Chapman & Hall, 1893, pág. 499.

14 Davidson, *James Joyce*, «*Ulysses*», págs. 161-162

15 «*Svevo poteva scrivere bene in tedesco; preferì scrivere male in italiano*», Umberto Saba, *Scorciatoie e raccontini*, Turín, Einaudi, 2011 (publicado originalmente en 1946), pág. 100.

16 Sherry Simon, *Cities in Translation: Intersections of Language and Memory*, Abingdon (Reino Unido), Routledge, 2011, pág. 71; Brombert, «Suevo's Witness». Brombert señala que la escuela de infantes a la que asistió Svevo estaba dirigida por el principal rabino de Trieste y que su internado bávaro, aunque seglar, tenía un jefe de estudios judío y una clientela significativa entre los hijos de los hombre de negocios germano-judíos.

17 Italo Svevo, *Zeno's Conscience*, trad. al inglés de William Weaver, Nueva York, Vintage International, 2003, pág. 109. En inglés no existe una traducción demasiado buena de *coszienza*, que significa tanto «consciencia» como «conciencia». [Hay trad. cast.: *La conciencia de Zeno*, trad. de Carlos Manzano, Barcelona, Debolsillo, 2017.]

18 Véase Eugen Weber, «Who Sang the Marseillaise?», *My France: Politics, Culture, Myth*, Cambridge (Massachusetts), Belknap Press, 1991, págs. 92-102.

19 Las más de un millón de personas de ascendencia japonesa que viven en la ciudad brasileña de São Paulo casi superan en número

a los residentes legales no japoneses que habitan entre los 125 millones de japoneses. En Japón hay, asimismo, aproximadamente un cuarto de millón de inmigrantes ilegales. Véase «Japan Web Site Irks Illegal Aliens», *Taipei Times*, 7 de mayo de 2004, pág. 5, <http://www.taipeitimes.com/News/world/archives/2004/05/07/2003154450>. He reflexionado sobre estas cuestiones en «Misunderstood Cultures: Islam and the West», *Toward New Democratic Imaginaries: Istanbul Seminars on Islam, Culture, and Politics*, Seyla Benhabib y Volker Kaul (eds.), Basilea (Suiza), Springer International Publishing, 2016, págs. 201-210.

20 <http://www.triest-ngo.org/the-free-territory-of-trieste/>. Y cf. Tara Isabella Burton, «Trieste: The Italian City That Wants a Divorce», BBC News, 31 de octubre de 2014, <http://www.bbc.com/news/magazine-29822594>.

21 Estas familias reciben a veces el nombre de *peranakan*, un término malayo que significa «descendiente» y que hace referencia a su ascendencia remota de China. Tras pasar unas horas en el Museo Peranakan de Singapur, la única convicción firme que extraje sobre qué es lo que exactamente te convierte en *peranakan* —entre sus antepasados hay al menos malayos, indios y chinos— es controvertida y difícil de explicar; es muy probable que el producto *peranakan* más identificable sea su excelente cocina.

22 «Corresponderá al Yang di-Pertuan Agong [el jefe de Estado de Malasia] salvaguardar la posición especial de los malayos y los nativos de los estados de Sabah y Sarawak y los intereses legítimos de otras comunidades de conformidad con lo que dispone este artículo».

23 Estatutos de la República de Singapur, capítulo 290. «Ley de Sedición», sec. 3 (1) (e).

24 Lai Ah Eng y Mathew Mathews, «Navigating Disconnects and Divides in Singapore's Cultural Diversity», *Managing Diversity in Singapore: Policies and Prospects*, Mathew Mathews y Chiang Wai Fong (eds.), Londres, Imperial College Press, 2016, págs. 3-41; «Recent Muslim Marriages Buck Divorce Trend», *Straits Times*, 7 de abril de 2015, <http://www.straitstimes.com/singapore/recent-muslim-marriages-buck-divorce-trend>.

25 Kwame Anthony Appiah, *The Ethics of Identity*, Princeton, Princeton University Press, 2005, pág. 105. [Hay trad. cast.: *La ética de la identidad*, trad. de Lilia Mosconi, Madrid, Katz Editores, 2007.]

26 «Mixed and Match: Interracial Couples Say Love Is Truly More than Skin Deep», *Straits Times*, 3 de mayo de 2015, <http://www.straitstimes.com/lifestyle/mixed-and-match-interracial-couples-say-love-is-truly-more-than-skin-deep>.

27 Jan-Werner Mueller, *What Is Populism?*, Filadelfia, University of Pennsylvania Press, 2016, págs. 3–4. [Hay trad. cast.: *¿Qué es el populismo?*, trad. de Clara Stern Rodríguez, México D. F., Grano de Sal, 2017.]

28 Svevo, *Zeno's Conscience*, pág. 404.

29 *«L'oubli, et je dirai même l'erreur historique, sont un facteur essentiel de la création d'une nation.»* Renan dijo también: *«Une nation est une âme, un principe spirituel»* («Una nación es un alma, un principio espiritual»), Ernest Renan, *Qu'est-ce qu'une nation?*, 2.ª ed., París, Calmann-Lévy, 1882, pág. 8. [Hay trad. cast.: *¿Qué es una nación?*, trad. de Francisco Ochoa de Michelena, Madrid, Ediciones Sequitur, 2014.] Para un relato ilustrado de las conflictivas verdades con las que se ha empapelado la historia pública de Singapur, véase Sonny Liew, *The Art of Charlie Chan Hock Chye*, Nueva York, Pantheon Graphic Novels, 2016. [Hay trad. cast.: *El arte de Charlie Chan Hock Chye*, trad. de Eva Carballeira Díaz, Madrid, Dibbuks, 2017.]

30 *«L'existence d'une nation est (pardonnez-moi cette métaphore) un plébiscite de tous les jours»*, Renan, *Qu'est-ce qu'une nation?*, pág. 27.

31 *«Wha for Scotland's king and law / Freedom's sword will strongly draw, / Freeman stand, or freeman fa' / Let him follow me!»* Robert Burns, «Robert Bruce's March to Bannockburn», <http://www.robertburns.org/works/428.shtml>.

32 Furbank, *Italo Svevo*, págs. 104–105.

COLOR

1 William E. Abraham, «Anton Wilhelm Amo», *A Companion to African Philosophy*, Kwasi Wiredu (ed.), Oxford, Basil Blackwell,

2004, pág. 194. Las primeras investigaciones sobre la vida de Amo las llevaron a cabo Nobert Lochner —véase Norbert Lochner, «Anton Wilhelm Amo: A Ghana Scholar in Eighteenth-Century Germany», *Transactions of the Historical Society of Ghana*, 3, núm. 3, 1958, págs. 169-179— y Abraham, que publicó por primera vez un texto sobre el tema a principios de la década de 1960. Véase también Marilyn Sephocle, «Anton Wilhelm Amo», *Journal of Black Studies*, 23, núm. 2, diciembre de 1992, págs. 182-187; Paulin Hountondji, «Un philosophe Africain dans l'Allemagne du XVIIIe siècle: Antoine-Guillaume Amo», *Les Études philosophiques*, 1, enero-marzo de 1970, págs. 25-46; así como discusiones más breves en Benjamin Simon, *From Migrants to Missions: Christians of African Origin in Germany*, Fráncfort del Meno, Peter Lang, 2010, págs. 8-10; Albert S. Gerard, «Modern African Writing in Latin», *European-Language Writing in Sub-Saharan Africa*, Albert S. Gérard (ed.), Budapest, Coordinating Committee of a Comparative History of Literatures in European Languages, 1986, págs. 54-56.

2   «*Es wird aber auch dieser Name allen Schwarzen, als den Negers, und andern Afrikanische Völkern von dieser Farbe gegeben.*» *Großes vollständiges Universal-Lexikon aller Wissenschaften und Künste, welche bishero durch menschlichen Verstand und Witz erfunden und verbessert worden*, Leipzig y Halle, Verlegte Johan Heinrich Zedler, 1739, vol. 21, Mi-Mt, <http://www.zedler-lexikon.de/>. Esta enciclopedia empezó a publicarse en Halle, en 1731, bajo el auspicio de Johann Peter von Ludewig, canciller de la universidad, quien autorizó la defensa de la disertación de Amo de su libro sobre los derechos de los moros. La definición que sigue es algo extraña porque «moro», en esa época, aún podía hacer referencia a los árabes y bereberes del norte de África que habían conquistado España en el siglo VIII. Johann Gottfried Kraus, rector de la Universidad de Wittenberg, emplea así la palabra en su felicitación a Amo por haber recibido su doctorado. «Cuando los moros cruzaron a España [...]», Abraham, «*Anton Wilhem Amo*» pág. 193.

3   «*Sed quaero a Te et Toto orbe di erentiam genericam inter hominem et Simiam, quae ex principiis Historiae naturalis. Ego certissime nullam novi*», carta a Johann Georg Gmelin, Uppsala, Suecia, 25 de

febrero de 1747, <http://linnaeus.c18.net/Letters/display_txt. php?id_letter=L0783>.

4 Es posible que merezca la pena señalar que probablemente no era así como se interpretaba a los tres hijos de Noé en las anteriores tradiciones judías. Lo que quiero decir es que así era como los habrían entendido los cristianos de los siglos XVIII y XIX. Véase David M. Goldenberg, «The Curse of Ham: A Case of Rabbinic Racism?», *Struggles in the Promised Land*, Jack Salzman y Cornel West (eds.), Nueva York, Oxford University Press, 1997, págs. 21-51.

5 Matthew Arnold, *On the Study of Celtic Literature and on Translating Homer*, Nueva York, Macmillan & Co., 1883, pág. 67.

6 *Ibid.*, pág. 87.

7 Hippolyte Taine, *History of English Literature*, trad. al inglés de H. Van Laun, Londres, Chatto & Windus, 1897, pág. 17.

8 «*des ersten lebenden Historikers*», Friedrich Nietzsche, *Werke*, vol. 7, Leipzig, Naumann, 1905, pág. 225.

9 Thomas Jefferson, *Notas sobre el Estado de Virginia*, 1785, cuestión 14.

10 Véase Kwame Anthony Appiah, «Den Toten die Ehre erwiesen», en el catálogo de la exposición *Angelo Soliman: Ein Afrikaner in Wien*, Phillip Blom (ed.), 29 de septiembre de 2011-29 de enero de 2012, Wien Museum.

11 Miguel de Cervantes, *El Ingenioso Hidalgo Don Quijote de la Mancha*, Madrid, D. E. Aguado Impresor, 1833. (*N. de la T.*)

12 «From George Washington to Phillis Wheatley, 28 February 1776», <https://founders.archives.gov/documents/Washington/03-03-02-0281>.

13 Immanuel Kant, *Observations on the Beautiful and Sublime and Other Writings*, Patrick Frierson y Paul Guyer (eds.), Cambridge, Cambridge University Press, 2011, 61. [Hay trad. cast.: *Observaciones acerca del sentimiento de lo bello y lo sublime*, trad. de Dulce María Granja Castro, México, Fondo de Cultura Económica, 2011.] Sin embargo, las opiniones de Kant sobre la jerarquía racial parecen haber cambiado con el tiempo; véase Pauline Kleingeld, «Kant's Second Thoughts on Race», *Philosophical Quarterly*, 57, núm. 229, octubre de 2007, págs. 573-592.

14 «[...] *il n'existoit de différence que celle de la couleur*», Henri Grégoi-
    re, *De la littérature des négres*, París, Chez Maradan, 1808, pág. 176,
    <http://gallica.bnf.fr/ark:/12148/bpt6k844925/f189>.

15 «*On a calomnié les nègres, d'abord pour avoir le droit de les asservir,
    ensuite pour se justifier de les avoir asservis* [...]», Grégoire, *De la
    littérature des négres*, pág. 74.

16 Thomas Jefferson, carta a Henri Grégoire, 25 de febrero de 1809,
    <http://teachingamericanhistory.org/library/document/letter-to-
    henri-gregoire/>.

17 J. G. Mendel, «Versuche über Pflanzenhybriden», *Verhandlungen-
    des naturforschenden Vereines in Brünn*, Bd. IV für das Jahr 1865,
    Abhandlungen: 3-47, 1966, <http://www.biodiversitylibrary.org/
    item/124139#page/133>.

18 Beth Carter, «Want to Play in the NHL? Better Hope You Were
    Born in the Right Month», *Wired*, 4 de marzo de 2013, <https://
    www.wired.com/2013/03/nhl-selection-bias/>.

19 E. W. Blyden, *Sierra Leone Weekly News*, 27 de mayo de 1893, ci-
    tado en Eliezer Ben-Rafael y Yitzhak Sternberg con Judit Bokser
    Liwerant y Yosef Gorny, *Transnationalism: Diasporas and the Advent
    of a New Disorder*, Leiden, Brill, 2000, pág. 598.

20 W. E. B. Du Bois, «To the Nations of the World», *Lift Every
    Voice: African American Oratory*, 1787-1900, Philip Sheldon Foner
    y Robert James Branham (eds.), Tuscaloosa: University of Alaba-
    ma Press, 1998, págs. 906-907. Aquí estoy desarrollando una serie
    de reflexiones que hice con anterioridad en Kwame Anthony Ap-
    piah, «The Problem of the Color Line: Race in the Modern
    World», *Foreign Affairs*, 94, núm. 2, marzo-abril de 2015, págs.
    1-8. Henry Louis Gates Jr. me ha hecho saber que Frederick Dou-
    glass usó el término antes que Du Bois en «The Color Line»,
    North American Review, 132, 1 de junio de 1881, págs. 567- 577.

21 Du Bois, «To the Nations of the World».

22 Mahmood Mamdani, *Citizen and Subject: Contemporary Africa and
    the Legacy of Late Colonialism*, Princeton, Princeton University
    Press, 1996.

23 W. E. B. Du Bois, «The Present Condition of German Politics»,
    Central European History, 31, núm. 3, 1998, págs. 170-187.

24 Lord Moran, citado en Richard Toye, *Churchill's Empire: The World That Made Him and the World He Made*, Nueva York, Henry Holt, 2010, pág. 33.

25 Citado en David Levering Lewis, *W. E. B. Du Bois, 1919-1963: The Fight for Equality and the American Century*, Nueva York, Henry Holt, 2000, pág. 400.

26 «*Innerhalb der Deutschen Grenze wird jeder Herero mit und ohne Gewehr, mit oder ohne Vieh erschossen, ich nehme keine Weiber und Kinder mehr auf, treibe sie zu ihrem Volke zurück oder lasse auf sie schießen*», citado en *Der Spiegel*, 1 de diciembre de 2004, <http://www.spiegel.de/spiegel/print/d-29665604.html>.

27 Timothy Snyder, «Hitler versus Stalin: Who Killed More?», *New York Review of Books*, 10 de marzo de 2011, <http://www.nybooks.com/articles/2011/03/10/hitler-vs-stalin-who-killed-more>/.

28 Howard W. French, *China's Second Continent: How a Million Migrants Are Building a New Empire in Africa*, Nueva York, Knopf, 2014, pág. 15.

29 <https://www.census.gov/hhes/www/poverty/data/incpovhlth/2013/table3.pdf>.

30 Walter F. White, *A Man Called White*, Athens, University of Georgia Press, 1995 (publicado originalmente en 1948), pág. 3; Langston Hughes, «Ballad of Walter White», *The Collected Poetry of Langston Hughes*, Arnold Rampersad (ed.), Nueva York, Vintage, 1995, pág. 567.

31 N. Rehan y D. S. Tafida, «Multiple Births in Hausa Women», *BJOG: An International Journal of Obstetrics & Gynecology*, 87, 1980, págs. 997-1004, doi: 10.1111/j.1471-0528.1980.tb04464.x.

32 Robin Andreasen, «Race: Biological Reality or Social Construct?», *Philosophy of Science*, 67, suplemento; «Actas de la Reunión Bienal de la Asociación de Filosofía de la Ciencia de 1998. Parte II: ponencias del simposio», septiembre de 2000, S653- S666.

33 Rakesh Kochhar, Richard Fry y Paul Taylor, «Wealth Gaps Rise to Record Highs Between Whites, Blacks, Hispanics», *Pew Research Center and Demographic Trends*, 26 de julio de 2011, <http://www.pewsocialtrends.org/2011/07/26/wealth-gaps-rise-to-record-highs-between-whites-blacks-hispanics/>.

34 Un estudio de 2011 realizado en Boston concluyó que algunos «blancos han llegado a considerar que el sesgo antiblanco constituye un problema social de mayor gravedad que el sesgo antinegro». Michael I. Norton y Samuel R. Sommers, «Whites See Racism as a Zero-Sum Game That They Are Now Losing», *Perspectives on Psychological Science*, 6, núm. 3, mayo de 2011, págs. 215-218. doi: 10.1177/1745691611406922. «Los blancos ven el racismo como [...]» es una de esas declaraciones genéricas que he comentado en el primer capítulo. Sin duda, es congruente con la existencia de millones de personas blancas que no tienen esa perspectiva sobre el racismo; de hecho, si recordamos el ejemplo que daba Sarah-Jane Leslie sobre los mosquitos y el virus del Nilo occidental, es congruente con que la mayoría de los blancos no lo hagan.

35 Alvin B. Tillery Jr., *Between Homeland and Motherland Africa: U.S. Foreign Policy, and Black Leadership in America*, Ithaca, Cornell University Press, 2011; Bronwen Manby, *Citizenship Law in Africa*, Nueva York, Open Society Foundation, 2010, pág. 77.

36 Jeffrey Lesser, *Immigration, Ethnicity, and National Identity in Brazil, 1808 to the Present*, Cambridge, Cambridge University Press, 2013; Scott Morrison, «"Os Turcos": The Syrian-Lebanese Community of São Paulo, Brazil», *Journal of Muslim Minority Affairs*, 25, núm. 3, diciembre de 2005, pág. 423.

37 «*Weil meine Seele doch nie Mohren lieben kann* [...]», <http://www.theamoproject.org/>.

38 Abraham, «Anton Wilhelm Amo» pág. 198; Lochner, «Anton Wilhelm Amo» págs. 178-179.

CLASE

1 Hay trad. cast.: *Los restos del día*, trad. de Ángel Luis Hernández, Barcelona, Anagrama, 1994. *(N. de la T.)*

2 Christopher Hussey, «High Cross Hill, Dartington, Devon: The Residence of Mr. W. B. Curry», *Country Life*, 73, 11 de febrero de 1933, pág. 144. El comentario de Hussey sobre la casa es bastante más respetuoso de lo que sugiere esa frase.

3   Es el Dunlop que abre la lista del noveno episodio del libro, «Escila y Caribdis», «Dunlop, Juez, el romano más noble de todos, A. E., Arval, el Nombre Inefable, en lo alto del cielo, K. H., el maestro de ellos, cuya identidad no es ningún secreto para los adeptos», Don Gifford con Robert J. Seidman, *«Ulysses» Annotated: Notes for James Joyce's «Ulysses»*, ed. revisada, Berkeley, University of California Press, 1988, pág. 197.

4   David Kynaston, *Austerity Britain, 1945-1951*, Londres, Bloomsbury, 2008, págs. 322-323.

5   Para conocer la vida de Young, véase Andrew McIntosh, «Michael in His Peer Group», *Young at Eighty: The Prolific Public Life of Michael Young*, Geoff Dench, Tony Flower y Kate Gavron (eds.), Manchester, Carcanet Press, 1995; Angela Lambert, «Profile: Lord Young of Dartington; Father of the Third Age», *The Independent*, 20 de enero de 1996; Toby Young, «The Dream Maker», *The Guardian*, 27 de mayo de 2001; Toby Young, «Action Man», *The Guardian*, 16 de enero de 2002; «Lord Young of Dartington», *The Telegraph* (16 de enero de 2002); y mi fuente principal, la biografía de Asa Briggs, *Michael Young, Social Entrepreneur*, Basingstoke (Reino Unido) y Nueva York, Palgrave, 2001.

6   E. P. Thompson, *The Makings of the English Working Class*, Vintage, 1963, 1966, págs. 9, 807. Los exégetas minuciosos de Marx dirán que, si bien planteó la existencia dos clases políticas, analizó las cosas con un poco más de finura en lo que respecta al espectro completo de las categorías sociales. [Hay trad. cast.: *La formación de la clase obrera en Inglaterra*, trad. de Elena Grau, Barcelona, Crítica, 1989.]

7   Max Weber, *From Max Weber: Essays in Sociology*, H. H. Gerth y C. Wright Mills (eds.), Abingdon, Reino Unido, Routledge, 1991, págs. 180-187; Marianne Weber, *Max Weber: Ein Lebensbild*, Heidelberg, Verlag Lambert Schneider, 1950, págs. 473, 78.

8   P. N. Furbank, *Unholy Pleasure: The Idea of Social Class*, Oxford, Oxford University Press, 1985, pág. 107. Furbank consideraba que el concepto de clase no era simplemente elusivo sino positivamente maléfico. Véase también su «Sartre's Absent Whippet», *London Review of Books*, 24 de febrero de 1994, págs. 26-27.

9   Hay trad. cast.: *Odas*, traducidas y anotadas por D. Joaquín Escriche, Madrid, Imprenta de Don Alejandro Gómez Fuentenebro, 1847. (*N. de la T.*)

10 El término que designa su relación en twi, la lengua de Ashanti, es *nua*, que suele traducirse como «hermano». Pero este término designa tanto a las personas con quienes se comparte madre como a personas con quienes se comparte una tía materna, y mi tía Vic era hija de la hermana de mi abuela. Por tanto, en Inglaterra se diría que es su prima. Ambos se habían criado juntos, en parte, porque mi abuela había muerto cuando mi padre era pequeño. Pero los primos maternos en Ashanti son parientes cercanos y por eso se emplea el mismo término para referirse a ellos y a los hermanos. Y, antiguamente, era habitual que se criaran juntos en casa del hermano mayor de la madre.

11 Un término twi para referirse al matriclan, las personas relacionadas por línea materna, es *bogya*, que también significa «sangre» (literalmente). Así, los miembros del clan Oyoko del *asantehene* son de la misma sangre.

12 John Iliffe, *Honour in African History*, Cambridge, Cambridge University Press, 2005, pág. 85. Y cf. T. C. McCaskie, «The Consuming Passions of Kwame Boakye: An Essay on Agency and Identity in Asante History», *Journal of African Cultural Studies* 13, 2000, pág. 55.

13 Frances Shelley, *The Diary of Frances, Lady Shelley*, Richard Edgecumbe (ed.), Londres, John Murray, 1913, pág. 74.

14 Carta de Thomas Jefferson a James Madison, 29 de julio de 1789, <https://founders.archives.gov/documents/Jefferson/01-15-02-0307>; Thomas Paine, «Reflections on Titles», *The Writings of Thomas Paine*, Moncure Daniel Conway (ed.), vol. 1, Nueva York, G. P. Putnam's Sons, 1906, pág. 46.

15 Joanne B. Freeman, *Affairs of Honor: National Politics in the New Republic*, New Haven, Yale University Press, 2002. John Adams llamó a Hamilton «el cabrón bastardo de un vendedor ambulante escocés», John Patrick Diggins, *John Adams*, Nueva York, Times Books, 2003, pág. 87.

16. Thomas Jefferson, *The Works of Thomas Jefferson*, Edición Federal, Nueva York y Londres, G. P. Putnam's Sons, 1904-1905, vol. 12, <http://oll.libertyfund.org/titles/808#lf0054-12>,_div_009.

17 En Reino Unido, el requisito de ser propietario para votar fue abolido en el último año de la Primera Guerra Mundial, con la aprobación de la Ley de Representación del Pueblo de 1918, que también dio por primera vez el voto a algunas mujeres.

18 Alexis de Tocqueville, *Democracy in America, Historical-Critical Edition of De la démocratie en Amérique*, vol. 1, Eduardo Nolla (ed.); trad. al inglés de James T. Schleifer, edición bilingüe francés-inglés, Indianapolis, Liberty Fund, 2010, pág. 85, <http://oll.libertyfund.org/titles/2285#Tocqueville_1532- 01_EN_791>, y nota al pie «e», <http://oll.libertyfund.org/titles/2285#lf1532- 01_label_1306>. [Hay trad. cast.: *La democracia en América*, trad. de Raimundo Viejo, Madrid, Akal, 2007.]

19 David Herbert Donald, «Toward a Reconsideration of Abolitionists», en *Lincoln Reconsidered*, Nueva York, Viking, 1956, págs. 35-36.

20 Richard Sennett y Jonathan Cobb, *The Hidden Injuries of Class*, Nueva York, W. W. Norton, 1972, pág. 35.

21 Michael Young y Peter Willmott, *Family and Kinship in East London*, Londres, Routledge y Kegan Paul, 1957, pág. 14.

22 Véase Kwame Anthony Appiah, *The Honor Code: How Moral Revolutions Happen*, Nueva York, W. W. Norton, 2010.

23 Don Herzog, *Poisoning the Minds of the Lower Orders*, Princeton, Princeton University Press, 1998, pág. 206.

24 Este argumento se encuentra bien planteado en los comentarios de Bourdieu sobre lo que él llama *stratégies de condescendance* («estrategias de condescendencia»). Véase Pierre Bourdieu, «Social Space and Symbolic Power», *Sociological Theory*, 7, núm. 1, primavera de 1989, pág. 14-25. [Hay trad. cast.: «Espacio social y poder simbólico», *Revista de Occidente*, núm. 81, 1988, págs. 97-119.]

25 Llegué hasta este pasaje al verlo mencionado en Herzog, *Poisoning the Minds of the Lower Orders*, pág. 234.

26 Hay trad. cast.: *Jane Eyre*, trad. de Carmen Martín Gaite, Barcelona, Alba editorial, 2012. *(N. de la T.)*

27 Véase, por ejemplo, Samuel B. James, *The Church and Society*, Londres, Houston y Wright, 1869.

28 Briggs, *Michael Young*, pág. 111.

29 <http://www.politicsresources.net/area/uk/man/lab45.htm>.

30 Véase el Apéndice Séptimo de la Ley de Finanzas de 1949, <http://www.legislation.gov.uk/ukpga/1949/47/pdfs/ukpga_19490047_en.pdf>.

31 Citado en Edward Shils, *The Order of Learning: Essays on the Contemporary University*, Nueva York, Routledge, 2013 (publicado originalmente en 1997), pág. 79. Young cita también este comentario en *The Rise of the Meritocracy*.

32 Véase, por ejemplo, Robert Putnam, *Our Kids: The American Dream in Crisis*, Nueva York, Simon & Schuster, 2015; y en el UK Household Longitudinal Study, Nissa Finney, Dharmi Kapadia y Simon Peters, «How Are Poverty, Ethnicity and Social Networks Related?», Joseph Rowntree Foundation, 30 de marzo de 2015, <https://www.jrf.org.uk/report/how-are-poverty-ethnicity-and-social-networks-related.>

33 Nancy Mitford, «The English Aristocracy», *Encounter*, septiembre de 1955, págs. 5-11. Desde entonces han aparecido diversas etnografías de clase semisatíricas similares, por ejemplo, Paul Fussell, *Class: A Guide Through the American Status System*, Nueva York, Summit Books, 1983; Lisa Birnbach, *The Official Preppy Handbook*, Nueva York, Workman Publishing, 1980.

34 No existe un acuerdo en las ciencias sociales sobre cómo definir exactamente el capital social y mucho menos sobre cómo medirlo, aunque Robert D. Putnam, en particular, lo ha intentado. Putnam afirma que «el capital social guarda relación con los vínculos entre individuos, las redes sociales y las normas de reciprocidad y confianza derivadas de ellas», Robert D. Putnam, *Bowling Alone*, Nueva York, Simon & Schuster, 2000, pág. 19. [Hay trad. cast.: *Solo en la bolera*, trad. de José Luis Gil Aristu, Barcelona, Galaxia Gutemberg, 2002.] Pierre Bourdieu, más elaboradamente, sugiere: «El capital social es el agregado de los recursos reales o potenciales que están vinculados a la posesión de una red duradera de relaciones más o menos institucionalizadas de conocimiento mutuo y reconocimiento o, en otras palabras, a la membresía en un grupo, que proporciona a cada uno de sus miembros el respaldo del capital de propiedad colectiva, una "credencial" que les da derecho a crédito,

en los diversos sentidos de la palabra», Pierre Bourdieu, «Forms of Capital», *Handbook of Theory and Research for the Sociology of Education*, J. C. Richards (ed.), Nueva York, Greenwood Press, 1986, págs. 241-258. [Hay trad. cast.: «Las formas del capital», en *Poder, derecho y clases sociales*, Bilbao, Desclée de Brouwer, 2008.] Mike Savage ofrece una definición más clara: «las redes sociales, amistades y asociaciones de alguien», Mike Savage, *Social Class in the 21st Century*, Londres, Penguin, 2015, pág. 4.

35 Así llamado, tal como lo expuso Gary Becker, Premio Nobel y autor del libro clásico sobre el tema, «porque no puede disociarse a una persona de sus conocimientos, habilidades, estado de salud ni de sus valores del modo en que sí puede disociarse de sus activos financieros y físicos», Gary Becker, «Human Capital», en *The Concise Encyclopedia of Economics*, <http://www.econlib.org/library/Enc/HumanCapital.html>. [De esta entrada de la enciclopedia no existe traducción al castellano, pero sí del libro clásico *El capital humano*, trad. de Marta Casares, Madrid, Alianza Editorial, 1983.]

36 Savage, *Social Class in the 21st Century*, págs. 168 (ingresos, riqueza y capital social y cultural), 239 (universidades de élite frente a otras), y 229 (proporción de estudiantes universitarios entre las clases sociales).

37 Catherine E. Harnois, *Analyzing Inequalities*, Londres, Sage, 2017, pág. 176.

38 En la década de 1970, hubo algún intento de identificar al emergente sector de directivos profesionales como una «nueva clase». Véase Barbara Ehrenreich y John Ehrenreich, «The Professional-Management Class», *Radical America*, marzo-abril de 1977; Alvin W. Gouldner pensó que esta nueva clase —que incluía a «la *intelligentsia* técnica», pero también a los intelectuales humanistas críticos que controlaban las propiedades de los antiguos capitalistas sin poseerlas— era la fuerza más progresista de la sociedad, aunque reconoció que era «elitista y egoísta y emplea sus conocimientos especializados en beneficio de sus propios intereses y poder [...], busca obtener unas ventajas gremiales especiales —poder político e ingresos— a partir de su capital cultural». Alvin W. Gouldner, *The Future of Intellectuals and the Rise of the New Class*,

Nueva York, Continuum, 1979, pág. 7. [Hay trad. cast.: *El futuro de los intelectuales y el ascenso de una nueva clase*, trad. de Nestor Míguez, Madrid, Alianza Editorial, 1985.]

39 Sennett y Cobb, *The Hidden Injuries of Class*, pág. 115.

40 J. D. Vance, *Hillbilly Elegy: A Memoir of a Family and Culture in Crisis*, Nueva York, Harper Collins, 2016. [Hay trad. cast.: *Hillbilly, una elegía rural: Memorias de una familia y una cultura en crisis*, trad. de Ramón González Férriz, Barcelona, Deusto, 2017.]

41 Tom W. Smith y Jaesok Son, «Measuring Occupational Prestige on the 2012 General Social Survey», National Opinion Research Center de la Universidad de Chicago, General Social Survey, informe metodológico núm. 122, octubre de 2014.

42 Platón, *Teeteto*, 175a; «... *um referre negas, quali sit quisque parente natus, dum ingenuus...*», Horacio, *Sátiras*, 1.6. [Hay trad. cast. de Rubén Bonifaz Nuño, México D. F., UNAM, 1993.]

43 «*Si quid est aliud in philosophia boni, hoc est, quod stemma non inspicit*», Séneca, *Epistulae Morales ad Lucilium*, 44. [Hay trad. cast.: *Epístolas morales a Lucilo*, XLIV, trad. de Jaume Fusté, en el blog *Mens Thomistica*, <http://mensthomistica.blogspot.com/2013/03/>.]

44 Michael Young, «Meritocracy Revisited», *Society*, 35, núm. 2, enero-febrero de 1998, pág. 378.

45 Michael Young, *The Rise of the Meritocracy*, Londres, Thames & Hudson, 1958, págs. 18-19. En una nota a pie de página que acompaña a la primera aparición del término, el sociólogo del futuro de Young dice: «El origen de este feo término, del mismo modo que el de "igualdad de oportunidades", permanece oscuro. Parece que su uso empezó a popularizarse en los años sesenta del siglo pasado, en publicaciones de pequeña tirada vinculadas al Partido Laborista, y que adquirió vigencia mucho más tarde».

46 *Ibid*, págs. 85-86. La mención de Young a los matrimonios mixtos entre élites cuenta con el respaldo de investigaciones económicas recientes acerca del emparejamiento selectivo. Véase, por ejemplo, Gustaf Bruze, «Male and Female Marriage Returns to Schooling», *International Economic Review*, 23 de enero de 2015, que descubrió que, en Dinamarca, la mitad de la recompensa económica de asis-

tir a la universidad tiene que ver con la oportunidad de encontrar un cónyuge con ingresos superiores; John Mare, «Educational Homogamy in Two Gilded Ages: Evidence from Intergenerational Social Mobility Data», *Annals of the American Academy of Political and Social Science*, 663, enero de 2016.

47 Barry E. O'Meara, *Napoleon in Exile; or, A Voice from St. Helena*, vol. 1, Londres, Simpkin and Marshall, 1822, pág. 405. (El original dice «*talens*».)

48 Young, *Rise of the Meritocracy*, pág. 25.

49 Reeves, *Dream Hoarders*, Washington, D. C., Brookings Institution Press, 2017, págs. 6, 12. Véase también el trabajo de Raj Chetty *et al.* en el Equality of Opportunity Project, <http://www.equality-of-opportunity.org/documents/>. Definen la motivación del proyecto de este modo: «Una característica definitoria del "sueño americano" es la movilidad ascendente en cuanto a nivel de renta: el ideal de que los hijos tendrán un nivel de vida más alto que el de sus padres. Nuestro trabajo muestra que las posibilidades de que los hijos lleguen a ganar más dinero que sus padres han disminuido de un 90 a un 50 por ciento durante el último medio siglo».

50 Lee Anne Fennell, «Homes Rule», reseña de William A. Fischel, *The Homevoter Hypothesis: How Home Values Influence Local Government Taxation, School Finance, and Land-Use Policies*, Cambridge, Harvard University Press, 2001, *Yale Law Journal* 112, diciembre de 2002, <http://chicagounbound.uchicago.edu/cgi/viewcontent.cgi?article=8029&context=journal_articles>; el reparto demográfico en las escuelas de élite se ha estudiado en Raj Chetty *et al.*, «Mobility Report Cards: The Role of Colleges in Intergenerational Mobility», documento de trabajo n.º 23618 del National Bureau of Economic Research, versión revisada, julio de 2017.

51 <http://www.newhavenindependent.org/index.php/archives/entry/yale_ law_commencement/>.

52 «Un estudio conjunto desarrollado por investigadores de la BeiDa y la Universidad Nacional de Australia indicó que el empleo, el estatus y la riqueza de las mujeres están casi completamente deter-

minados por la ocupación y el estatus de su padre. Para los hombres, esta determinación es de un 80 por ciento», Ying Miao, «Interview with Professor David Goodman», <http://cnpolitics. org/wp-content/uploads/2015/01/ InterviewGoodman.pdf>, en *The Son Also Rises: Surnames and the History of Social Mobility*, Princeton, Princeton University Press, 2014. Sobre la base de datos extraídos de muchas sociedades, Gregory Clark argumenta que «el estatus social que arraiga a en las familias va retrocediendo lentamente hacia la media, con una tasa de persistencia del 0,75». Si esto es cierto, los efectos de las diferencias en niveles de renta y estatus pueden tardar en desaparecer literalmente cientos de años.

53 Michael Young, «Down With Meritocracy», *The Guardian*, 28 de junio de 2001.

54 Noel G. Annan, *Our Age: Portrait of a Generation*, Londres, Weidenfeld & Nicholson, 1990, pág. 257.

55 Cada año cerca de 175.000 personas se matriculan en sus cursos. Por comparar, la Universidad de Oxford, tiene, en total, 275.000 antiguos alumnos vivos. <http://www.open .ac.uk/about/main/ sites/www.open.ac.uk.about.main/files/files/fact_ figures_1415_ uk.pdf>.

56 Young, *The Rise of the Meritocracy*, págs. 135-136.

57 Michael Young, *The Elmhirsts of Dartington*, Londres, Routledge y Kegan Paul, 1982, pág. 156.

58 Ronald Dworkin, *Sovereign Virtue: Theory and Practice of Equality*, Cambridge, Harvard University Press, 2000, pág. 253.

59 *«Jeder Mensch hat ein eignes Maas, gleichsam eine eigne Stimmung aller sinnlichen Gefühle zu einander»* («Cada persona tiene su propia medida, como si fuera una sintonía de todos sus sentimientos sensoriales entre sí»), Johann Gottlob Herder, *Ideen zur Philosophie der Geschichte der Menschheit*, capítulo 7, sec. 1, en *Herders Sämtliche Werke*, Bernard Suphan (ed.), Berlín, Weidmann, 1877-1913, 13: 291. (Aunque no tenemos que pensar, con él, que son solo los sentimientos lo que contribuye al reto distintivo propio.)

60 John Stuart Mill, *On Liberty and Other Writings*, Stefan Collini (ed.), Cambridge, Cambridge University Press, 1989, pág. 60. [Hay

trad. cast.: *Sobre la Libertad*, trad. de Gregorio Cantera, Madrid, Biblioteca EDAF, 2004.]

61 Hay trad. cast.: *Una habitación propia*, Roman, Greenbooks Editore, 2016. *(N. de la T.)*

62 Young, «Down With Meritocracy».

63 Young, *The Elmhirsts of Dartington*, pág. 344.

64 Michael Dean, «Lord Young of Dartington», *The Guardian*, 16 de enero de 2002, <https://www.theguardian.com/news/2002/jan/16/guardian obituaries.books>.

CULTURA

1 Sir Edward Burnett Tylor, *Anahuac; or, Mexico and the Mexicans, Ancient and Modern*, Londres, Longman, Green, Longman y Roberts, 1861, pág. 1. Tylor cerraba su libro con un lamento por el viejo México, pues el país estaba sucumbiendo poco a poco ante su vecino del norte: «Tuvimos la fortuna de viajar allí con anterioridad al cambio que se avecina, cuando sus peculiaridades más curiosas y su propia lengua deban rendirse ante la influencia extranjera», *ibid.*, pág. 330. Pueden encontrarse valiosos comentarios sobre Tylor en la obra del mayor historiador de la antropología, George W. Stocking, particularmente en «Matthew Arnold, E. B. Tylor and the Uses of Invention», *American Anthropologist*, 65, núm. 4, agosto de 1963, págs. 783-799; y *Victorian Anthropology*, Nueva York, Free Press, 1991. Véase también Peter Melville Logan, *Victorian Fetishism: Intellectuals and Primitives*, Albany, State University of New York Press, 2009; y los informes que aquí se recopilan: <http://web.prm.ox.ac.uk/sma/index.php/articles/article-index/335-edward-burnett-tylor-1832-1917.html>.

2 Matthew Arnold, *Culture and Anarchy*, Oxford, Oxford University Press, 2006, pág. 5. [Hay trad. cast.: *Cultura y anarquía*, trad. de Javier Alcoriza y Antonio Lastra, Madrid, Cátedra, 2010.] Arnold quiso confrontar la cultura contra las usurpaciones de la «civilización», la cual, en su opinión, en un país industrializado como el suyo estaba obsesionada con el dinero y las máquinas. La civiliza-

ción era una enfermedad y la cultura era su tratamiento. Norbert Elias ya habló de la existencia general de un enfrentamiento entre *kultur* y *zivilization* en el pensamiento del siglo XIX (el concepto alemán es más particularista y espiritual; el francés más universalista e incluye también patrones económicos y normativos), pero esta dicotomía es quizá algo más impuesto que deducido.

3   Edward B. Tylor, *Primitive Culture: Researches into the Development of Mythology, Philosophy, Religion, Art and Custom*, vol. 1, Londres, John Murray, 1871, pág 1.

4   «*Oh, East is East, and West is West, and never the twain shall meet / Till Earth and Sky stand presently at God's great Judgment Seat / But there is neither East nor West Border, nor Breed, nor Birth / When two strong men stand face to face, tho' they come from the ends of the earth!*» [«Oriente es Oriente, y Occidente es Occidente, y nunca los dos se han de encontrar, / Hasta que la Tierra y el Cielo estén presentes en la gran silla del Juicio de Dios; / Pero no hay Oriente ni Occidente, fronteras, ni raza, ni cunas, / ¡Cuando dos fuertes hombres están frente a frente!, ¡Aunque vengan de los confines de la tierra!»], Rudyard Kipling, «The ballad of East and West», <http://www.bartleby.com/246/1129.html>. Así que lo que dice el poema es que las personas de Oriente y Occidente pueden encontrarse, a pesar de que provengan de lugares inmutables.

5   Véase Majid Khadduri, *War and Peace in the Law of Islam*, Clark, Lawbook Exchange, 2006, pág. 52.

6   Heródoto, *The Histories* [*Historia*], 4.45, «Οὐδ ἔχω συμβαλέσθαι ἐπ ὅτευ μιῇ ἠούσῃ γῇ οὐνόματα τριφάσιακέεται ἐπωνυμίας ἔχοντα γυναικῶν».

7   Gran parte de lo que cuento aquí —incluido el comentario sobre uso de la palabra «europenses», más adelante— lo aprendí con la lectura del magistral libro de David Levering Lewis, *God's Crucible: Islam and the Making of Europe, 570-1215*, Nueva York, W. W. Norton, 2009. [Hay trad. cast.: *El crisol de Dios: El islam y el nacimiento de Europa 570-1215*, trad. de Vanesa Casanova, Barcelona, Paidós, 2009.] Otra historia de amplio alcance que me ha resultado valiosa es la de Hugh Kennedy, *Muslim Spain and Portugal: A Political History of al-Andalus*, Routledge, 1996.

8 Edward Gibbon, *The Decline and Fall of the Roman Empire*, Londres, John Murray, 1887, pág. 387. [Hay trad. cast.: *Historia de la decadencia y caída del Imperio Romano*, Madrid, Turner, 2006.]

9 Sin embargo, todo esto es una relativa simplificación. A mediados del siglo VIII, gran parte de Europa aún no era cristiana. Carlomagno estuvo envuelto en tres décadas de guerra sangrienta, a partir del 770 de la era común aproximadamente, intentando convertir a los paganos sajones al cristianismo. La cuestión de en qué momento empieza a popularizarse el concepto de «europeo» como una identidad de grupo se aborda, aunque no llega a resolverse por completo, en Peter Burke, «Did Europe Exist Before 1700?», *History of European Ideas*, 1, núm. 1, 1980, págs. 21-29, y señala: «Si el contexto inicial en el que la gente desarrolló una idea de sí misma como europea por primera vez fue el de verse invadida por otras culturas, el segundo fue el de invadir otras culturas».

10 G. W. F. Hegel, «On Classical Studies», *On Christianity: Early Theological Writings*, trad. al inglés de T. M. Knox y Richard Kroner, Chicago, University of Chicago Press, 1948, pág. 324. Se trata de una conferencia impartida en 1809: «La perfección y la excelencia de estas obras —continúa—, debe constituir el baño espiritual, el bautismo profano que conceda al alma su primera e imborrable tonalidad y tintura respecto al gusto y a la ciencia». [Hay trad. cast.: *Escritos pedagógicos*, trad. de Arsenio Ginzo, México, Fondo de Cultura Económica, 2000.]

11 Mark R. Cohen, en *The Crescent and the Cross: The Jews in the Middle Ages*, (2.ª edición), Princeton, Princeton University Press, 2008, págs. xvii, xix, sugiere que «tanto el "mito de la utopía interreligiosa de islam y judaísmo" como el "contramito de la persecución islámica de los judíos" distorsionan igualmente el pasado. Sin embargo, a fin de cuentas, los datos históricos indican que los judíos en el mundo islámico, especialmente durante los siglos formativos y clásicos (hasta el siglo XIII), fueron mucho menos perseguidos que los de la cristiandad». Véase también David Nirenberg, *Communities of Violence: Persecution of Minorities in the Middle Ages*, (2.ª edición), Princeton, Princeton University Press, 2015. [Hay trad. cast.: *Comunidades de violencia: la persecución de*

las minorías en la Edad Media, trad. de Antoni Cardona Castella, Barcelona, Península, 2001.]

12 Hay una buena descripción de la carrera de Hasday ibn Shaprut en Jane S. Gerber, *The Jews of Spain: A History of the Sephardic Experience*, Nueva York, Free Press, 1992, págs. 46-53.

13 Jerry Brotton, *The Sultan and the Queen: The Untold Story of Elizabeth and Islam*, Nueva York, Penguin, 2016, pág. 61.

14 James Reston, Jr., *Defenders of the Faith: Christianity and Islam Battle for the Soul of Europe, 1520-1536*, Nueva York, Penguin, 2009.

15 Véanse, por ejemplo, Jan Helenus Ferguson, *The Philosophy of Civilization: A Sociological Study*, Londres, W. B. Whittingham & Co., 1889, pág. 316; William Cunningham, *An Essay on Western Civilization in Its Economic Aspects*, vol. 1, *Ancient Times*, Cambridge, Cambridge University Press, 1898; A. L. Kip, *Psychology of the Nations*, Nueva York, Knickerbocker Press, 1902. En Alemania, el uso de un término con carga cultural para designar a Occidente, la *abendland*, puede rastrearse a algunas generaciones antes.

16 «Mi amigo, aparentemente, no se llevó la peor parte, pero cuando al año siguiente su esposa tuvo un ataque de fiebre, los sabios asintieron con conocimiento de causa», Chris Wingfield, «Tylor's Onion: A Curious Case of Bewitched Onions from Somerset», <http://web.prm.ox.ac.uk/england/englishness-tylors-onion.html>. El artículo cita estas palabras de una carta de Tylor a un tío suyo de 1872, propiedad de Sarah Smith (de soltera, Fox) y transcrita por Megan Price. Véase también Chris Wingfield, «Is the Heart at Home? E. B. Tylor's Collections from Somerset», *Journal of Museum Ethnography*, 22, diciembre de 2009, págs. 22-38.

17 Oswald Spengler, *The Decline of the West*, trad. al inglés de Charles Francis Atkinson, Nueva York, Oxford University Press, 1932, pág. 12, n. 5. (La traducción fue publicada originalmente por Knopf en dos volúmenes que aparecieron en 1926 y 1928). [Hay trad. cast.: *La decadencia de Occidente*, trad. de Manuel García Morente, Barcelona, Austral, 2011.]

18 Véanse, entre otros, Christopher GoGwilt, *The Invention of the West*, Stanford, Stanford University Press, 1995, págs. 220-224;

David Gress, *From Plato to NATO: The Idea of the West and its Opponents*, Nueva York, Free Press, 1998. GoGwilt argumenta hábilmente que la aparición de la idea de Occidente a fines del siglo XIX «puede rastrearse hasta la convergencia de dos contextos discursivos distintos: el "nuevo imperialismo" de la década de 1890, que dio mayor vigencia a la oposición entre Oriente y Occidente, y la influencia de los debates rusos del siglo XIX en torno a las ideas de los europeos occidentales sobre Europa».

19 Raymond Aron, *The Opium of the Intellectuals*, Nueva York, W. W. Norton, 1962, pág. 258. La primera edición en inglés del libro de Aron apareció en 1957; se publicó originalmente como *L'Opium des intellectuels*, en 1955. [Hay trad. cast.: *El opio de los intelectuales*, trad. de Luis González Castro, Barcelona, Página Indómita, 2018.] Gertrude Himmelfarb, «The Illusions of Cosmopolitanism», *For Love of Country?*, Martha C. Nussbaum, Joshua C. Cohen (eds.), Boston, Beacon Press, 2002, pág. 75. Amartya Sen respondió a Himmelfarb con una cordial refutación: «Puesto que en el pasado he aprendido tanto de la lectura de los cuidadosos análisis de Himmelfarb de la literatura histórica, solo puedo concluir que simplemente aún no se ha interesado demasiado en la literatura no insustancial que existe sobre estos asuntos y otros relacionados escrita en sánscrito, pali, chino y árabe», Amartya Sen, «Humanity and Citizenship», Nussbaum y Cohen (eds.), *For Love of Country?* pág. 117. [Hay trad. cast.: *Los límites del patriotismo: Identidad, pertenencia y ciudadanía mundial*, trad. de Carme Castells Auleda, Barcelona, Paidós, 2013.]

20 Janheinz Jahn, *Muntu: African Cultures and the Western World*, trad. al inglés de Marjorie Grene, Londres, Faber y Faber, 1961, pág. 101. Un comentario más extenso sobre esto puede encontrarse en mi texto «Europe Upside Down: Fallacies of the New Afrocentrism», *Sapina Journal*, 5, núm. 3, enero-junio de 1993.

21 «*Aussi puis-je t'assurer qu'il n'y a jamais eu de royaume où il y ait eu tant de guerres civiles que dans celui du Christ*», Montesquieu, *Lettres persanes*, 29.

22. Raymond Williams, un siglo más tarde, retomó el tema instándonos a pensar en la cultura no solo como «las artes y el conocimien-

to» sino como «toda una forma de vida» enfatizando, de nuevo, la idea del todo. Véase Williams, «Culture Is Ordinary» (1958), reimpreso en *Resources of Hope: Culture, Democracy, Socialism*, Londres, Verso, 1989, págs. 3-1 4, aunque esta frase aparece a menudo en sus obras.

23 «El pollo *tikka massala* es hoy un verdadero plato nacional británico, no solo porque es el más popular, sino porque ilustra perfectamente la forma en la que Gran Bretaña absorbe y adapta las influencias externas. El pollo *tikka* es un plato indio. La salsa *massala* se añadió para satisfacer el deseo de los británicos de acompañar su carne con salsa», Robin Cook, abril de 2000, cuando era ministro de Exteriores británico. <https://www.theguardian.com/world/2001/apr/19/race.britishidentity>.

24 Según la declaración oficial, «*den Erhalt und den Schutz unserer christlich-jüdisch geprägten Abendlandkultur*», citado en Christian Volk, «Why We Protest: Zur politischen Dimension transnationaler Protestbewegungen», *Herrschaft in den Internationalen Beziehungen*, Christopher Daase *et al.* (eds.), Wiesbaden, Springer, 2017, pág. 160. Cf. Matthias Gretzschel, «Das Abendland-ein Mythos der Romantik», *Hamburger Abendblatt*, 26 de abril de 2016, <https://www.abendblatt.de/hamburg/kirche/article207470743/Das-Abendland-ein-Mythos-der-Romantik.html>; Hannes Scham-mann, «Reassessing the Opinion-Policy gap: How PEGIDA and the AfD Relate to German Immigration Policies», *Fortress Europe? Challenges and Failures of Migration and Asylum Policies*, Annette Jünemann, Nicolas Fromm y Nikolas Scherer (eds.), Wiesbaden, Springer, 2017, págs. 139-158.

25 Suzann Gott, «Ghana's Glass Beadmaking Arts in Transcultural Dialogues», *African Arts*, 47, núm. 1, primavera de 2014, págs. 10-29. Alexandra Robinson, «Citizens of the World: The Earle Family's Leghorn and Venetian Business, 1751-1808», *Slavery Hinterland: Transatlantic Slavery and Continental Europe, 1751-1808*, Felix Brahm y Eve Rosenhaft (eds.), Rochester, Boydell Press, 2016, págs. 60-61.

CODA Y AGRADECIMIENTOS

1. Hay trad. cast.: *Poemas*, trad. de Ramón Irigoyen, Barcelona, De-Bolsillo, 2016. *(N. de la T.)*
2. E. M. Forster, *Pharos and Pharillon*, Richmond, Hogarth Press, 1923, pág. 9.
3. Naguib Mahfouz, *Miramar*, Nueva York, Anchor Books, 1993, pág. 8. He hablado sobre estos asuntos con más profundidad en «Presidential Address 2017—Boundaries of Culture», *PMLA* 132, núm. 3, mayo de 2017, págs. 513-525.
4. El original en griego puede leerse en «The Official Website of the Cavafy Archive», <http://www.kavafis.gr/poems/content.asp?Id=3&cat=1>. [La traducción española de los versos de Cavafis de este capítulo es la que hizo Ramón Irigoyen, hoy publicada en C. P. Cavafis, *Poemas*, Barcelona, DeBolsillo, 2016.]
5. T. S. Eliot, «The Function of Criticism», *Selected Essays: 1917-1932*, Nueva York, Harcourt, Brace & Co., 1932, pág. 18. [Hay trad. cast.: *Función de la poesía y función de la crítica*, trad. de Jaime Gil de Biedma, Barcelona, Seix Barral, 1968.]

ÍNDICE ONOMÁSTICO

«Para viajar lejos no hay mejor nave que un libro».

EMILY DICKINSON

Gracias por tu lectura de este libro.

En **penguinlibros.club** encontrarás las mejores
recomendaciones de lectura.

Únete a nuestra comunidad y viaja con nosotros.

penguinlibros.club

Este libro
se terminó de imprimir en
Casarrubuelos, Madrid,
en el mes de abril de 2024